从哲学角度看管理

——基于中小机场管理实践的研究

马春惠◎著

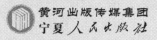
黄河出版传媒集团
宁夏人民出版社

图书在版编目（CIP）数据

从哲学角度看管理：基于中小机场管理实践的研究 /
马春惠著 . -- 银川 : 宁夏人民出版社，2020.9

ISBN 978-7-227-07277-5

Ⅰ . ①从… Ⅱ . ①马… Ⅲ . ①机场管理 – 研究 Ⅳ .
① F560.81

中国版本图书馆 CIP 数据核字（2020）第 192386 号

从哲学角度看管理：基于中小机场管理实践的研究　　　　马春惠　著

责任编辑　周淑芸
责任校对　贺飞雁
封面设计　梅　楠
责任印制　马　丽

 黄河出版传媒集团
宁夏人民出版社　出版发行

出 版 人　薛文斌
地　　址　宁夏银川市北京东路 139 号出版大厦（750001）
网　　址　http://www.yrpubm.com
网上书店　http://www.hh-book.com
电子信箱　nxrmcbs@126.com
邮购电话　0951-5052104　5052106
经　　销　全国新华书店
印刷装订　宁夏报业传媒集团印刷有限公司
印刷委托书号　（宁）0018687

开本　787 mm × 1092 mm　1/16
印张　19.5
字数　260 千字
版次　2020 年 9 月第 1 版
印次　2020 年 9 月第 1 次印刷
书号　ISBN 978-7-227-07277-5
定价　49.00 元

用哲学的方法论，解决管理的部分问题，并以文学的手法
呈现出来。让哲学有味，让管理加之趣，让文学有用，是我
一直努力的方向。如果读之无味，碎口变成为哲学，答惯还是
文学，那便是我的心犯。

我始终执守于"傻瓜管理"，一心让管理变得简单，再
简单，但事实绝非如此。一路走来，遇到无数的挫折
坎坷和艰辛，每次思考的时候都伴随着巨大的付出。
但，啥是这些点点滴滴的困惑，让我懂得何为管理，何为
管理者。

这些文字，我心中的一束光，破消日后的纷乱。这些眼前立的
追我人生价值的思考和点滴。哪怕此时一隅的思考，
能给那些与我管理者们，追我人生价值一点启示。

——王号由

目 录

第 1 章 管理的基本内涵

Topic01　建立机制　　　　　　　　　　/3

Topic02　思想解放　　　　　　　　　　/9

Topic03　举个例子　　　　　　　　　　/16

Topic04　酒精测试　　　　　　　　　　/22

Topic05　阳光集采　　　　　　　　　　/28

Topic06　时间管理　　　　　　　　　　/34

Topic07　拒绝好人　　　　　　　　　　/40

Topic08　界限意识　　　　　　　　　　/46

Topic09　有效激励　　　　　　　　　　/52

Topic10　承受委屈　　　　　　　　　　/58

Topic11　敢于碰硬　　　　　　　　　　/64

Topic12　目标管理　　　　　　　　　　/70

第 2 章 管理的基本原则

Topic13　绩效考核　　　　　　　　　　/79

Topic14　系统思维　　　　　　　　　　/85

Topic15　业务外包　　　　　　　　　　　　　　　　　　/91

Topic16　重在实战　　　　　　　　　　　　　　　　　　/97

Topic17　考勤打卡　　　　　　　　　　　　　　　　　　/103

Topic18　角色认知　　　　　　　　　　　　　　　　　　/109

Topic19　勤务调整　　　　　　　　　　　　　　　　　　/115

Topic20　学会独处　　　　　　　　　　　　　　　　　　/121

Topic21　早餐习惯　　　　　　　　　　　　　　　　　　/127

Topic22　人才培养　　　　　　　　　　　　　　　　　　/133

Topic23　执行落地　　　　　　　　　　　　　　　　　　/139

Topic24　全面成长　　　　　　　　　　　　　　　　　　/145

第3章　管理的基本要求

Topic25　研判发展　　　　　　　　　　　　　　　　　　/153

Topic26　特许经营　　　　　　　　　　　　　　　　　　/159

Topic27　供给改革　　　　　　　　　　　　　　　　　　/165

Topic28　把握规律　　　　　　　　　　　　　　　　　　/171

Topic29　需求改革　　　　　　　　　　　　　　　　　　/177

Topic30　贵宾服务　　　　　　　　　　　　　　　　　　/183

Topic31　通航繁荣　　　　　　　　　　　　　　　　　　/189

Topic32　地方关系　　　　　　　　　　　　　　　　　　/195

Topic33　流程管理　　　　　　　　　　　　　　　　　　/201

Topic34　人力挖潜　　　　　　　　　　　　　　　　　　/207

Topic35　服务投诉　　　　　　　　　　　　　　　　　　/213

Topic36　安全运行　　　　　　　　　　　　　　　　　　/219

第4章　管理的基本公式

Topic37　读书思考　　　　　　　　　　　　　　　　　　/227

Topic38　成为自己　　　　　　　　　　　　　　　　　　/233

Topic39　保护员工　　　　　　　　　　　　　　　　　　/239

Topic40　在事上练　　　　　　　　　　　　　　　　　　/245

Topic41　高效决策　　　　　　　　　　　　　　　　　　/251

Topic42　人心人性　　　　　　　　　　　　　　　　　　/257

Topic43　自我成长　　　　　　　　　　　　　　　　　　/263

Topic44　文化建设　　　　　　　　　　　　　　　　　　/269

Topic45　聆听基层　　　　　　　　　　　　　　　　　　/275

Topic46　面子孙子　　　　　　　　　　　　　　　　　　/281

Topic47　管理仪式　　　　　　　　　　　　　　　　　　/287

Topic48　告别演说　　　　　　　　　　　　　　　　　　/293

后记　所有付出都值得　　　　　　　　　　　　　　/300

第1章　管理的基本内涵

管理的基本内涵就是解决管理者与被管理者之间矛盾的过程。

矛盾存在于一切事物发展过程，每一事物发展过程都存在着自始至终的矛盾运动。科学和科学发展的历史证明，一切事物都是对立统一的，矛盾是事物的普遍本质，没有矛盾就没有世界。矛盾不仅存在于自然界，也存在于人类社会。同时，不同事物的矛盾各有其特点，同一事物的矛盾在不同发展过程和发展阶段各有不同特点，构成事物的诸多矛盾以及每一矛盾的不同方面各有不同的性质、地位和作用。实践中，管理者与被管理者是一对矛盾，二者既对立又统一，管理中很多问题的出现，都是源于这一对矛盾，本质上就是这一矛盾的外在表现。

管理就是要不断调和管理者与被管理者之间的关系，寻求符合双方利益诉求，从而更好解决问题的方法，用矛盾的力量推动事物发展，从而达到组织的目标。因此，必须承认管理者与被管理者之间矛盾的客观存在，不可回避或者企图消灭，把握好矛盾的火候，运用好矛盾的力量。必须全面准确认识和管理中的这一矛盾，科学分析、准确把握事物发展的动力和趋势。必须从根本上把握矛盾运行的基本规律，在管理实践中，熟练运用这一矛盾解决组织发展过程中重点、难点问题，从根本上解决管理问题，从而持续有效提升管理水平。

Topic01　建立机制

有一次，我批评了一个部门工作不给力，因为一项决策制度的制定，需要各部门拿出意见建议并会签。很长时间过去了，事情没有进展，工作效率太低，工作质量太差，大会上的批评让部门管理者觉得委屈，也很没有面子。会后，他诉说了自己的苦楚，称文件很早送给各部门，首先是层层转办，在转办过程中大家都是签字，特别是对于一些敏感问题、棘手问题、难度较大问题，大家都没有拿出可行性意见。相关部门只说没有意见，请其他部门阅处，所以文件会签没有结果。

就是这样一个简单的文件，不仅在一个部门内部层层签字，在部门之间也是数次流转。但是，哪个部门也未能触及问题的核心，没有提出实质性意见建议，因此，很难形成统一意见以供决策。当我们再次就这个问题要求各部门必须拿出意见的时候，在第二次文件会签单上，我看到了各部门不痛不痒的点滴意见，看似同意，实则乏味。后来才知道，部门之间慢慢形成了一条潜规则："谁签字，谁实施，谁负责到底。"于是，谁也不接招。

我不断反思这个问题，是什么导致各部门没有提出意见建议？为什么在这个过程总需要下大力气协调关系？是职责不清？不是；是界限不明？不是；要求不定？也不是。究其原因，是一个部门或者管理者没有主动承担责任的勇气，担当意识不强，如此简单的问题在部门之间相互推诿，正是因为管理者的不担责，导致需要大量的协调，甚至需要更高层面管理者出面决策。看似是一个协调问题，实际上是管理者主动担当意识不强的问题。但是，从根本上说，是没有建立一种相应的机制让管理者主动担责，或者说至少这种机制无法有效解决这一问题。我在想，有没有一种机制，让管理者主动担责、敢于担责、勇于担责，如果没有，那便是组织的问题。

在一个组织当中，管理者之所以用心费心操心，是因为企业的发展与自己有直接的利益关系。所以，要想让员工操心，就必须想尽一切办法让员工和组织发生更多更密切的关系。如果员工和组织之间只是单纯的雇佣与被雇佣的关系，那将是最糟糕的存在。任何时候，组织都不要寄希望于员工的主动发挥，它会像管理者的主动担责一样不靠谱。

行之有效的机制是做好管理的一把利剑，诸葛亮说过：有制之兵，无能之将，不可以败；无制之兵，有能之将，不可以胜。机制就是规则，让我们知道什么"可为"，什么"不可为"。无论何时，建立健全机制是保证企业管理正常运转的基础，如同一座大厦的地基，地基不牢固，结果可想而知。秦国之所以能从积贫积弱的小国成为"扫六合、驭天下"的大秦帝国，最重要的原因之一就是实行了"商鞅变法"，国家方方面面有了严明制度，使得国家管理秩序井然。企业管理过程中，不管是谁在机制面前都没有特权可言，任何违章违规行为，都必须得到严肃惩戒，以此实现管理的"公生明，廉生威"，管理秩序、管理效果才能显现。

企业最大的改革必须是体制机制改革，否则，一切都是隔靴搔痒。

这让我想起了一个故事：古代有一位皇帝为了鞭策将士去前线打仗，于是想出了一个办法，他亲自从高处扔下一根羽毛，谁接到羽毛谁就要当统帅率兵打仗。结果，所有人都仰起脖子拼命向上吹气，大家持续用力不让羽毛落下来，谁都不愿意承担此项任务。个中原因浅显易懂，就是没有建立一种更良好的机制，特别是正向的激励机制。如果皇帝告诉所有人，谁要能够抓住羽毛去打仗，可以有很多赏赐，封妻荫子，光宗耀祖，我想一定会有很多人挤破头也要拿到这根羽毛。这就是激励或者机制约束对人行为的影响。没有机制的组织，仅靠个体所谓的主动性或积极性，很难完成一项任务，何谈重大任务。可以说，在一个组织中，目标本身不是命令，而是一种责任或承诺。目标并不决定未来，只是一种调动组织资源和能量以此创造未来的手段。

其实，人治与法治就像集权与分权，人治企业的决策流程和决策权一般由最核心领导决定，依靠核心人物驱动企业发展。这种管理方式，对人的要求很高。必须有足够的人格魅力，拥有强大的号召力，属于精神领袖型人物。并且能准确判断市场的发展方向，带领企业发展壮大。法治则是通过建立系统的管理机制规范和约束组织及个人行为，包括最高领导人在内的所有人的职责都由制度安排决定。重大决策的出台和发挥作用都有明确程序，日常工作与协调按规定运行，基本上依靠企业机制驱动企业的发展。

为了更好地促进主业发展，结合机场实际，我们确定了全员营销策略，刚开始的时候制定了正向激励政策，没有给员工规定具体的机票数量、金额和时限，只是充分调动大家的积极性和对企业的忠诚度，规定凡售出一张机票即可给予20元的奖励。规定出台以后，原以为所有的人或者绝大部分人都会积极努力，一方面为企业的发展，另一方面也为个人增加收入。但是时间过去很久，销售的机票却屈指可数，甚至少得可怜。难道是激励不够吗？非也。其实是机制的问题。我们的要求更多地倾向于员工的主动性和积极性，忽视了机制的作用。前者属于柔性，可多可少，后者属于刚性，非此即彼。

我们迅速改为以绩效考核的形式，规定每人每月机票销售任务，既有正面激励，也有负面激励。完成任务拿全工资，完不成任务则按每张20元扣罚，超额完成每张按照20元奖励。一夜之间，有人微信圈里卖机票的信息铺天盖地，有人自费做了名片在各大网站卖机票，有人在私家车上拉起了特价机票的横幅，有人在休息时间走遍了周边乡镇销售机票，十八般武艺尽显神通。曾经说没有资源、没有人脉的员工，最后成了销售高手；曾经觉得售票张不开嘴、迈不开腿的员工，最后变成了售票冠军；曾经如此难为情的事情，到最后乐在其中。全员管理调动了每个人的潜能和智慧。有个员工开玩笑说："现在才发现自己原来是做市场营销的料。"

当竞争形成的时候，管理就会变得非常简单。

企业发展的灵魂是管理，制度化管理更具有其广泛适用性，制度化管理是企业长远发展的必要基础。用制度管人，按制度办事，规范化的管理能使企业各环节有章可循、激发员工积极性、增强组织凝聚力、树立企业良好形象、全面提升企业竞争力。建立健全管理机制，同时构建一套能够保障制度体系规范化运作的机制，是企业实现规范化管理的必要条件。构建一套有效保证制度体系规范化运作的机制，设立责任部门进行制度管理，负责制度的运营与维护。

有一次发放年终奖的时候，一名协议合同制员工向我们抱怨奖金分配有问题。按照组织规定，考虑到特殊岗位的需要，劳动合同制和协议合同制的奖金分配方式不同，协议合同制每月工资高于劳动合同制，所以参与年度奖金分配就会少一些。因为这次有了较大的差距，在年终奖发放完成之后，协议合同制员工认为不够公平，理由很简单，大家干一样的活，一样的辛苦，一样的付出，为什么年终奖不一样，况且差距如此之大。我的解释很清楚：第一，制度在先而且规定明确从全年来看，大家待遇基本持平。第二，对每个人未来的发展期许不一样，两种合同制的约束力不一样。第三，当初在进入组织的时候，综合要求也不一样。综合以上因素，每个人的待遇体现了劳动价值的结果，而不是简单地认为同样的工作就应该有同样的待遇。所以，这是一种无理的要求，没有任何的依据。就这样来来去去无数次辩论，组织拿制度讲规矩，看规定讲原因，讲明来龙去脉，让大家自由选择两种用工制度。后来，我们把这个事情做成管理案例，与全体管理人员公开分享。

机制没有通融，关爱员工但不溺爱员工，这是我管理的基本原则。

马克思主义哲学认为，本质和现象是对立统一的关系。本质和现象是有区别的、对立的，现象是事物的表面特征和外部联系，为人们的感官直接感知，本质则是事物的根本性质和内在联系，不能直接感知，只有通过抽象思维才能把握。现象是个别的、具体的，是多种多样的，本质则是同类现象中一般的、共同的东西。现象是多变的、易逝的，本质则是相对平静的、稳定的。同时，本质和现象又是相互联系、相互依存的。任何本质都要通过一定的现象表现出来，任何现象都从一定的方面表现本质。在认识和实践活动中，要透过现象抓住本质，必须把机制建设建立好、完善好、维护好。

当然，管理本身就是与人打交道，没有"人"这个实体的存在，机制的作用无从谈起。很多组织并不是没有规定、没有制度，恰恰相反，是制度很多、规定也很多。问题是机制没有得到执行，有规不依才是问题根源。没有机制或者机制不科学不完备，仅仅依靠人的主观愿望是一件十分危险的事情。如果企业管理完全建立在管理者个人好恶的基础上，必然让企业发展无所适从。

人的主动性和积极性，在管理实践中总会有点不靠谱！

Topic02 思想解放

有一天早上，我刚进办公室就接到了一家驻场单位的"告状"电话，言语间十分生气。对方的要求很简单：投诉消防道口工作态度。通往飞行区的消防道口有一道铁门，每次需要按门铃由消防人员打开方可进入。那天早上，驻场单位工作人员按门铃后等了很久，却一直没有人来开门。好不容易等到门开了，道口工作人员态度却很恶劣。他实在气不过，就和工作人员吵了一架，并且明确要给一个说法。

当他说要解决问题的时候，我都觉得有点奇怪，后来调查了一圈驻场单位才发现，在消防道口类似的服务问题发生已不是一次两次了。于是，把当日值班的工作人员叫来了解情况，问他到底发生了什么，以致让对方如此生气。他一脸的无辜，说当时正在上厕所，听见门铃响后很快就跑了出来，在开门前问了一句"是谁按的门铃？"在他看来，这并不算一句很过激的话。但是，我能想象到他说话时厌烦的表情。"你知道如果我是驻场单位的人会怎么回答吗？"我说。"会怎么说？"他有点好奇。"我会说，就是爷按的，怎么了？"我答道。这话虽糙点，但理并不糙。我看着满脸尴尬还带着点不服气的小伙子，心里想服务理念要跟上、要提升，首先要做的就是让大家学会解放思想、转变观念。大家想做事，但不知道如何做事。

那一刻，我觉得没有什么比解放思想、转变观念更能解渴。

只有想对，才能做对，思想的问题一定要从认识入手解决。在了解到驻场单位因为消防道口管理意见比较大以后，我邀请各驻场单位的负责人，悉心听取他们在机场服务方面需要解决的问题。大家你一言我一语地说了起来，最终的核心归结在工作态度傲慢上。我想，傲慢的"慢"，一方面的是工作态度的傲慢，另一方面是工作节奏的缓慢。消防道口的问题，看似是个服务态度的问题，但其本质是员工思想认知的问题。思想有多宽，脚下就能走多远。在机场的发展过程中，不少人难免会有"这个地方是我的，我是主人，你们才是客人"的"我说了算"的错误想法。

在后来的一次全员大会上，我给员工详细讲述了我是如何跑试飞基地等驻场单位的，我深知这个过程的不易。"你们都可以给他们脸色看，唯独我不行。为什么？因为这些通航单位都是我拉下脸面一个个'求'来的。"我还特别举了一个例子，我家买了一台海尔热水器，售后小哥上门安装时，不仅进门时就穿上了自备鞋套，在卫生间打洞时连灰尘都没有，却还坚持擦了地方才离开。当时我感觉人家的服务十分到位，现在想来还是因为服务理念贯穿得好。服务态度的背后是思想观念的引领。没有人会小瞧售后小哥，恰恰相反，还会为他们周到细致的服务点赞，因为他们的服务客户给海尔点了赞。

明知山有虎，偏向虎山行。解放思想、转变观念活动即刻上马！

于是，"解放思想转变观念，紧跟企业快速发展"的全员大讨论风风火火展开了。解放思想就是要使自己的思想认识，随不断发展的客观实际而变化，敢于实践、勇于探索，打破惯性思维和主观偏见的束缚，研究新情况、解决新问题。于是，我们围绕解放思想、转变观念确定了"怎么看、怎么办、怎么干"三个主题进行讨论，每个人都从具体工作谈起，从自己存在的问题说起，认真撰写发言材料。在那次大讨论中，有的人一次通过，有的人两次通过，还有的人甚至讲了三次才算勉强过关。管理者和员工通过讲述问题、聆听意见、分享体会、寻找差距，逐步认识到思想狭隘的解决之道，也感受到了思想观念的落后。

一个管理者说，解放思想、转变观念要走出害怕解放、拒绝解放的误区。本质上是工作标准不高，得过且过、不求上进，缺乏积极想事、干事、干成事的精神状态。工作既存在自满心理，又存在畏难心理。对于自己熟悉的岗位，总觉得自己有经验，多年积攒的老本还够应付，对于不熟悉的岗位觉得无从下手便不闻不问，没有沉下心来学习。各种问题出现不是偶然，由于管理粗枝大叶导致工作敷衍了事，工作要求层层递减，最终跟不上发展形势。

一个人最可怕的不是当下的月薪有多低，而是职场 5 年或者 10 年过去了，自己却依然没有进步，一切还是"完好如初"。所以，要沉下心来，努力做好自己的事情，这其中最重要的就是思想的开放程度，当才华配得上梦想时，好的结果自会不期而遇。工作对我而言，从来都是吃着碗里的，看着锅里的，一刻也不会停歇，至少，至今还没有学会停歇。

我们解放思想、转变观念，不是依靠组织和员工之间的调和，更要去和整个地域文化进行调和。有一次我去市区吃饭，因为一盘过期的花生米，前后三次请服务员更换或者退货，但是服务员的态度一次比一次恶劣，直到最后很不耐烦地将花生米拿走，还撂下了一句"就你们毛病多！"我回来后就在想，机场工作人员平日里对待旅客和驻场单位时，是否也是这种大爷般的态度却浑然不知，正所谓"不识庐山真面目，只缘身在此山中"。

解放思想、转变观念小到改变员工的服务理念，大到机场未来的发展前途，都是十分必要的存在。类似的讨论又进行了好多次，通过反复学习和研究具体问题从而制定解决办法。随后，我们决定将消防道口和旅客通道一视同仁，提升工作标准，在消防道口显著位置增设了一块牌子，上面写有投诉电话。一旦驻场单位遇到不满意的服务，就可以拨打投诉电话。按照机场要求，一旦接到投诉，就会迅速启动投诉处理程序，将问题一刻不留地解决掉。

解放思想、转变观念不仅要靠先进观念的引导，还要不断开阔眼界。所以，我们不断组织管理者和员工外出学习对标，让大家知道思想差距在哪里、改进方向在哪里。有一年，我们选送部分优秀员工代表前往一家驻场单位参观学习，短短一天的学习让不少员工深受触动。一名特车司机在大讨论会上说，以前每到冬天吹雪的时候，看到试飞基地的停机坪就知道要增加工作量，心里很反感也很讨厌，总觉得不是自己的工作职责。通过学习交流才发现，这里的每一个人都是国家的精尖人才，每一个看似普通的人都是了不起的英雄，但恰恰是这些优秀人才却被我们拒之门外，一直以为尊重别人是因为自己优秀，现在才知道我们被尊重是因为别人优秀。

习惯于自我封闭才是最大的自我封闭。

当初消防道口问题通过思想解放理顺了大家的情绪，由原本的不愿到现在的主动自愿。发展越来越快，机场迎来第二次解放思想、转变观念，我们确定了年旅客吞吐量 50 万人次的目标。现在看来，管理者和员工的思想又一次跟不上。在很多人的理念里，50 万只是一个量的叠加，只要维持好现有工作标准就行。但实际上，这更是一场结构性变化。没有对问题的深刻预判，最后总会出现这样那样的问题。表面这似乎是技术问题，但归根结底，还是思想有没有"解开"的问题。于是，第二次解放思想、转变观念轰轰烈烈展开。在上级组织的支持下，我们对所有管理者进行调整，除了岗位交流和职务晋升外，将部分管理者输送到其他机场，通过工作交流，打破思想禁锢。用目标倒逼的方式，让管理者从面对未来如何发展学起。让所有管理者先行，以"走出去"学习和交流的方式，不断提升认识。

马克思主义哲学认为，解放思想就是使思想和实际相结合，使主观和客观相符合，就是实事求是，不解放思想就做不到实事求是，离开实事求是就不是真正的解放思想。解放思想必须实事求是，要实事求是则需要不断解放思想；解放思想是实事求是的前提，实事求是是解放思想的目的。坚持解放思想与实事求是的统一，必须坚持实践是检验真理的唯一标准，坚持一切从实际出发。因此，我们将解放思想、转变观念与管理实践有机融合在一起。

　　解放思想、转变观念要遵循人的思维规律。管理在一定程度上是源自生活的实践，因为无论是生活还是管理都要解决人的问题。当地有家很有特色的小吃叫黄记饭馆，我们慕名而去，但是开着车绕着这家饭馆兜了无数圈就是找不到，最后在路人的指引下才顺利到达。原因很简单，在我看来"黄记"就应该是黄色招牌，但事实与我的设想大相径庭，黄记饭馆是黑底白字招牌。我把这个事情分享给所有管理者，永远不要从主观角度或者一个熟悉的角度判断问题，必须把所有人当成陌生人对待，如果陌生人都能找到才是最好。如同黄记饭馆，它的基本前提不应该是所有人都知道，而是假设为所有人都不清楚，在这一前提下思考问题，才是解决管理的根本。

　　按照疫情防控要求，我们将到达旅客分为两种：一种是持有健康绿码，可以直接通行；另一种持有红码，需要等待验证。经过相关部门讨论，设立两个通道，使用两种颜色，将两种旅客用不同的颜色标注出来，持有绿码的走绿色通道，持有红码的走红色通道，于是在绿色通道口摆放一个绿色的易拉宝且内容用绿色呈现，同样，在红色通道口摆放一个红色易拉宝且内容用红色呈现。从实际运行看，旅客基本没有任何障碍便自然区分，工作效率大大提升。这是用最简单的视觉感受解决了思维判断问题，便是最有效的思想解放。我把这个事情讲给所有的管理者，这个小事应该给100分。

　　这几年，解放思想、转变观念的脚步从未停歇。有些事情也不是因为做不到，而是因为想不到。如果永远保持线性思维，撞了南墙也不回头，不懂得变通，那么不论什么事情，永远都只能有一个答案。

职场前进的每一步，都是与落后思想的较量。持续解放思想转变观念，不做一条道走到黑的管理者。

Topic03   举个例子

在很多种场合，只要听说我在民航工作，经常被问到这样的问题：你们的空姐是怎么招录来的？飞机为什么不能顺风起飞？飞机为什么不飞直线？等等。

从专业的角度回答问题，显得生硬而无趣，于是，我经常会举个例子。

其一，机场作为一个城市的公共基础设施，没有空姐、没有飞机、没有飞行员，以上均为航空公司独有产物，机场与航空公司之间就像汽车站与汽车运输公司的关系，机场相当于汽车站，负责端茶倒水而已，所以没有空姐，只有大姐。其二，飞机在顺风时，没有空气能通过机翼从而产生推力，顺风时地面上的飞机飞不起来，而空中的飞机会由于没有升力而坠毁。如果飞机的速度远大于风速，在顺风时也可以飞行，只不过由于升力减弱，飞机不能有很大载重。试问，有谁见过顺风放起来的风筝吗？其三，因导航技术限定，飞机只能向台或背台飞行，才能获得比较高的精度，以目前成熟技术来说更多的是依赖导航台信号，飞行的航迹本质上就是从一个导航台飞向另一个导航台。如同驾车从北京到上海，两个城市之间直线距离固然最短，但是没有公路，所谓最短距离也只能停留在数学课本上。

为什么要化繁为简，因为复杂容易使人迷失，而简单的东西才有利于人们理解和操作。把复杂的事情简单化，实际上就是将复杂的事情简单做。用最简单的办法解决最复杂的问题，是一种大智慧，是明智之举。而把简单的事情复杂化，就是采用繁琐复杂的方法去处理简单的事情，有时会动用不必要的人力、物力和财力解决原本可以轻易解决的问题。就像用宰牛刀杀鸡、用高射炮打蚊子一样，毫无管理效率，甚至丧失发展机遇。

在地方政府的大力支持下，几年来，机场航线网络布局不断完善，后因航线补贴额度问题放缓，如何破解发展难题成为我们的必答题。先落实好航线补贴资金还是先争取新航线开辟，一度成为争论的焦点。所有的担心不无道理，如果没有地方政府确定的航线补贴，开通了新航线也是空谈误事。后来，我们集体思考一个社会现象，国家放开二胎政策后，很多人都说养育太耗力、教育成本高、未来没保障等，但事实上，当人们慈爱地看着怀里的二孩时，曾经设想的所有困难、包袱、障碍，瞬间灰飞烟灭，很多人怀疑自己竟然说过这样的话。于是，我们研判市场开发新航线，当新的航线全盘呈现给地方政府的时候，曾经的想象变成了眼前的真实，不仅直观而且亲切，不仅现实而且诱惑，如同想象的二胎和抱在怀里的孩子千差万别，不可同日而语，自己的啊！就这样，新航线上马了。

马克思主义哲学认为，一切事物都与其他事物有着这样或那样的联系，事物之间以及事物内部诸要素之间相互影响、相互制约和相互作用。世界是一个普遍联系的有机整体，没有一个事物是孤立存在的。联系不是个别事物之间暂时的、特殊的关系，而是一切事物、现象和过程所共有的客观的、普遍的本性。管理实践中，学会举例子，就是用联系的观点看问题，既看到事物之间的联系，又看到事物内部诸要素之间的联系。

很多时候，事物呈现在人们面前的形态往往是复杂的，人们容易被外界的各种乱象所迷惑，感觉无从下手、束手无策。即使靠着坚持，千辛万苦地把问题解决了，却走了很多弯路、花了很大精力。在面对复杂事物时，要学会静思，理清其脉络，再寻找解决问题的方法。要抛弃以往复杂的思维、老套的方法，力求将复杂的事情简单化。从管理实践来看，一个好方法就是化繁为简，从复杂如麻的事件中理出关键头绪，对矛盾重重的事态以简单思维，越是复杂的事情越是用简单的方法化解，往往会有意想不到的管理妙用。

管理越简单越好，但不能牺牲品质，这是基本要求。

"天天培训依然出错，次次培训还是不懂，无动于衷，员工根本就没把业务培训当回事！"这是管理者的抱怨和无奈。回头再听员工怎么说："从来都是读文件、念条例，照本宣科，业务培训和实际操作两张皮！"这话听起来各有理由，公说公有理婆说婆有理。"问题出在前三排，根子还在主席台"，这是我始终坚持的基本管理认知，出现问题管理者首先要反思自己。于是，我们针对管理者发问三个问题："为什么培训要千篇一律，把同样的内容针对所有的员工？""为什么培训要整齐划一，把大家熟知的内容反复炒冷饭？""为什么培训要正襟危坐，把结果永远停留在试卷上？"举个例子，上大学有很多门课程，至今记住的不是老师讲了什么，而是期末考了什么。后来，我们改进了培训。在考核形式上，所有员工统一参加培训，达标一个，通过一个，凡通过者不参培相同内容，可回家睡大觉；在考核内容上，现场操作需要什么，考核试题就是什么；在考核标准上，无论自学还是集中培训，只要达标即可。从管理实践来看，用了更少的培训，取得了更好的效果。

真正的财富是一种思维方式，而不是每月收入的数字。

很长一段时间，由于上午没有航班，每天早上九点全员做广播体操，大家习惯了似乎也挺好，只有我知道，此举有多么无奈。在一次会议上，我把这一活动戏称为"厨师不练厨艺，却在天天练唱歌"，纯属不务正业，会场笑声一片。所以，任何时候坚持发展主业才是一个机场的根本。可以说，讲好群众语言不是一项简单的工作，它需要一定量的知识储备，必要的文字功底和语言能力，但群众语言作为沟通的重要工具，其重要性不言而喻。很多管理者不善于讲群众语言，说一些员工听不懂的话，其实是自己没有弄懂。所以，管理人员学会使用群众语言已经成为必备的基本能力。

同一件事情，让不同的人去做，有的人在很短的时间内，用最简单的方法完成，有的人则借助各种工具，很长时间还没有找到答案。为什么呢？关键就是思维方式不同，前者遇事喜欢简单化，后者则拘泥于形式。凡事都应该探究"有没有更简单的解决之道"，想一想能不能用更简单的方法去做，而不是急急忙忙动手，以致白白忙碌半天，却解决不了问题。有的人遇事总往复杂的地方想，认为解决问题的方式越复杂越好，以致钻进"牛角尖"里出不来。

我常给大家讲笑话，有人拿着菜谱反复学，对着菜谱反复练，几天学不会包饺子，殊不知，随便找个老太太一刻钟就能学会。杨振宁老先生曾经在电视节目中，将深奥的物理学原理用生活中的例子解释得清清楚楚。那一刻，我觉得不是道理深奥晦涩，而是管理者缺乏融会贯通。这就是捷径，这个世界上，总有一条最简单的路。所以说，简单比复杂更难，一个人必须努力让自己的想法变得清晰明了，让它变得再简单一些。到最后，就会发现它值得去做。因为一旦做到了简单，自己就能搬动大山。

管理者一定要做好减法，把复杂问题简单化。一个组织中人的精力和资源都是有限的，以结果和目标为导向，不做什么比做什么更重要。要用好时间管理的重要紧急象限方法，设计好四象限矩阵，把要做的事情按照重要和紧急排列进去，努力做好既重要又紧急象限的事情。要用好二八原则，四两拨不了千金，只有把大部分资源集中到一个点，才有可能高质量快速完成任务，所以，将80%的精力放在20%最重要的事情上，其余的事情暂且搁置。还有，讲解问题时务求简单，一目了然，如果傻子都能看明白，便是最佳答案。

有个笑话，我们在管理中讲了好几年：某大学研究人员要弄清一台机器的内部结构，首先要弄清每一根弯管的入口与出口。教授们用数据模型甚至仪器探测都无济于事。这时，一位老花匠吸一口香烟对着一根管子往里喷，同时在这根管子入口处写上"1"，站在管子另一端的人，见烟冒出便写上"1"。如此，全部弯管的入口和出口就弄清了。

一个人在职场很多年，做的很多工作都是不断重复的，不用总是回想过去是怎么做的，而应该思考未来还有什么办法。如果遇到问题，总是习惯从"曾经的经验"中找寻答案，那是再糟糕不过的事情。世间有许多的成功，都是以非凡的办法完成的。如果不愿开动脑筋，与别人一样循规蹈矩，那么，势必和别人一样平凡甚至平庸。

管理实践中，我见识了许多人工作很勤奋，面对工作量很大很烦琐的时候，却很难取得突破，其中的原因你明白吗？任何时候都不要忘记，我们可以把复杂问题简单化，如同尝试着给自己举个例子。任何问题都不止一种解决办法，适时审视改进自己的工作方法，一定可以事半功倍。

不要用同样的方法做同样的工作，也许最简单。

Topic04   酒精测试

很多时候我都认为机场员工是幸福的,起码每天上下班都有大巴接送。在一个阳光明媚的早晨,大巴到达机场后,一个意想不到的情况出现了,大巴车驾驶员从我们身边走过时,一股浓浓的刺鼻酒味随之飘来,浓香型!驾驶员喝酒还驾驶大巴?一连串的问号搅乱了这个早晨平静的心情。我当时心里就想,驾驶员开车还敢喝酒?喝了酒开车就是酒驾啊,酒驾是明令禁止的,这不仅是对自己安全驾驶不负责任,还是对员工生命不负责任,岂不是拿安全运行当儿戏吗?说实话,到现在想起来都后怕。

刀尖上跳舞,这事儿不好玩!

我赶紧追上去问是不是喝酒了,驾驶员望着我一脸羞涩还有点紧张,低声回答说:"确实喝了,但是,昨天我休息,而且晚上喝的酒,并不多。"喝了,喝得不多,怎么会有那么浓的酒味?"喝得不多"这个解释谁能相信呢,真是让人难以置信。但是,这个理由竟让我一时不知如何是好。是啊，休息时间喝酒似乎在理，因为，没有哪个规定不让员工休息期间喝酒。

聚餐喝酒乃人之常情，问题是喝酒之后影响工作状态，势必让工作的安全管理处在不可控的边缘。在刀尖上跳舞这种事情一点都不好玩，特别对于特种车辆的驾驶员来说，所有的靠机作业和机坪运行必须百分百集中精力，所以，要想让大家持之以恒地以饱满的精神状态投入到工作中，必须得想办法，禁止所有人带"酒"上岗。对我而言，只要看到了问题，发现了问题，就不能坐视不管，我的管理就是"眼睛里不揉沙子"！这个问题必须想办法解决，而且"马上办"。我思来想去，最后想到了交警查酒驾的方法，就是用仪器探测呼出气体酒精含量。设备检查很准确，有没有喝酒，喝得多还是喝得少，一查就有准确的结果，一查就可以知道"喝了，喝得不多"这种解释是真是假。最关键的是，交警从来不管你是什么时候喝的酒，而是此时此刻你体内有没有酒精。

对啊，就按这个思路办！于是，我们迅速为基层五个部门配备了酒精测试仪，员工每天上岗前第一件事情就是由部门值班领导负责进行酒精测试，时间不超过一分钟。不管酒精含量多少，但凡存在一律视为测试不过关，严禁上岗，相应的处理措施随之而来。在多个场合，我反复强调："只要岗前测试有酒精，就等同于岗位饮酒，除非你的解酒能力超乎寻常，喝了酒迅速分解且没有任何残留！"当然，不用尝试挑战自己，更不要尝试挑战组织。

一个组织不可能给员工提供无限宽广的成长空间，只能提供更多成长发展的机会，组织不会"包养"任何人！

初试此法，员工颇有抵触情绪。有人就说了，下班闲暇找亲朋好友吃个饭喝点酒怎么了？再说了，又不是在上班时间喝酒，而且还在前一天喝酒，到第二天上班的时候早就没有酒劲了，单位的测酒精制度真是扫兴，竟然把大家的一点小爱好、小乐趣都限制了，很没劲。事实并非如此，制度约束胜过言语说教，机场安全高于一切，生命至上，容不得一丁点儿亵渎。岗位职责和使命决定了员工必须时刻保持清醒的头脑，久而久之，大家习惯了岗前测酒令，这在一定程度上帮助了员工行为习惯的养成，便不再谈论禁酒的好与坏了。让员工保持清醒，就是组织最好的保护。如今，岗前酒精测试已经常态化，如果次日值班或者特殊时期备勤，大家习惯成自然不会喝酒，常态化的测酒令终究落地成行。

话说，一个老和尚问小和尚："如果你前进一步是死，后退一步则亡，你该怎么办？"小和尚毫不犹豫地说："我往旁边走。"所以说，生活中的我们特别容易陷入非此即彼的思维死角，但事实上，处在两难困境时换个角度思考问题，也许就会明白：路的旁边还有路！管理更是如此，不要总觉得没有办法，或者只有这一种办法。管理实践中，解决问题的办法从不缺乏，缺乏的是管理者发现方法的眼睛和毅力。

点名的场景对职场的人来说，几乎都是很久很久以前的事情了。按照员工人数最多的部门计算，部门每天上岗的员工有 14 人，加上一个管理者共 15 人。岗前点名制度就是每天上岗前所有员工站成一排，由部门当日值班领导负责集中点名，其实很简单，就是喊名字答到。有没有感觉回到了小学时代，甚至有点幼稚，但是，它一点都不好笑。点名制度执行后，有人质问："15 个人还要点名，有点滑稽吧！部门员工整天在一起，谁不认识谁啊，扫一眼过去就知道谁到岗谁没到岗，这么一目了然的事情，还要排队点名吗？真是多此一举。"用时下流行话说，太 LOW。

为什么要"多此一举"，其中必有初衷。点名的时候，当点到一个人的姓名后，他的回答也千差万别，最直接的差别就是声音的高低和写在脸上的表情。点名答"到"的时候，一个人回答的精神状态和声音高低表明了他此时此刻情绪的好坏。回答"到"的声音高，表情喜悦或严肃，说明他的精神是饱满的，内心是幸福的，对工作是渴望的。如果回答"到"的声音低沉，表情沮丧或烦躁，说明他的情绪是低落的，一定是遇到了不顺心的事，或家庭，或个人，或其他，个中缘由就不得而知了。一个情绪低落的员工喊不出洪亮有力的声音，如同没有人会在坏心情的时候包饺子一样。

不得而知也要搞清楚缘由，知道员工心里有烦心事，然后对症下药做心理疏导和调节，排除员工心中的不愉快，让员工心情跳出低谷回归正常。我们明确规定，但凡点名时发现情况不妙，管理者在早班会后半小时内必须与员工面对面谈心，摸清问题、疏通思想方可上岗，这才是点名之后该做的事情。点名答"到"看似简单，实则是发现问题和解决问题的途径、提振员工精神面貌的过程。每个人都需要被理解，这个过程可以看到员工的精神状态，可以调节员工的心情。只要员工的精神状态好，团队的工作也就进入到良好的状态，工作业绩自然就会趋好。

细思量，我们生活在一个充满问题的世界里，问题无处不在、无时不有。何为问题，那就是理想状态和现实状态之间的差异。面对各种不同问题时如何应对，完美解决的前提是找准解决问题的关键点，找准问题的症结所在，而非眉毛胡子一把抓，如同剥洋葱一样，一层一层剥才能安全快速剥到葱心，否则，前途模糊。因此，对管理的完美追求一定是无限的，探究一种办法让管理者轻松，让被管理者愉悦，让管理效果出新，是可能的。

当然，同样的问题，对于不同管理者而言解决办法也有所不同，基层管理在于执行，而高层管理在于战略。基层管理者最重要的事情是拿结果、带团队，强调执行力是必要且重要的。对于中层以上的管理者而言，比起执行力，更重要的是要具备战略眼光。因为相较于初级管理者，他的屁股坐在高管的位置上，如果没有战略眼光，执行力还特别强，遇到战略错误的时候，团队会很快都掉进深坑。

每个管理者都要养成不断反思的习惯，睡前回忆一下当天发生的事和见过的人，反思自己的行为是否妥当，是否有浪费时间，是否比昨天有所进步，用反思的方式总结出更好的解决问题的方法。

马克思主义哲学认为，感性认识是认识的低级阶段，具有直接性和具体性。理性认识是认识的高级阶段，具有间接性和抽象性。感性认识的对象是事物的现象，理想认识的对象是事物的本质。感性认识是知觉和表象等具体形象的形式直接反映事物，理性认识则是判断和推理等抽象思维的形式反映事物。感性认识和理性认识相互依赖、相互转化和相互渗透，是在实践基础上的辩证统一关系。感性认识是理性认识的基础，理性认识依赖于感性认识。管理也是如此，需要循环往复，才能改进提升。

从《读者》看到一篇文章，米田肇开餐厅非常用心，墙壁的颜色不仔细看就很难发现，入口附近和餐厅里面有微妙的色差。入口附近是微微混入一些冷色调的绿，而餐厅里面则是偏暖色系的绿。从入口进去到看见餐厅全貌时，会给人一种纵深感，在这种细节处下工夫，是米田肇的主意。

桌子的大小、椅子的高度，精确到毫米。那个时候的米田肇，口袋里总放着捆行李用的绳子，为的是外出时看到大小正好合适的桌子、坐起来很舒服的椅子，就可以测量其长宽高。最终餐厅的椅子腿是特别定制的，因为无论怎样都找不到这种高度的椅子。话虽这么说，其实调整的高度不过几毫米。很难说几毫米之差，会对舒适感有多大影响，毕竟客人的身高和腿长也各有不同。

管理的目标可以比作轮船航行的罗盘。罗盘是准确的，但在实际航行中，轮船却可以偏离航线很远。然而如果没有罗盘，航船既找不到它的港口，也不可能估算到达港口所需要的时间。因此，管理者不一定知道正确的道路在哪里，但不能在错误的道路上走得太远。因为，任何事情都有更加完美的解决方案。

管理要永远战战兢兢，永远如履薄冰，始终保持前行的姿态。

Topic05 阳光集采

管理的最高境界，就是自己管自己。我历来笃信这一点！

对于机场来说，安全、服务、效益从来都是首当其冲，但是，职工餐厅管理也不可小觑。它既是民生工程，也是民心工程。在很长一段时间里，我们把职工餐厅的管理作为基础管理的标杆抓紧抓好抓到位，没有最好，只有更好。

刚开始的时候，用餐人数少，造成很大浪费。调研后发现，很多员工自行带饭，理由是职工餐老三样，不可口，色香味都不俱全，不好吃当然不去吃。回头再问餐厅后厨，厨师抱怨每天辛苦上灶掌勺，可是吃饭的人很少，大家真是太挑剔！俗话说，众口难调，看来这一说法在机场餐厅也成了逃不过去的规律。众口难调也要调，员工的事从来没有大小之说，这就是我的管理思路。于是，我们采用了"自愈疗法"解决。

饭菜质量的好与坏应该谁来评价？当然是谁吃饭就谁说了算，员工就是消费者，也是职工餐厅的顾客。所以，把决定权交给大家，谁的事情谁来办，我从不代替员工拿主意。于是，我们成立了职工餐厅餐品管理委员会，由综合办公室牵头负责，基层每个部门选派一名代表，还有餐厅的厨师代表，让做饭的人和吃饭的人坐在一起，不遮不掩说出心里的想法和需求，有什么意见就面对面提出来，每一餐想吃什么就直接说出来。桌面上直白表达后，大家心里敞亮了。厨师知道了做什么，大家知道了吃什么。话说明白了，心里的疙瘩解开了，厨师的勺也就好掌了。记得很清楚，员工总说油太多、盐太重，从此以后，吃完饭的盘子里不能有油渍。餐厅厨师说了，从此以后你点餐我做菜。员工说了，想吃什么就说什么。互动交流产生了很好的效果，厨师做了喜欢吃的菜，员工到饭点就到餐厅就餐，不和谐的现象在一次明明白白的对话中画上了句号。

员工不一定去做管理者期望的事，但是一定会做管理者检查的事情。

从此以后，每到星期五下午雷打不动，职工餐厅餐品管理委员会的成员都会坐在一起商定下周的菜谱，餐厅厨师提前准备需要的各种蔬菜。买的都是能做的，做的都是爱吃的。光有菜谱还不够，关键在饭菜质量。我们规定厨师要按照既定菜单下厨做菜，而且饭菜出锅 10 分钟内要将成品拍照片发到员工微信群，让大家知道从菜谱到实物到底怎么样，厨师的业绩要按照员工就餐人数多少确定。尤其是组织后厨反复去大型酒店学习，不断推出新菜品，早餐的胡辣汤就是那个时候学会的。除此之外，财务部门要按月公布采购的菜价，让员工清楚每一餐的成本和自己的用餐价格。很快，职工餐厅改革"亮菜谱、亮菜品、亮菜价"的"三亮"做法让问题有了很大扭转。

　　特别要说的是，我们在售饭窗口的正上方安装了 LED 显示屏，用来显示每个人每次的消费额和余额等，让每个员工排队就餐的时候抬头就能看见，配上打卡机美妙的声音，让一切信息看得见、听得到，让所有信息公开。其实，我心里很清楚，有的员工关心餐厅后厨有没有保质保量采购，其他员工到底有没有按照规定打卡吃饭。餐厅厨师掌勺公开透明，员工就餐公开透明，"自愈疗法"消除了抱怨，消除了隔阂，消除了内耗，厨师和员工之间都是满满的和谐。很多次，我见到员工从职工餐厅带饭回家，幸福感油然而生。其实，润物细无声地解答员工想问却又不好意思问的问题，才是最舒适的答案。

　　人们总是在抱怨健康每况愈下，不停地往医院跑，却忽略了自身强大的自我愈合能力。人体本身具有很强大的自愈能力，它是免疫系统、排毒系统、神经系统、抗氧化系统、骨髓造血干细胞机能通力合作所产生的一种健康能量，能够抵挡致病微生物入侵身体，抵抗能力同时会有大幅度的提升，并将身体内部调控系统的潜力大规模挖掘出来，让很多疾病"绕你而行"。所以，最好的医生就是人体的自愈力。其实，管理也莫过如此，管理的核心是人的管理，在组织的框架和体系内，人与人之间有一种自然和谐相处的能力，我称之为组织的"自愈能力"，在体制机制约束下，矛盾的调和为其自然属性。外界干预越少，自愈能力越强。

　　处理问题的关键不是明白发生了什么事情，而是要知道事情是如何发生的，追根才能溯源！

　　机场招聘员工从来都备受社会关注，总有各种各样的渠道找到相关管理者请求给予照顾。有一次，招聘公告发出以后，先后有好几个员工到办公室找我，拐弯抹角说出了自己的想法，其实事情很简单，自己有亲戚或孩子报考了机场，希望组织给予照顾。我想，作为员工，他们一定是鼓足了勇气，设想了很多情形才走进我的办公室。针对这种情况，我们召开全员大会，将招聘员工有关政策进行了详细解读，再次声明"举贤不避亲"，员工向组织推荐优秀人才是关心企业的具体表现，每个人都不是生活在真空状态下，有七大姑八大姨属正常社会现象，完全不用遮遮掩掩，招聘条件是完全公开的，只要达到要求就可以报考，而且，同等条件下可以优先录取。

不同的是，所有推荐报告人员的员工必须填写声明表，标明自己与报考人员的关系，并承诺为自己的推荐行为负责，一旦推荐人员被录用，对其在日后工作中出现的问题需承担相应责任。在招聘工作结束后，由综合办公室负责，将整个员工招聘的详细情况予以公布，凡属于员工推荐或与员工有亲属关系的，必须特别注明，让所有的关系置于全体员工的监督之下。我的管理理念就是，既然没有隐情，所有的事情和过程都可以公布，任何事情都可以置于阳光之下，无需担心。从此之后，员工招聘的时候，再也没有员工不好意思地来找我了。其实，员工最关注的不是有没有透明的过程或者有没有公布结果，而是公布的结果与他人特别是与管理者有没有利益关系，有没有亲属关系等。我们必须承认这种心理真实存在，而且必须解决妥当。

既然敢于公布，就从来不怕员工监督，这是我作为管理者的勇气。

马克思主义哲学认为，人民群众是历史的主体，是历史的创造者。人民群众通过物质生产活动，并且在这个基础上进行阶级斗争、社会革命、社会改革以及精神领域等方面的活动创造历史。人民群众是社会物质财富的创造者，供给衣食等社会物质生活资料，创造了人类的物质文明。人民群众是社会精神财富的创造者，以其实践活动为创造精神财富提供源泉。人民群众是社会变革的决定力量。正是人民群众的活动，而不是哪一个个人的活动，体现历史发展的规律和趋势，决定历史发展的方向和结局。人民群众是推动历史发展的决定力量，是历史发展的真正动力。

放开手脚，让员工创造属于自己的价值和历史，大可静观其变！

总有很多事情出奇地相似，在组织招标采购和确定车辆维修供应商的时候，也曾有员工来找我说情，某某供应商是他的朋友、某某修理厂是他亲戚开的，希望能够关照一下。我给出了解释，其一，我从不参与招标和集中采购，这是给自己定的原则。其二，所有招标和集中采购都有明确的制度和流程。其三，同等条件下，员工的关系可以优先考虑，但是必须到综合办公室报备。就这样，标准有了，条件定了，但凡属于员工推荐，由综合办公室负责，将员工与其推荐的供应商报备情况发至全员的微信群，并@所有人。招标采购按程序进行，符合条件的报经党委会集体研究决定，并将结果以及员工的关系向大家公布。这样，员工想知道的、想问的和心里质疑的答案都在公告中，一切都明明白白地写在白纸上。

管理者必须建立一个像"轮流分粥，分者后取"那样合理的游戏规则，把责、权、利的平台搭建好，让员工各显其能。

我们将公开透明管理从员工的吃饭小事做起，到人员招聘和采购招聘，即使采购一支笔、一个本子，全部在阳光下运作，前期登记、过程透明、结果公开，所有的事情做透明，所有的事情让所有的人都知道，公开透明让管理摆脱了质疑的泥潭，管理者从各种无谓的关系中解脱出来，特别是员工之间避免了猜测和内耗，"小道消息"没了生存的土壤，良好的工作风气蔚然成风。还是那句话，员工最关心的不是结果有没有公开，而是，这个结果与管理者或者其他人员有没有利益关系。

在管理实践中，我喜欢一句话：以清净心看世界，以欢喜心过生活，以平常心生情味，以柔软心除挂碍。

任何一个组织都会有不尽如人意的地方，但必须认识到，每个组织都拥有自愈的能力。它是能够依靠自身的内在调节能力，修复组织缺损并摆脱问题的一种维持组织健康的能力。组织必须强化自愈能力，才能让发展更加稳健。一个组织的自愈能力越强，才能在竞争中活得更好。因此，一个好的管理者，除了要善于发现团队优缺点，发挥个人的优势并加以组合，使团队发挥最大效能，更要学会宏观把控、做好布局，搭建员工表演的舞台，制定有效的运行机制，给予更多的灵活性和支配权，让组织的运行具有很强的自愈能力，自行解决发展中的问题。

有一种病理叫，员工自己能治。

有一种管理叫，大家商量着来。

管理的最高境界，就是自己管自己。

Topic06 时间管理

　　人的一生有两个最大的财富，那就是才华和时间。当才华越来越多的时候，时间却越来越少，所以说，生命就是用时间来换取才华的过程。如果时间一天天过去了，而人的才华没有增加，那就是虚度光阴。我们始终倡导，管理者必须学会管理时间，高效地使用时间，做好时间管理，才能提高管理效能。

　　做自己真正感兴趣、与自己人生目标一致的事情。"生产力"和人的"兴趣"有着直接的关系，而且不是单纯的线性关系，越是年龄增长越能体现"兴趣"和产出的正比例。如果面对没有兴趣的事情，可能会花掉40%的时间，但只能产生20%的效果；如果遇到感兴趣的事情，可能会花100%的时间而得到200%的效果。因此，真正地投入到工作中，管理者需要的是一种态度、一种渴望、一种意志。

　　在每月的全员大会上，基层管理者都要汇报时间是如何用掉的，以一个月时间为基准，记录每天每小时做了什么事情，然后进行分类和统计，看看自己哪些方面花了太多的时间，时间和成果之间是否成正比关系。每天结束后，把一整天做的事记下来，每 30 分钟为一个单位。在一个月结束后，分析自己的时间如何更有效率地安排，有没有哪个事项占太大的比例，有没有方法可以增加效率，等等。不仅要梳理出问题，还要提出改进的措施。我常说，只有管理好时间，才能管理好自己，才能管好生命。

不断提倡管理好碎片化时间。在时间统计的基础上，管理者要将时间用途写在一张纸上，这样就会发现每天有很多时间流逝掉了，它完全可以用来学习、总结、写作等。随时随地都能上网，没有任何借口再发呆一次。我曾分享自己的一点经验，每次烧水的时候，在注水的同时按下烧水键，一边注水一边烧水，放心地上个厕所再回来。我很少在整块的时间里批阅文件，这些简单且不动脑子的事情一般都是值班在工作现场顺手完成。将大块的时间用在需要精雕细琢的事情上，比如规划的制定、方案的讨论等。关键的是在平日里边走边思考，把思考成熟的想法随手写在笔记本里，或者用手机录音功能记录下来，等到有空闲的时候再拿出来整理，用两三个小时写一篇 2000 字文章不会太难。

忙，要有价值；闲，要有滋味。毕竟，职场的态度决定了职场的品质。

工作中每天都有干不完的事，管理者唯一能够做的就是分清轻重缓急，根据时间管理的四象限法则，排序的规则就是先紧急、后重要，然后形成一个完整的待办事项列表，将这些填进自己时间账本里，辅助进行管理。每天除了办又急又重要的事情，一定不要成为急事的奴隶，管理者不能做"消防员"四处灭火。围绕任务清单的内容，从最简单的或者最紧急的开始入手，有些急但是不重要的事情，就要学会放掉，要能对人说 no! 每天最好有一件重要但是不着急的，以此确保不要成为急事的奴隶。每天交接班会前，要求管理者花几分钟写下当天应该完成的工作内容，任何时候清楚记忆任务清单。我们对每一项重大任务都倒排工作计划，用最终结果推导过程安排，从总到分统筹安排，轻重缓急一目了然。我们曾经组织各部门将所有工作按照重要性罗列出来，然后将一张 A4 纸对折，左边罗列日常工作，右边罗列重要工作，用黑色笔书写，用红色笔销号，完成一件注销一件，"销号管理法"让管理者的思维顺序与完成工作的质量进度保持一致，用最简单的记录管理时间。

常常听到有人说自己"忙地没有时间学习"，那为什么吃饭一顿都没落下？为什么喝酒总能挤出时间？所以，准确地说是"学习还没有被排上重要日程"。曾经在一次会上，我们做了一个实验，在一个玻璃缸里先倒入水，再放石子就放不下了。但是，先放石子再倒入水，水却可以慢慢渗入。我说："时间管理就是要明确优先级，若颠倒顺序，一堆琐事占满了日程，重要的事情就没有位置了。"就如同减肥，不能吃了饭再喝汤，而应该喝了汤再吃饭，这样的话，控制了胃就控制了体重。看看吧，所有的生活细节都渗透着时间管理。

运用好"二八"原则是每一个管理者必须要掌握的。我始终相信，运用好时间就能用 20% 的投入产生 80% 的效率，如果使用最低效的时间，80% 的投入也不一定产生 20% 的效率，有的管理者每天忙得晕头转向，但是永远赶不上节奏，这就是"只是看上去很努力"。一天头脑最清楚的时候，比如早上刚上班的时候，应该做些最需要专心的工作。与员工谈话、做工作记录等工作，其实不需要头脑太清楚。所以，学会把握一天中 20%的最高效时间，专门用于最困难的事情和最需要思考的学习上。有意识地安排自己的时间，确保把时间用在最有意义的事情上，与其干了没结果，不如回家睡大觉。时间本身就是效率，骑着驴找驴的事情少干为好、不干最好！

生命总是这么公平，每个人一天都有 24 个小时，但工作中的事情又偏偏那么多，所以，管理者必须学会选择并作出明确的决定：面对不同的人或事，要选择说"是"或者说"不"。我习惯了找一个不被打扰的下午，拒绝所有的迎来送往，专心致志做工作研究和思路梳理。面对那么多的事情，要知道如何利用每天仅有的 24 小时，这本来就不是一件容易的事，更何况对一件事情的选择与决定，往往还意味着放弃更多其他的可能性。当然，每个管理者都有权选择被动地维持现状，不作出任何选择与决定。但是，面对这种恐惧止步不前时，想一想没有选择与决定的生活又有什么理由期待未来，混吃混喝与等死有什么两样。

我喜欢老人常说的"该干什么的时候就干什么"，在处理一件事情的时候尽可能地专注，在工作中要时刻谨记自己的目标与方向。千万不要只顾追求表面上的高效率，不断地盲目加速，却忘记了工作的重心。如果学会如何专注于重要的事情，便能掌握工作主动权，提高自己的创造性，并最终为自己赢得时间。我对自己和管理者从来都是这样要求，每天提前15 分钟到岗上班，静坐冥想工作安排然后快速进入工作状态，每次会议提前 5 分钟到会场，习惯性思考会议内容和可能被问到的问题，任何时候都有备而来。每天的第一件工作就是计划当天的工作，清早最重要的事就是做好当天的计划。其实，早起的人往往有更多的时间规划、安排自己的时间和工作，也能更好地面对现在和未来。同时，利用航班间隙做好工作日志、设备维护、班组会议等，用每天三个小时的空档期做员工培训和技能比武，用组织的力量做好员工的时间管理。

现代社会的进步让一切都在向多功能发展，咖啡机变成了多合一饮料机，复印机变成了全能办公助手。人类也躲不过这一时代潮流，为了保证自己不被社会淘汰，不得不终身学习，不断提升自我能力，使自己也变得更加"多功能化"。但是，人们往往都有缺乏自省的毛病！反省自身，在分析自己的时间记录表之后，就会惊讶地发现："原来在这些早已习惯的日程安排的背后，隐藏了那么多时间漏洞！原来自己在不知不觉中浪费了这么多的时间！"在按照习惯行事的过程中，自己的大脑会持续处于慢速运转状态。如果这种单调的无变化的状态长期存在的话，人的行为也会随之局限于无意识的条件反射，上班的第一件事就是烧水泡茶、整理文件，然后填写记录、等待开会，久而久之自己都讨厌自己的节奏和状态，工作失去了乐趣，时间也不知不觉流失。流失了时间，就是浪费了生命。

时间太长或者太短关键取决于用它来干了些什么。在管理实践中，我们不断引导管理者更新时间管理的理念，改变旧的思维方式，不断强调的一句话：时间管理的本质是自我管理。工作计划首当其冲，我们要求每个管理者随身带一个小笔记本，将随时随地安排的事情记录下来，然后安排做事的先后次序。时间管理说白了就是有效工作，工作就怕没计划，计划就怕没执行，执行就怕没反馈，反馈就怕没结果。因此，管理者必须让工作有计划、让任务有执行、让执行有反馈，有过程有结果。每个管理者都要随时查看自己的任务以便调整时间，管理自己的时间。养成每周或者每个月定期做一次复盘和反思，明确做了哪些有价值的事，有没有达到预定目标，需要做哪些改进等。对于重要的事情在结束后立即做复盘和反思，最后的结果好不好，有什么样的经验和教训，以后如何能够做得更好等。对于耗时较长的事情要做阶段复盘和反思，进展得是否顺利，要解决什么重要问题？下一步的计划是什么等。我始终要求，管理者要将所有这些事情，都写成简短的文章，然后积累下来，不需要规定字数，不需要写得精彩，关键在于坚持下来。写文章的过程就是系统整理思路的过程，也是时间管理的最佳途径。不信你试试！

马克思主义哲学认为，质变和量变是辩证统一的，量变是质变的前提和必要准备，质变是量变的必然结果，质变体现和巩固量变的成果并为新的量变开拓道路，世界上任何事物的运动和发展都是量变与质变的统一。因此，时间管理必须在量变中把握质变，在质变中加快量变，让时间为效率和目标服务。

管理者只有管理好时间，才能管理好自己，也才能管理好团队。

Topic07　拒绝好人

今天，基层部门的两个班子成员因为一件小事，找我来协商管理标准的问题。事情很简单，每天早晨上岗前必须排队点名并安排当日重点工作，但两个管理者在时间卡控上标准不一，一个认为必须严格执行标准，早上8:00一分钟也不能迟到，但凡超过规定时间一律视为迟到论处。另一个则认为迟到一两分钟无所谓也无妨大碍，它既不影响工作，也不影响效率，更谈不上队伍建设。长此以往，导致同一个员工同样的行为在两个管理者面前有了截然相反的结果。于是，因为两个人的管理要求造成了员工和管理者之间的矛盾，也造成了部门班子成员之间的矛盾。随后，员工将这个事情投诉到部门领导，认为其中一个管理者故意刁难自己。

两位管理者认为各自都有充分的理由，只是管理方法不同而已，无伤大雅。一个说员工也有很多的事情需要处理，不能过于机械地执行制度，而另一个认为制度就是制度，谁也不能突破，也不能有任何突破。在调解无果的情况下，将这个事情交给了我。一个管理者问我如何坚持标准，也就是说到底多长时间算迟到？我的回答是：1 秒，只要迟到 1 秒就是迟到，迟到 1 秒和一个小时性质一样，结果也一样。其实，大家都清楚两人之间私人关系更近一些，但是制度就是制度，制度面前永远没有例外。我特别强调了一句：别让你们之间的关系坏了规矩。所以，在任何情况下，在任何条件下，作为一个管理者都不能充当所谓的"好人"，而且无法成为一个"好人"，也无法成为一个所有人都称赞的所谓"好人"，职场势必要面对很多棘手问题，势必要会出现各种矛盾，关键在于如何处理，而不在于避免不发生这些矛盾。

你若勇敢坚定，职场皆是欢喜。

管理从来就不能纸上谈兵，更不能前怕狼后怕虎。谁都喜欢做好人，然而好人并不好做，原则不坚定就成了"好人"。所谓的"好人"就是放弃原则，既怕得罪他人，又怕伤了和气，奉行"多栽花、少栽刺"的信条，违心说话、违规办事，感情用事、看人办事，该批评的不批评，该制止的不制止，该表态的不表态，热衷做"你好我好大家好"的和事佬。我非常反感管理者这样的状态！大量管理实践证明，"好人"就是管理中的大规模杀伤性武器，就是管理中敷衍员工的人，每天想着和稀泥。不是教会你什么，而是忙着和你搞好关系，本质上是一种不负责任的亵渎。表面的一团和气不仅损害了组织利益，葬送了员工前程，而且最后尝尽了伤害自己的苦果。

成长没有唾手可得，管理无需笑脸相迎。

员工请假，无论事假还是病假都属于正常现象，谁也不是活在真空当中的，但是个别部门管理者在这个过程中不敢担责、不分青红皂白，特别是面对一些所谓"难缠"的员工以各种理由请假的时候，下意识地和稀泥，躲躲闪闪、不知所措。个别部门领导在员工请假的时候，不论岗位勤务能不能排得开，也不管有没有重大保障，反正就是来者不拒、提笔就签，不问事由就准假，然后将这个矛盾交给上级，还要加上一句："如果公司领导不签字我就没办法了。"所以，好几次员工拿着部门管理者签过字的请假单来找我，刚开始的时候，我很自然地认为部门管理者能够签字，说明工作一定能够安排妥当，但是后来发现根本不是，员工请假后有的岗位远远不达标，追究责任的时候，部门管理者理直气壮称公司签字同意了。就这个问题，我跟基层部门管理者谈过好几次，但是没有任何效果。后来，我们明确规定分层管理、逐级负责，谁签字谁担责。所以，但凡员工请假，我只要看到部门负责人签字就不假思索签字，不同的是，从员工休假之日起必查部门人员出勤和岗位资质配备，只要勤务安排不达标，就严肃处理签字的管理者。在管理者大会上通报这件事情，讲明为什么要给予处理，因为作为一个管理者，既不主动承担责任，也不合理安排工作，只想讨好员工、拿好工资，这是处理一个管理者的不称职。

我常说，工作中没有柔情，就像打仗一样你死我活，在战场上怎么可能用柔情来解决问题。大家在职场都是谋生吃饭来的，而不是寻找笑脸来的，因为这里很多时候都没有笑脸，如果一定要寻找，可能会失望。

事实上，人们比较容易看清的是"好人"对组织的不负责任，容忍一个经常违反组织制度和不做事的员工会极大地伤害公司，这不仅是因为有人拿了工资不做事，更可怕的是这样的人会破坏整个组织的工作氛围和做事的文化。不太容易看清楚的是，"好人"心态必然导致对员工的不负责任。好的管理者像园丁，这包括施肥、浇水、关心、爱护，但也包括必要的时候狠心"修剪"。一个只想当"好人"的管理者不可能帮助下属成长，因为他不愿指出和制止一个人的错误，而这恰是一个人成长的必要条件。员工人过中年必然醒悟，但一切为时已晚。从这个角度看，从来不批评员工的管理者不会是好的管理者。合理地批评他人，其实是在帮助人，是真正的好人要做的事情。最不容易看清的是，"好人"心态其实是对自己不负责任的心态。虽然维护了和别人表面的和谐，但实质上无法掩盖部门工作效率不高、员工没有进步的事实，不仅让自己过得很辛苦，也得不到组织的重视和员工的认可，最终自己的感受是"好心不得好报"。

管理者不是只告诉别人怎么干，而是要激发团队的抱负，并朝着目标勇往直前。所以，没有花前月下。

机关作为参谋助手，处理文字工作是一项基本职责，但是无论是正式文件还是非正式文件，出现错别字或者错误语法和标点符号的情况防不胜防，在无数次修改之后，这个问题依然得不到解决。我们明确界定了职责和要求，管理者的把关主要对文件的基本原则、基本思路、基本方向负责，如果在这三个方面出现了问题，那么责任在管理者，如果是基本的文字、标点符号或者语法错误，那么谁起草谁负责。所以两者要严格区分开来，各有各的职责，各承担各的义务。这种情况下，在整个文件修改完之后，发现其中仍然有错误标点符号，我依然将文件签发，文件下发后再追究机关部门的责任。这是因为要告诉大家，我是把握方向而不是标点符号，至于标点符号的问题，有人必须要承担责任。作为管理者绝不应该越俎代庖，更没有谁能够替别人承担更多，做好自己就是一个好的管理者，如果越俎代庖势必想做一个"好人"。没有对别人高标准甚至苛刻的要求，就不是一个称职的管理者。管理中从来没有和颜悦色，也没有你好我好大家好。只有对职责的敬畏，对规章的敬畏，对制度的敬畏，才是一个合格的管理者。以制度为先而不是以人际关系为先，那些惧怕别人在考评时打叉的管理者，永远得不到他人的信任和依赖。

事实上，员工觉得职场最没劲的事，就是他们跟着一位最差劲的管理者。这一点，管理者应该始终明白。

苛求对所有人都好，追根溯源并不是因为善良，而是存在于内心的社交软弱，潜意识里就隐藏着讨好型人格，潜意识里不懂得如何拒绝，甚至说是不敢拒绝，害怕一旦拒绝别人，就会招致疏远，久而久之，人们也就不再拿他当回事。一位哲学家说过：强者的友谊不是靠施舍来的，而是自身价值的爆发。每个人都有内心软弱的时候，但是有的人选择了正视这份软弱，有的人选择了刻意回避，慢慢使得自己的人格和价值在一次次不好意思中被别人狠狠地踩在了脚下，那渴望被尊重的结果也一次次地成为了一种奢望。

如果一个人知道为什么而活，便可以忍受生活带来的一切，也就是生活给了什么样的痛苦委屈都没关系，因为知道自己为了什么。这一点，管理者和员工都必须做到。

马克思主义哲学认为，矛盾的普遍性是指矛盾存在于一切事物的发展过程之中，矛盾存在于一切事物发展过程的始终。简言之，矛盾无处不在，无时不有。矛盾的普遍性有两方面的意义，其一是矛盾存在于一切事物的发展过程中，其二是每一事物的发展过程中存在着自始至终的矛盾运动。因此，矛盾任何时候都存在，回避矛盾不可取，如同管理中不存在"好人"，也无法做一个"好人"一样。

心理学认为层次越低的人，越是害怕得罪人。管理者的善良必须带点锋芒，真正的安全感是不绑定在别人身上的，人生唯一的安全感来自于充分体验人生的不安全感。换句话说，安全感不来自于不得罪人，而是来自于懂得如何应对那些被自己得罪的人。越是害怕得罪人，越是说明自己没有办法面对生活的恶意，越是没有办法前进。不敢得罪，不仅是一种自我折磨，更是一种自我放弃。当一个人因为害怕而不断丢失自己的尊严和立场时，就会变得面目全非，直到有一天彻底失去自己的心灵边界，变成一个没有灵魂的躯壳。

懂得世故，但不世故。这，大概是管理者的最佳境界。

Topic08 界限意识

管理者辞去职务属于正常现象，其中的原因各不相同，但是，今天的事情完全出乎我的意料。我收到一份辞职报告，言辞恳切，辞职的原因很简单，自从做了管理者以后，因为工作的原因导致他与家人、亲属之间有了很多的矛盾和问题。那一刻，我很想知道这两者之间的关联，是什么原因造成了问题的出现。

起初，我以为是因为工作繁忙，没有太多时间照顾家庭，或者在家庭中付出较少，导致了家庭矛盾。但是，当我读完辞职报告才明白，也让我很感慨。他说，表弟在他的部门屡次犯错，时不时违反规章制度，以致自己无法施展管理思想和管理手段。作为一个部门管理者，所有的问题都不会成为困难，唯独面对表弟的时候，所有的管理方法都不堪一击。表弟在工作中屡犯错误被严肃处理，自己却因此在家中备受责难甚至排斥。所有人都认为，大家都是亲戚，为什么眼里不揉沙子，为什么不能网开一面，事业是组织的，亲人才是自己的。他说，这些事情让他很痛苦，已经成为永远跨不过去的坎，也因此导致管理效率低下，管理效果不好，并且在家庭当中承受了太多的压力和委屈。他说，一面是制度，一面是亲情，在两者中很难取舍。深思熟虑之后，他决定辞去现在的职务，让自己轻松下来，以便处理好家庭关系。

读完这份辞职报告，我无限感慨。于是，我提笔在辞职报告上写下了一句话：可以辞去管理的职务，却无法辞去心头的青丝。

这不是月亮惹的祸，这是模糊的界限意识结的果。

界限意识来自于人们的权利意识，特别是做自己的权利。当一个人学会尊重自己的权利，界限意识便出现了。"个人界限说明了你与别人的边界在哪里，界定了你是谁，你有什么想法，你如何对待他人以及让他人如何对待你。"界限意识不清的人往往不容易发展出认同感，难以区分自己与他人的看法和感受，往往把自己与他人的问题与责任混为一谈。由于缺乏明确的身份认同，常常接受别人的认同，或认同某一熟悉的角色。但是，界限意识良好的人，可以恰当地区分自己和他人，能认同自己的感受、看法和价值，并把这当成自己很重要的部分。即使别人的看法与感受和自己不相同，也能给予尊重。在界定他们是谁这件事情上，自己与他人的想法和意见同样重要。没有界限意识的人只能被他人左右。别人摆布时，自己只觉得无助，任人使唤。反之，有界限意识的人，更能控制自己的生活，能够拿出权威勇于说"不"。正像纪伯伦所说："并肩而立，但不过分靠近，就像殿堂中石柱分立，橡树和柏树不会在对方的树荫中成长。"

其实，这样的事情不足为怪，特别是对一个中小机场而言，大家同属某一个地域很多年，难免有千丝万缕的关系，亲戚关系、同学关系、朋友关系，等等。我们在管理中发现了不少这样的现象：在一个组织当中，因为某种亲密关系而导致执行力或管理力度降低。有的管理者很有魄力，很有思路，自我要求很高，管理标准很高。但是，唯独在处理这些特殊关系的时候，总是无法超脱出来，甚至因为这些事情而苦恼，逐渐变成自己管理的"软肋"。这种模糊的界限感，就如心理没有断奶的孩子一样，既有顶天立地的愿望，又有着与母亲分离的深深恐惧，同时，很难形成对事物的判别，往往处于两难状态。

所以，人与人交往相处，首先必须要懂得尊重他人的界限，同时不能让别人越过自己的界限，这是原则。

如果用一句话来回答界限意识，那就是：你的情绪是你的情绪，我可以帮你，但无须为你负责。我的情绪是我的情绪，如果你愿意倾听，我很感激，但我不需要你为我负责。换句话说，界限意识清楚的人会说，我妈就是你妈；界限意识模糊的人会说，我老婆就是你老婆！是不是很有意思？

如果一个人有清晰的界限感，他会意识到这种不同，并尊重这种不同。当一个人缺乏界限意识，就会很难感觉到自己和他人的不同，因为成长的经历不同，看待问题的角度和解决问题的方法就会有千差万别。当他面对这种差异，会非常痛苦，于是开始抱怨和不解："你怎么这么办事？""你凭什么这样对我？""你怎么竟有这种想法？""你的想法好奇怪！"但是，一个人有清晰的界限意识，他会意识到这种不同，并尊重这种不同。正所谓和而不同！

同样的事情，不同的人，却有截然不同的结果。我们每年都要召开管理经验分享会，所有的管理人员都要登台分享一年来的管理经验、困惑和成长，从具体的实战入手，畅谈如何解决问题，甚至把精彩的个案管理方法确定为组织管理要求。在一次管理经验分享会上，有人发言让我倍感振奋。俩人曾经是发小，后来同时进入机场，现在是上下级关系。他说，曾经面对自己的发小，满眼都是多年的朋友和曾经的友好，所有事情历历在目，能想到的都是曾经如何如何好，亲如兄弟。现在作为上下级关系，特别是面对很多问题的时候，难以做到心平气和、泰然处之。后来，俩人坐下来把所有问题摆出来，面对面告诉对方彼此的内心感受，突然发现很久以来模糊了一些界线，在组织当中就是上下级关系，在生活当中就是朋友关系，组织有组织的规章制度，朋友有朋友的行为规范。所以，在管理活动中没有发小，如同在日常生活中没有领导一样。他的一句话非常经典：上班的时候可以处理他，但是，下班后依然可以一起喝酒。因为，处理的是员工，喝酒的是兄弟。这个事情之后，他们之间的相处很自然，也很平等。从同事关系转到朋友关系，再从朋友关系到组织关系，不同角色之间的转换，只因为界限清楚让彼此感到轻松。

正如他总结的一句话，上班支持的是管理者而不是发小，下班喝酒的是发小而不是管理者。善意从来不是高声的叫嚣，而是一种由内而外的关怀，是一种无言的力量。善良却不张扬，在支持他人的同时顾及对方的自尊，懂得留一份体面。

此处必须有掌声！

缘何差别如此之大？从根本上说，内心强大的管理者是自信的、坚持自我的，他总是影响周围的人，不会轻易妥协。内心软弱的管理者总是会受他人影响，很难清楚自己到底什么样。内心强大的便明白自己的优缺点、长短处，因此，泰然自若、游刃有余。所以，当一个管理者内心强大到可以战胜一切恐惧与悲观的时候，也就能够自然处理管理问题。

冯唐在《奇葩大会》里说过：生活当中归根到底是两件事，一件是"关我屁事"，另外一件是"关你屁事"，其实说的就是界限感。在生活和职场中经常会见到这样的人，彼此之间很久没见面了或者并非很熟悉，但是，一见面就马上问对方："房子买了吗？买车了吗？买的什么车？最近工作怎么样？加薪了吗？找对象了吗？对象是哪儿的？"看似在关心别人，带着爱的关心，其实伤害到了对方。究其根本，就是界限感的缺失。

这是病，得治！

马克思主义哲学认为，内因是事物自身运动的源泉和动力，是事物发展的根本原因。外因是事物发展、变化的第二位原因。内因是变化的根据，外因是变化的条件，外因通过内因起作用。于是，我们就这个问题进行了一次调查，结果发现，很多人现在或者曾经都经历过这样的困惑，亲戚来了该怎么办？或因为朋友，或因为亲人，或因为同学，共处一个组织而导致很多关系交织在一起。事实证明，那些内心足够强大的管理者，都能从不同角色当中自然转换，分清你我，绝不纠缠，而那些内心缺乏力量的管理者，很难扮演不同角色而混为一谈，深陷其中不能自拔。

付出和回报就像一个人的左脚与右脚，只有迈开双腿才能有结果。但是，很多管理者最大的问题就是每一步都想名利双收，结果只能寸步难行！

如此，明确自己的界限，也是清晰自我的过程。因为有这个界限，我们会知道什么是自己可以承受的，什么不是，也就会知道哪些事情自己可以做，哪些不可以，或者暂时不是合适的时机。一旦超越了这个界限，自己也将同样承担后果，而这个后果可能往往超过自己的承受力。换句话说，在自我界限的清晰过程中，也是明确并培养和树立个人的自制力。

职场就是修炼场，人生的转折是工作态度，工作是治愈一切最好的良药。一个人难得来这个世上走一回，自己人生真的有价值吗？人生的价值是怎么体现出来的？是忍受了很多不愉快的工作，体现出了工作和生活的价值吗？是账户上的钱能够体现工作的价值吗？都不是，是一个人在工作中有没有磨炼自己的心性。稻盛和夫是一个把工作当作修行的人，他认为工作的过程就跟和尚打坐一样，一直在做功课，通过工作这件事情让自己的心性得到不断提升，从而成为一个优秀的管理者。

作为一个管理者，必然遇到各种挫折、委屈和不公，何以解忧？唯有清晰的界限意识，明确哪些事是自己的事，哪些事是别人的事，守住自己的界限，不要侵犯他人的界限，让界限感清晰起来。同时，练就强大的内心，才能在管理过程中，面对不同的声音不大惊小怪，也不惊慌失措，对于管理中的人和事，既不逢迎，也不拒绝，安静坦然地面对，理性看待世界，看待自己，保持强大心，分清你和我。

爱惜羽毛的前提是让自己成为一只雄鹰，如果是一个鸡毛掸子，最好别去费那个劲儿。

Topic09　有效激励

每一个岁末年初都是这么出奇的忙，忙于总结上一年的工作，忙于安排下一年的任务。

过去的这一年，可以说是收获满满的一年，所以我们下定决心，对所有管理者和员工进行一次通报表彰与奖励，感谢大家过去一年辛苦的付出和不懈的努力，于是，根据全年考核结果，对所有基层部门进行了排名，并按照最终得分对各部门进行奖励，这对于我们来说十分欣慰。因为，在大家的努力下，最终取得了好成绩，并以此为依据对所有管理者和员工进行奖励。

事情就这样结束了吗？恰恰相反，事情才刚刚开始！

正当我们的奖励工作刚刚完成，正当我们还沉浸在过去一年喜悦成绩的时候，一名管理者，恰恰是考核排名第一、拿了最多奖金的部门管理者，一脸严肃地跟我讲了关于奖金分配的弊端或者说关于奖励造成的三宗罪。

我这里说三宗罪，一点也不夸张。他说，考核机制本身没有问题，奖励的思路和出发点也没有问题。我有点按捺不住，心想奖励不就是奖金的分配吗？还能有什么问题？岁岁相似，年年如此，还能奖励出花样吗？他问我："你觉得我此时此刻应该什么心情？"天哪，我心想拿了最多的奖金，得了最高的荣誉，当然是表面平和，内心荡漾。他说："我感受到了巨大的压力，这种压力源自无能为力！"

第一宗罪：由于上年度考核排名第一，部门奖励总额最多，员工个人奖金也最多。恰恰因为考核第一，所以给本年下达的指标任务也最多，这是再明显不过的鞭打快牛，还美其名曰能者多劳。如果考核第一名的单位，只能靠奖金的刺激才能取得更好的业绩，这一定是组织的责任。客观地说，能取得第一名的部门很大程度上是因为内在的努力和价值追求，所以奖金只是部分的推动力，某种程度上说是没有必要的。如果因为上年度的考核而导致本年度指标任务的无限增加，这本质上是不科学的，以形式上的公平掩盖了本质上的大锅饭。

第二宗罪：奖金给了所有的员工，但对于员工需求而言，依次为成就感、参与感、体谅人的上司、休假、奖金，奖金排在最后。而且，对一个部门而言却少得可怜，一个组织希望得到的除了奖金之外，更多的是发展所需要的资源，其中最重要的是人员、设备、权限，以及核心任务的容错指标，比如安全、服务、发展的容错指标。因为一个组织越是要做事情，越是要完成更高的目标，从概率上来说，越可能出错，这才是科学的态度。同时，只有突破旧的框架或体制才能尝试创新，失败的概率成为必然。所以，资源的分配才是最大的激励。但是，奖金给了谁？奖金给了员工。资源给了谁，大家雨露均沾，你好我好大家好，所以第一名很不开心完全可以理解。这种奖励方式在某种程度上不是根本性的奖励，只是看似非常光鲜非常华丽，甚至非常张扬，实际上对生产或者组织发展而言，没有了支持和资源。所以，这种奖励是华而不实的，最终结果是所有人心知肚明，却集体沉默。

第三宗罪：按照考核排名，每个部门的奖励额度大不相同，这是承认各部门努力和发展所取得的成绩以及对未来的期许是不一样的。那么请问，为什么各个部门很多年后依然是同样的职级，回首过去，没有因为哪个部门因为考核落在后面而把职级降下去，换句话说，考核第一和考核倒数第一的管理者，他们的晋升和未来发展永远处在一个水平线上。考核成绩没有用于管理者未来的发展上，在面对晋升机会的时候，所有的管理者都是"齐步走"，往事清零的同时也将以往的业绩清零，你我都是"从头再来"，晋升没有占有更多的资源，所以，这种本质上的大锅饭埋没了管理者成长的前途。如此，优秀的管理者如何培养选拔，又如何脱颖而出？

这三宗罪让我一身冷汗，也让我茅塞顿开！

撒落一地的不是花瓣，是我引以为豪的奖励机制。

曾经以为这种方式会激励管理者勇攀高峰，不料习惯成自然的奖励方式在一定程度上造成了鞭打快牛、资源不均、晋升不公！于是，在这个基础上，我们迅速进行了改革，首先，进行资源分配的调整，按任务指标比例，给予那些业绩突出、任务繁重、潜力巨大的组织更多的资源分配权和支配权，特别是人力资源、容错指标和管理权限等，让他们放开手脚，让他们大胆创新，组织主动负责兜底。如同一个穷人的家庭，我们必须把更多的资源给那个有希望考上清华大学的孩子，而不是给只能考上中等专科学校的孩子。其次，针对管理者的晋升和未来发展，在考核基础上进行逐年综合评价，把管理者排成梯队、分层管理，而不是所有人在同一条起跑线上。最后，对所有的部门采取排名方式，对那些连续几年完不成任务的部门降低职级或者降低管理者的级别，让他们在一个相对较低的平台上做更具体的努力。

特别要说的是，"鞭打快牛"式的管理是一种非常原始的管理，从实践来看，"快牛"在组织当中根本不需要别人鞭打，因为他们"不用扬鞭自奋蹄"，管理的重点应该集中力量去打那些"慢牛"，因为"慢牛"才是组织的短板，只有把那些"慢牛"的速度提起来，也就是把短板补上了，组织才能发展得更加平衡，才能快速达到组织的目的。对管理者而言，"鞭打快牛"式的管理最轻松也最容易出成绩，本质上说，就是管理者的不担责和低标准。

什么是激励？这是管理的基本命题。

但是，几乎所有的教科书和商学院都把激励限定为组织对个体的激活，事实上，激励应该包含两个方面，一方面是对组织的激励，另一方面是对个体的激励。如此，激励首先在于激励组织，其次才是激励个体，以更好完成目标任务。两种激励相辅相成、缺一不可，组织激励是前提和保障，个体激励是核心和关键，特别是在组织发展的初期，组织激励显得尤为重要。

如此看，所谓的激励，本质上说是资源分配问题。

就像一个组织有 5000 元钱，它需要分给 10 个人，每个人 500 元钱，有的人拿 500 元考上了清华大学，而有的人拿 500 元钱买了两瓶白酒喝了，两者所产生的效果截然不同。这种看似激励的资源分配方式对组织而言完全意味着浪费。在一个组织当中，人的能力、状态、愿景等各有不同，所以，资源分配一定要支持那些能够作出成绩的人员，这才是对组织最大的负责。

企业是一组资源的集合体，企业之间的竞争围绕着资源的争夺与利用展开。一个企业的市场地位，不仅取决于其所拥有资源的数量与质量，而且取决于其对资源的利用效率。前者是企业生产经营的必要条件，但它与企业的市场地位不成正比，否则就不会出现以少搏多、以弱胜强的现象；而后者才是维持企业持久竞争优势的关键，是以弱胜强的真正原因，也是企业家管理效率的集中体现。企业的好坏不是以其拥有资源的数量或规模来评价，而是以其对现有资源的利用效率来衡量。

马克思主义哲学认为，两点论是在认识复杂事物的发展过程时，既要看到主要矛盾，又要看到次要矛盾；在认识某个矛盾时，既要看到矛盾的主要方面，又要看到矛盾的次要方面。重点论是在认识复杂事物的发展过程中，要着重把握它的主要矛盾；在认识某个矛盾时，要着重把握矛盾的主要方面。两点论和重点论密切联系不可分割，两点是有重点的两点，重点是两点中的重点。离开两点谈重点或离开重点谈两点都是错误的。因此，在认识和解决问题时要做到两点论和重点论相统一。看问题既要全面，又要善于抓住重点和主流。既要反对一点论，也不搞均衡论。组织激励和个体激励既要符合两点论，也要符合重点论。

奖励什么，就会得到什么。

从管理实践来看，激励效果＝某一行动结果的效价 × 期望值。所谓效价，是指个人或组织对达到某种预期成果的偏爱程度，或某种预期成果可能给行为者带来的满足程度。期望值则是某一具体行动可带来某种预期成果的概率，即行为者采取某种行动，获得某种成果，从而带来某种满足的可能性。显然，能够满足某一需要的行动对特定组织和个人的激励力是该行动可能带来结果的效价与该结果实现可能性的综合作用的结果。

资源分配的目的是实现战略意图与资源条件的良好适应，即将有限的资源投入到在实现战略意图过程中能发挥最大效用的领域。合理的资源分配要充分考虑统一性，统一的计划可保证每一个月、每一年的每一项工作都对战略意图的实现作出贡献。具有多个相互冲突的计划与没有清楚明确的计划同样有害。譬如，如果企业对成长和开发新业务的优先顺序缺乏系统的共识，就有可能造成资源分散和次优化状况。保持计划的统一是一个跨越时空的动态过程，它依赖管理层，尤其是取决于高级管理层的运营能力来实现。

当然，资源分配更要考虑集中性，如果说计划的统一性可防止随着时间的推移而分散资源的话，那么计划的集中性就是防止资源在特定时间内不会稀释。资源集中固然可能带来风险的集中，但也不能因噎废食。需要指出的是，保持计划的集中性不是忽视其他方面的借口，否则就太幼稚和危险了，只有在"鱼与熊掌不可兼得"的情况下，才"舍鱼而取熊掌也"。

如果一个组织想要更多的玫瑰花，就必须种植更多的玫瑰树。

Topic10　承受委屈

让人担心的事情终究还是发生了。

上苍注定今天是一场思想的斗争与交锋。

两天前，我们临时组织了一次紧急出动演练。在这个过程中。一个基层部门因为人员不到位、设备出故障、未按规定时间到达集结点，应急救援不达标。在这种情况下，为及时做好纠偏工作，遏制类似问题继续蔓延，经研究，对该部门和相关责任人特别是部门的班子成员作出了处理，客观地说这次处理非常严厉。

几天之后，该部门一个班子成员来到我办公室，大诉特诉对他的处理不公平，自己只是此次演练事件的代罪者，哈哈，这话说得很严重哦！他的理由有三：一则他当天不是值班领导，事件发生的时候属于个人的休息时间，没有责任和义务对这个结果负责。二则按照班子成员的分工，他不分管此项业务，结果与自己无关。三则就当天紧急出动事情而言，设备出现问题具有一定的偶然性，因为在此之前已经保养检查设备并确认运行正常，只是在演练时偶然情况下出现了故障，完全可以排除人为责任。所以，在这种情况下，对他本人的处理是没有道理的。

以上三项理由堪称逻辑严密、论据充分、观点明确，从表面上看合情合理。于是，我从组织管理的层面针对这个问题提出了三个问题：一是这个问题的出现是部门的责任，作为班子成员，有没有责任和义务且主动对这个事情作出必需的承担与负责？二是既然以前的演练中已经发生过类似问题，或者出现过这样的一些苗头性问题，作为班子成员有没有提出过，努力解决过，或者至少就这个问题向上级组织反映过，总之对发现的问题有没有一追到底？三是在这个问题出现以后，有没有站在组织的角度举一反三，深刻反思自己、反思班子的问题？

一句话，雪崩的时候，没有一片雪花是无辜的。

站在什么样的立场去评判这个问题，是决定我们今天这场思想斗争的关键。我们之间的对话似乎有一些偏差，他的出发点和对问题的判断是出于自己对工作本身的认知和部门的职责，而我站在整个组织的角度去看待这个问题，这是班子应该承担的责任，也是班子成员应该承担的责任。在这样的情况下，我们之间的对话，围绕着这一问题进行了将近两个小时。

这个问题看似是一个事情甚至一件小事情，但是透露出管理者在出现问题以后如何看待责任，如何看待整体，如何看待发展。如果从一个低层次的方面来说，是一个管理者如何面对和经受委屈，而从一个更高的角度来讲，是一个管理者的格局问题。

越成长，越委屈。越付出，越委屈。也许只有走过了才能体味！

　　你是什么样的人，就会遇到什么样的人。如果想让生活中多一些快乐、幸福，那首先就要做一个宽容、大度的人。先做最好的自己，才能遇到最好的事情，才会和最好的生活不期而遇。我们改变不了别人，但可以改变自己；我们改变不了天气，但可以左右自己的心情；我们也许无法决定生命的长度，但可以扩展它的宽度。如果生活抛给你一个柠檬，你可以把它榨成汁，然后再加点糖。有些既定的事实已无法改变，但我们可以调整自己的心态。毕竟生活的味道是甜还是酸，决定权在我们自己手上。

　　作为管理者，没有谁的职场不委屈。既要对上忠诚担当，又要对下过关斩将，职责注定了必然的委屈和不公。当所有人谈论员工委屈的时候，往往忽略了管理者在工作中被掩藏起来的委屈。身为管理者，要带领由一群"不标准化、非常复杂的"人组成的团队去完成目标，而所有委屈也就产生于此。你身在职场，你眼中的经理是什么样的？是不是要经常开会，把老板安排他的活都分派给你们来做，最后工资拿的还多。可真的就是这样吗？我经常回答很多关于企业管理的问题，却从他们的问题里，读出了他们带不好团队的百般无奈、心力交瘁，甚至感到受尽委屈。管理者的胸怀是被委屈撑大的，既然成了一名管理者，就把这些"委屈"都咽下去，深深呼吸，继续前行。

　　任何时候都要让员工从管理者身上看到希望和力量，即使心情不好也要假装。一个管理者假装好心情的样子真的很美。管理者不需要看到别人没有用，但一定要让员工看到你有用。

　　面对委屈的姿态，就是一个人行走世界的基本步态。对委屈的消化能力，决定了一个人"看世界"的宽度。这个世界没有等来的自由，只有努力换来的自由。"人生在世，注定要受许多委屈。而一个人越是成功，所遭受的委屈也越多。要使自己的生命获得价值，就不能太在乎委屈，不能让它们揪紧你的心灵。要学会一笑置之，要学会超然待之，要学会转化势能。智者懂得隐忍，原谅周围那些人，让我们在宽容中壮大。"联想集团创始人柳传志对他的接班人杨元庆如是说。

格局，顾名思义就是一个人受思维空间所影响在行为上的做事风格、言语上的局域位置及心理上的受力面积。简单来讲，就是一个人除了自己本身的立场和角色，还能从更大的角度、更高的层面去看待一项事物、一个问题，甚至阐释一个观点。评价管理者这个事，不是一项体育比赛，刘翔的 12 秒 88 就是世界纪录，任何人都无法改变，但是对于同样一个人、同一个事，也许 100 分，也许只有 10 分，因为每个人看待问题的角度不同，难免出现差别，导致偏差在所难免。但是有一点不变，那就是：永远要比上司期待的工作成果做得更好。

更多时候，评判作为我们每个人最大的事情，往往这个评判不是来自外部的声音，而是来自我们内心的声音。

三国时期，曹操手下有个谋士叫贾栩，被曹操所倚重。贾栩轻易不肯表态，也不结交朋党，也正由于此，曹操对他比较看重。曹丕看中了贾栩的智慧与影响力，某天晚上到贾栩的府上拜访，并当面给贾栩下跪，请贾栩救他。要知道，曹操当时已经官封魏王，曹丕是王子，他能够向贾栩下跪，在那个封建的时代，这可不是普通的礼节。即使是刘备三顾茅庐，也比不上曹丕对贾栩的下跪。曹丕的这一举动赢得了贾栩的忠心。后来贾栩给曹丕出了主意，让曹丕成功地博得曹操的信任，并挤掉更得曹操欢心的曹植，成为了曹操的继承人。

我们围绕这个问题进行了探讨，尽管有眼泪，尽管有不愉快，但依然在奔着一个主题，就是如何成为一个优秀的管理者。

马克思主义哲学认为，矛盾的普遍性存在于一切事物的发展过程，事物的发展过程存在着自始至终的矛盾运动，即矛盾无处不在、无时不有。矛盾的特殊性是事物在其运动中的矛盾及每一矛盾的各个方面都有其特点。矛盾是事物的普遍本质，没有矛盾就没有世界。矛盾不仅存在于自然界，也存在于人类社会和人的思维中，人的思维中的矛盾是客观世界矛盾的反映。矛盾普遍性与特殊性辩证统一，矛盾的共性是无条件的、绝对的，矛盾的个性是有条件的、相对的。任何现实存在的事物都是共性和个性的有机统一，共性寓于个性之中，没有离开个性的共性，也没有离开共性的个性。

矛盾从未消失，只是始终变换形式。职场从来不会因为放弃而变得容易，困难也不会因为放弃而自然消失。

作为管理者，自己的格局和员工要有根本性的区别，因为格局是一个人对自己人生心理上的定位，一个人所能到达的高度往往取决于他在心理上选择的高度，很难想象一个从来没想过要到达顶峰的人会达到成功。蓬生麻中，不扶自直。就像一颗石榴种子，放在花盆里栽种，最多能长到半米多高；放到大缸里栽种，就可以长到一米多高；而放到庭院里栽种，却能长到四五米高。

我还特别强调了换位思考的方法，如果今天你不是一个部门的班子成员，而是组织的负责人，将会如何看待和处理这个问题，是否还会觉得这个事情与自己无关。所以你的格局、你的高度在某种程度上决定了你怎样去看待和解决这样的一系列问题。

一点就炸，那不是管理者，而是"二踢脚"。

职场需要格局，格局决定人生。很多大人物之所以能够成功，就是因为在自己还是小人物的时候就很注意构建自己的格局。就是要开放自己的心胸，容纳远大的理想，提高自己的心境，接受比自己强的人。以发展的、战略的眼光看待问题，包容别人，不要让自己设置的笼子困住自己的人生。境界有多大，格局就有大，作为才有多大。说实话，痛苦不像死亡那样无可挽回，别太在意。

一颗心的容量是有限的，装下了怨愤，便装不进太多的爱与温暖，格局更无从谈起。除了委屈和不公，人生还有很多值得期待的东西等在前面。没有什么能力是生来就有的，格局这个东西也不例外，而是随着一个人见识的广博、眼界、人脉的丰厚所能达到的登高望远的心态。经历越多，沉淀的就会越多，格局才会更大，纠缠才会更少，超脱才会如期而至。

说到管理，人们脑海里浮现的都是公式、模型、概念等，其实，管理没有那么难，我所能想到的最浪漫的事，就是把管理变成一首诗，一首关于爱情的散文诗！

管理者要始终与员工一道，努力培养戴着脚镣跳舞的能力和修养，这脚镣便是职场规则。

Topic11　敢于碰硬

如果把管理者培养成小绵羊，又不想被社会的群狼吃掉，简直是异想天开的事情，所以，把管理者培养出狼性，任何环境、任何条件下都能闯出一片天地来，这才是真正的带队伍，才是真正对管理者负责任。带一批有血性的管理者一直是我的目标，也是这几年来不断为之努力和奋斗的任务。

解决问题的能力始终是管理者综合素质的重要体现，也是检验管理者能力和水平的重要标准。完美解决别人解决不了的问题，就是优秀的管理者。所谓的问题，不仅是工作的难题，还有人生的课题。这其中，最重要的是管理者是否敢于碰硬，不仅在于有没有敢于碰硬的心，还在于有没有敢于碰硬的能力。可以说，敢于碰硬既是作风问题，也是能力问题。于是，我们从管理者敢于碰硬开始抓起。

我们狠抓管理者碰硬的勇气。从思想教育入手，让管理者知道碰硬意味着做难事、解难题、冒风险，意味着付出、奉献甚至牺牲个人利益，碰硬的勇气源于对组织发展的坚定信念，源于对组织的付出，更是对自身信仰的忠诚。我从不觉得职场付出都是为了组织，每个人首先都是为了自己，这才是正常的心理秩序。

有人问我最厌烦职场的什么，我说人过四十，似乎没有那么多的厌烦，如果一定要有的话，我是说一定啊，我会心平气和地说，是那些前怕狼后怕虎、畏首畏尾、缩手缩脚的管理者，是那些把"羽毛"看得很重的管理者。那些只会听话的管理者简直不值得一提。

当然，碰硬的勇气不是意气用事，也不是心血来潮，更不是清高自负，这种勇气来自管理者的学习能力和个人修养。在如今这样一个瞬息万变的时代，学习能力将是未来社会发展决胜一切最核心的能力，也是面向未来的能力。如果丧失了学习的自觉，就意味着失去了创新的冲动。如此，管理者一旦失去了学习的兴趣，必将淡化对价值和事业的追求与热情。一个没有价值追求的人，活着还是死去已经不是个问题。因此，不断引导管理者运用科学的世界观和方法论，增强辩证思维能力，建立起一个纵向前瞻、横向全面，开放、科学的分析判断事物的坐标系，真正按照事物发展的规律推动工作。组织管理者学习哲学、历史、经济等，对工作的追求少几分功利的浮躁，多几份价值的充实。我曾说，如果一个管理者每年只读十几本书，最多称得上是个识字的人。

管理者必须敢于承担责任，学会在问题面前勇敢说出"这是我的责任，由我来解决"，敢于面对问题，敢于承担问题带来的痛苦，也承担"承担责任"带来的痛苦。不担责、不敢担责的管理者，在我看来，只好呵呵！

把管理者放在复杂环境下锻炼，把能否解决复杂问题作为检验管理者能力和水平的重要标准。直截了当指出不深入实际、缺乏对基层了解、看不到真相等问题，让管理者直面问题无处可逃。面对复杂局面，引导管理者准确把握全局中最主要的矛盾是什么，这些现象中最核心的问题有哪些？因此，谁不会给员工教授最简单的工作方法，谁就是承认自身的无能。我多次在会上指出，管理者始终坚持对全局性、长远性、政策性问题的研究，强化对深层次矛盾问题的研究，完善个人工作的思路、措施和办法。倾听员工最关心、最着急、最不满意的问题，从中汲取经验、智慧和力量，找到解决难题的办法。问题从来不会自生自灭，管理者始终以攻坚克难的勇气、敢于负责的态度，迎难而上，排难而进，切实解决问题。我常说，不解决问题的管理者，要你有什么用。如果必须淘汰部分管理者，我首先淘汰那些没有思想、混吃等死、圆滑世故的人。

努力培养管理者能碰硬的锐气。管理者太需要骨气，软骨的管理者带不出挺拔的队伍。职场是挣钱吃饭和实现价值的最好结合，没有轻松的职场，也没有和颜悦色，这些东西太理想化了。在实际工作中，个别管理者怕问题、躲问题，绕着矛盾走、围着矛盾转，说大话、讲套话，唯独不敢碰硬。我一直认为，一个在职场不敢说真话的管理者，在生活中绝不可能成为强者。用低头换来的荣华，我瞧不上。

一个员工最大的不幸，莫过于碰到一个无能的管理者。

我们把管理者的锐气体现在科学决策上，始终坚持每一个决策都要用结果验证。决策必然伴有风险，管理者势必在利弊得失之间抉择，更要克服明哲保身的思想，敢于担当，敢于负责。决策的过程是决策者经受考验的过程，既有对知识、能力的考验，也有对品格、境界的考验，错误的决策丧失的不仅是金钱，还有更重要的发展机遇。让管理者把科学的认知能力与牢固的忠诚意识统一起来，既正确把握客观规律，又敢于坚持按客观规律办事，甚至不惜承担必要的风险。我始终倡导，不做一般化的工作，不做一般化的管理者，否则，除了浪费组织的水电暖，其他，毫无意义。

我希望的管理者要像狼一样有强烈的欲望，因为欲望，而不甘心，而行动，而打破牢笼。

我们努力搭建做事的平台，让管理者的锐气体现在强化落实上，始终强调"无功就是过，落空就是错"，落实的过程不仅需要智慧和勇气，更需要细致、耐心、意志，还要面对风险、担当责任。管理者抓每一项工作都是为了实实在在的结果，而非那个轰轰烈烈的过程。"当官不为民做主，不如回家卖豆腐"，在这里很流行。我们创新载体，将管理者个人成长与组织发展联系起来，既扎实做好眼前工作，又做好打基础利长远工作。如果有人把工作出发点放在出名图利、创造所谓"政绩"上，做华而不实的表面文章会被大家耻笑，这里有无形的群体压力。工作中遇到矛盾和问题，不畏惧、不退缩，勇于把矛盾化解在基层，把问题解决在萌芽状态。如果为官一任能培养一批管理者，那将是个人的最大价值和生命的精彩延续，已然成了管理者的共识。

不可避免的是，个别管理者把自己的进步升迁看得比组织发展重要得多，在干事创业的进度上不再热血昂扬，一切以和和气气为主，绝不与任何一方产生矛盾纠纷，工作成效得过且过，决不让自己走进矛盾争端的中心。要想干一番事业从来不会一帆风顺，遇到问题困难是一定的，所以，我常常告诫大家，管理者遇事该上就要上，不要推诿扯皮做"边缘人"，在事关组织发展的事情上，一定要有清醒的头脑，在大是大非面前，不要总把自己当作"吃瓜群众"，一个让员工瞧不起的管理者，要权何用。

不断给予管理者敢碰硬的底气。如果勇气是前提，锐气是途径，那么底气则是保障。底气不仅是管理者的思想，更是管理者的行为方式。作为一个管理者，内心世界一定要丰满，一定要充满正义感，对员工、对组织、对社会有用才是最大的价值所在。不锻炼哪来底气，不经历哪来底气？

不遗余力教育管理者认识到，底气来自没有私心。敢于碰硬首先要出于公心，自觉站在组织和员工立场上看待得失，不要总把自己的"一丢丢"看得比什么都重要，没意义！一事当前，首先要以大局为重，以员工的利益为重，而不能计较个人的名利、前途。面对困难，让管理者迎难而上，冲在解决问题的一线；鼓励大家到条件艰苦的地方，尝试默默地付出和奉献，这都是碰硬。碰硬不仅是对别人，更是对自己。一个管理者，如果整天想着当好人、拉关系、谋私利，即使一时得利，也肯定会被戳脊梁骨，这样的管理者难以干成大事，也难以承担重任，何谈前途。

老百姓常说："钱和权，多少是个够！"管理者无私才能无畏，自身不干净、不纯洁就没有碰硬的资格和底气。我们始终以身作则，让管理者知道，一任何时候都肩膀要硬、腰杆要直，搞一次特殊就丢一份威信，破一次规矩就留一个污点，谋一次私利就失一片民心。在任何情况下，都要稳得住心神、管得住行为、守得住家园。始终铭记，能让人畏惧的不是远处的高山，而是脚下的一粒沙子。很多事情想明白了，人生不过如此！

无论作为个体还是管理者，生来在这个世上就应该付出，唯有付出才有成长。有人做什么事情都惜力，我信奉的还是那句话："惜力不惜力，到点都要死，没有人因为惜力而比别人活得更久！"恰恰相反，那些不断付出的人，因为身体的健康和思想的充实而活得更加精彩、更加久远，他们的心中永远是远方。

在污浊的池塘里依然能够倔强地活着便是勇士。管理者敢于碰硬，就是在矛盾面前敢抓敢管，敢于冲在最前面，敢于承担难事、棘手的事、得罪人的事。管理实践中，层出不穷的难题需要破解，无数未知领域需要探索，都需要管理者敢于碰硬。因此，管理者必须拥有一颗勇敢的心，活在当下，面向未来！

你必须变成自己喜欢的样子，这个组织才会变成你希望的样子！

Topic12 目标管理

我常说，为什么夫妻可以床头吵架床尾和，因为他们的目标是一致的，都是为了更好地过日子。为什么街上陌生人打架却不可以，因为他们的目标不一致，只想置对方于死地。这就是目标的作用。一个组织就如同夫妻两人过日子，只有用共同的目标才能凝聚共同的力量，才能保持协调一致的步伐。

实现组织目标的关键在于科学管理，组织的使命和任务必须转化为组织的目标，目标管理就是纠偏的过程。如果一个组织没有目标，这个组织的任务必然被漠视甚至置若罔闻。作为管理者，必须通过目标进行管理，在组织目标确定后，对其进行有效分解，切实转变成基层部门和全体员工的分目标，并根据分解目标的完成情况进行考核、评价和奖惩。

我们不断挑战自我，围绕主业发展、管理提升、队伍建设等，制定长远目标和近期目标。一个组织只有具备了明确的目标，并且在组织内部形成紧密合作的团队才能取得成功，否则，只能称之为团伙。我们制定了统一的、具有指导性的目标，以此协调所有的活动，并保证最后的实施效果。组织的发展取决于目标是否明确，只有对目标作出精心选择，组织才能生存、发展和繁荣。我们尽可能满足不同方面的需求，将这些需求与管理者和员工紧密相连。组织层面负责制定总体目标，然后将其转变为基层部门和活动的具体目标，必须说明的是，目标是共同制定的，而不是强加给基层的。正是目标管理得到了充分实施，基层才有了主动态度。如此，从管理者到员工便很清楚需要去实现什么目标。如今回头看，正是目标的长远和科学，激励了组织和员工奋发努力。

管理实践中，我们始终用科学的目标激发员工的潜力，让组织目标与员工目标同频共振。可以说，员工在工作中的积极性或努力程度是效价和期望值的乘积，效价是员工对某项工作及其结果能够给自己带来满足程度的评价，即对工作目标价值的评价。期望值指员工对自己能够顺利完成这项工作可能性的估计，即对工作目标能够实现概率的估计。从实践来看，一个目标如果能够产生激发作用，那么，这个目标必须是可接受的，并且是可以完成的。对一个员工来说，如果目标超过其能力所及的范围，则该目标对他是没有激励作用的。同样，如果一项工作完成所达到的目的对员工没有多大意义的话，员工也就没有动力完成该项工作。当然，如果一项工作很容易完成，对员工来说是件轻而易举的事情，那么员工也没有太多动力去完成该项工作。我们将目标管理的可接受性和挑战性，在实际工作中统一起来，"跳起来摘桃子"就是这个道理。从曾经年旅客吞吐量 10 万人次到如今近 40 万人次，更高层次上 50 万人次的目标，激发了员工干事创业的热情与激情。

如果一个管理者不知道把船开往哪个港口，那么，风口在哪来都与他无关。我向来讨厌那些只为温饱打算的管理者，真的很无趣，没有人因为职场惜才或者圆滑而活到两百岁，无意义。

目标管理是超前性的管理、系统整体的管理和重视成果的管理，以及注重人的管理。目标管理能够克服传统管理的弊端：一方面传统管理工作缺乏预见和计划性，没事的时候尽可悠闲自得，一旦意外事件发生就忙成一团，成天在事务中兜圈子。另一方面不少管理者信奉所谓官僚学理论，认为权力集中控制才能使力量集中、指挥统一和效率提高。目标管理不同于以往只重视按照规定的工作范围、工作程序和方法进行工作的做法，而是在各自目标明晰、成员工作目标和组织总目标直接关联的基础上，鼓励组织成员完成目标。在管理目标建立过程中，所有成员各抒己见，各显其能，充分表现才能、发挥潜能；成员为了更好地完成其职责和个人目标，不断加强自我训练和学习充电，自觉提高个人能力；目标管理的确定，既根据个人的能力，又具有挑战性，为了达到目标而不断努力。根据目标进行管理，组织的上下级沟通得到很大的改善，在制定目标时，管理者为了让员工真正了解组织希望达到的目标，主动商量，在良好沟通和取得一致意见的基础上，形成了良好的团队意识。

从实践经验来看，目标管理的实施与执行可分为目标的设置、实现目标过程的管理、测定与评价取得的成果三个关键环节。

目标的设置是目标管理最重要的阶段。首先，高层管理者预定目标，必须根据企业的使命和长远战略，估计客观环境带来的机会和挑战，对组织的优劣保持清醒认识，对组织应该和能够完成的目标心中有数。其次，重新审议组织结构和职责分工，让每一个目标都有确定的责任主体。在预定目标之后，重新审查现有组织结构，根据新的目标分解要求进行调整，明确目标责任者和协调关系。再次，确立基层的目标。把基层的目标具体量化以便考核，分清轻重缓急避免顾此失彼，有效兼顾挑战性和实现的可能性。最后，就实现目标所需的条件以及实现目标后的奖惩事宜达成协议。在基层目标制定后，授予了相应的资源配置权力，实现了权责利的统一。

实现目标过程的管理。重视目标管理结果，强调自主，以及自治和自觉，但并不等于管理者可以放手不管，相反由于形成了目标体系，一环失误，就会牵动全局。因此，不断强化管理者在目标实施过程中的管理，主动进行定期检查，利用双方经常接触的机会和信息反馈渠道自然进行。定期向基层部门通报进度，做好互相协调。帮助基层部门解决工作中出现的困难问题，在出现意外、不可测事件严重影响组织目标实现时，通过一定的办法修改原定目标。

总结和评估。达到预定的期限后，基层部门首先进行自我评估，提交书面报告。然后，上下联动一起考核目标完成情况，据此决定奖惩。同时，讨论下一阶段目标，开始新的循环。对于目标没有完成的情况，组织分析原因总结教训，以保持相互信任的气氛。一般来说，建立一套完整的目标体系，必须明确责任，使目标体系与组织结构吻合，从而使每个部门都有明确的目标，每个目标都有人明确负责，加强组织实施，做好检查和评价。对目标的完成情况，事先明确规定期限，定期进行"回头看"。

简单地说，目标管理必须要有明确目标，且应该具体详尽；必须倡导参与决策，目标管理用参与的方式决定目标，上下一起，共同参与目标的选择和对如何实现达成一致意见；必须规定期限，让每一个目标的完成都有一个明确的时间界限；必须反馈绩效，不断将事情的进展情况反馈给员工，以便员工主动调整自己的行动。

马克思主义哲学认为，人的意识总是指挥着人们使用一种物质的东西去作用于另一种物质的东西，从而引起物质的变化。正确反映客观事物及其发展规律的意识能够指导人们有效地开展实践活动，促进客观事物的发展。因此，目标管理必须符合组织发展的阶段和要求，必须符合管理的基本规律，从而为组织实现目标提供保障。

我们狠抓目标管理，尤其注重做好几个方面工作。

第一，夯实目标管理的思想基础和科学管理基础。引导员工树立全局观念、长远利益观念，正确理解组织与个人之间的关系。推行目标管理容易滋长急功近利本位主义倾向，如果没有一定的思想基础，设定目标时就可能出现不顾整体利益和长远利益的问题。科学管理的基础是各项规章制度比较完善，信息比较畅通，能够比较准确地度量和评估工作成果。这是推行目标管理的基础，而这个基础工作是需要长期培训和教育才可以逐步建立起来。

第二，始终把管理者作为推行目标管理的关键。管理者对各项指标都要心中有数，工作不深入、没有专业的知识、不了解下情、不熟悉生产运行、不会经营管理是不行的，因而对管理者的要求很高。管理者与员工之间不是命令与服从的关系，而是平等、尊重、信赖和相互支持。使管理者改进作风、提高水平、发扬民主、善于沟通，在目标设立过程和执行过程中注重沟通，使大家的方向一致，目标之间相互支持，同时，还要就实现各项目标所需要的条件以及实现目标的奖惩事宜达成协议，并授予相应的支配人、财、物和对外交涉等权力，充分发挥员工的主观能动性以使目标得以实现。

第三，坚持逐步推行并长期坚持的基本节奏。推行目标管理有许多相关配套工作，诸如提高员工的素质、健全各种责任制、做好基础工作、制定相关政策等，这些都是组织的长期任务，逐步推行且长期坚持，使之逐步达到良好的效果。

第四，确定好目标。一个好的目标必须是切合实际，通过努力可以实现的，而且必须具有关联性、阶段性，兼顾结果和过程，还需要数据采集系统、差距检查与分析、及时激励制度的支撑。这些量化管理方法与目标管理相辅相成，在切实帮助管理者激发员工的主动性和创造性的同时，及时了解整个团队的工作进度，不折不扣地完成任务，并且在更大程度上促进员工的主动性，从而提供了良性循环的基础。

第五，切实注重信息的管理。目标管理体系中，信息管理扮演着举足轻重的角色，确定目标需要获取大量的信息为依据，展开目标需要加工和处理信息，实施目标的过程就是信息传递与转换的过程。因此，信息处理成了目标管理得以正常运转的基础。

丧失远见的人不是那些没有达到目标的人，往往是从目标旁溜过去的人。所以，一个管理者必须活在目标当中，真正用科学的目标凝聚员工力量、引领组织发展。

第 2 章　管理的基本原则

管理的基本原则是适合才是最好。

辩证唯物主义认为世界在本质上是物质的，它既承认了世界的本源是物质，也承认了意识对客观世界的能动反映和作用，为人们解决疑难问题提供了科学的方法和思路，指明了前进的方向。历史唯物主义认为一切重要历史事件的终极原因和动力是社会的经济发展，它是生产方式和交换方式的改变，历史发展有其特定规律。任何事物的存在，都是从历史的长河中发展而来，都带着历史的色彩和印记，同时又以特定的形式存在于当下。因此，要辩证的、历史地看待管理实践中的问题，从纵向与横向综合施策找到解决问题的方法。

这个世界不存在所谓最好的管理，只有最适合、最有效的管理，唯有适合的管理才能切实解决实际问题，而解决问题的核心是推动发展。因此，必须不断探索符合组织发展阶段特点和要求的管理方法，持续推动组织实现发展目标。必须客观、冷静分析自身存在的矛盾和面临的问题，因地制宜、因势利导、因人施策，避免好大喜功和贪大求全，确保在实践中出结果。必须 找准自己的位置，探索更有效的方法和路径，以适合自己的发展，量力而行，力求以最小的资源获得最大的成效。必须根据实际需要做出合理的调整和安排，避开失败和弯路进行抉择，结合自身条件做出正确的决定。面对无数的选择，只选择适合的，这样，才是最恰当的选择。

Topic13 绩效考核

中小机场有几个明显的特点：员工人数少，平均年龄小，管理者流动慢，岗位相对简单，同岗位待遇差异较小，一定程度上造成了年轻人的从众心理，无论是工资上的平均、心理上的平均还是对未来发展前景的期待，由于没有差距而导致动力不足。"大家都一样"是一种非常可怕的病态心理。中小机场的确在自身发展和外部条件存在着约束，但是就管理而言，在这种高度约束下仍大有可为，"什么样的管理才能最有效，才能最容易被这支年轻队伍接受"，这是我曾经思考很久的问题。

我该如何存在？

有人说不要把所有的鸡蛋放在同一个篮子里，当然，所有人也不能烩一锅饭吃，大锅饭终究会导致没有饭。从员工最切身的利益入手，以绩效考核为突破强化管理变革，通过正向和负向激励双管齐下提升管理水平是我们破除管理困局的"先手棋"。让舞台足够宽阔，让员工充分展示，把优秀的人请上车，把懒汉统统轰下车，该干吗干吗去，激发每一个人干事创业的热情和内在热情，让年轻的队伍始终保持向上的激情，这是我们开展绩效考核的基本思路和目标。在我看来，一支年轻的队伍，如果没有了激情注定要死亡，这就是我当初的想法，必须变，而且马上变！

绩效对员工来说是成本，对组织而言是收益。

管理可以遵循一定的原理或规范办事，但绝不是所谓"标准"的照章操作行为。这几年流行的西方式管理过于泛滥，太多的人信奉标准化管理，其实，管理说到底就是文化，而且是我国传统文化的衍生和再现。管理是一种随机性很强的创造性工作，必须在客观规律的指导下实施随机应变的管理。管理者在实际工作中会面对千变万化的管理对象，只有创造性地运用管理技术与方法，学会随机应变，才能更好地解决实际问题。单有管理理论和知识是不能保证实践成功的，事实上也不存在固定不变的管理模式，只有审时度势，结合实际应用，灵活运用管理理论才能获得管理实践的成功。

绝不要平均主义，平均主义惩罚表现好的，鼓励表现差的，得来的只是一支更糟糕的员工队伍。这是我不想要的。

开展绩效考核要解决的第一个问题就是怎么制订绩效考核方案，是组织"一盘棋"还是基层各部门"搞自治"？当时就想，这就好比放风筝，员工队伍能力弱的就要把线收一收，员工队伍能力强的就要把线放一放，如何能走得更远、飞得更高，最终决定将权力授权基层各部门。"宏观把控、微观放活、解决问题、突出实绩"被确定为授权的基本原则。授权必不可少，授权势在必行，管得少就是管得好，我历来信奉少管，再少管。越是不敢放手，越是束缚手脚。"没有权力的管理纯属扯淡，给基层部门足够的权力，他们一定比我们管得更好"，这是我在全员大会上说的一句话。

对于管理中的问题，如果已有模式不能解决，那么就必须用新的方法、手段来解决，并根据不同的环境和问题作出结论，这便是艺术。管理者水平的高低，在于能否充分发挥个人潜能，能否被信任和支持，而管理的创新程度则取决于对艺术的领会和把握。人们也常会过分强调管理的艺术性，而否认科学性；认为管理艺术是少数人天生所具有的，大多数人只能天生处于被管理、被领导的地位，在管理实践上缺乏科学的管理制度，而常以管理者的心情、好恶作为决策的依据；等。然而，组织要想在激烈的竞争中求得生存与发展，就必须有现代化的管理，就必须正确把握且充分运用管理的艺术性。

我们在组织层面制定了绩效考核管理办法，明确了基本原则、考核要求、主要目标等"干什么"的问题，但是没有规定具体的岗位考核措施和考核内容等"怎么干"的问题，这些事情交由基层领导班子决定。按照季度对基层各部门进行考核，将考核结果与所有奖金分配挂钩，由考核结果决定部门的蛋糕大小，基层部门领导班子考核成绩就是整个部门全员的成绩。组织只负责将蛋糕分块，具体到员工层面怎么分割是各部门的事情。所以，员工无需盯着组织"怎么看"，而是看着部门到底"怎么办"！

在部门层面，制定了具体的考核标准和内容，按月考核并在当月工资中予以兑现。由于各部门工作重点、工作任务和工作短板等不同，考核标准也各有侧重，但必须坚持问题导向，如果行政管理是弱项，就将行政管理内容增加，如果急需提升业务技能，就将业务技能分值增加，总之一句话，绩效考核必须解决当前主要矛盾，必须体现组织意图和管理导向。考核内容确定后，必须面向全员公布并经全员大会表决通过，必须讲明考核的目的和意义，让员工知道往哪里走、怎么走。同时，考核标准以季度为周期进行动态修订，要随时将出现的问题解决并通过绩效标准做量化评价，将模糊不清的职责分工和整体性工作具体化为每个岗位流程标准。我曾说过，如果认为环境卫生管理不够好，那就要修订绩效考核标准，让员工捡垃圾得高分不失为一种好的策略，这就是最好的绩效考核。

按照绩效考核要求，基层各班组须在每日晚讲评会通报当日考核情况，谁被加减分、什么事由加减分、加减分多少等都要向员工讲清楚。这样，员工每天都很清楚自己当月能拿到多少工资。奖罚从1分起步，20分封顶，每1分对应100元钱，也就是说，基层部门对每位员工每月可执行2000元以内的考核奖惩。奖励容易处罚难，各部门更愿奖励而不愿罚款，这是不言而喻的问题。因此，奖励员工的资金须从部门绩效考核所扣罚的资金中支出，谁也别想拿着组织的利益做好人。特别在这个过程中推行"全员管理"，每个人都有行政管理的任务，用职责约束敬业和奉献。事实证明，严格管理一定处罚高于奖励。对于奖励资金的来源问题，组织的规定也许有些不尽如人意，但正是这条有些偏颇的规定，让基层管理者老好人思想无处可藏。资金按照年度清零，奖励剩余部分由基层部门自行支配，但是，须经部门集体研究且只能用于员工奖励。

奖要舍得，奖得心花怒放！罚要狠心，罚得心惊胆战！奖励可以引发更大贡献，惩罚可以避免重复性损失。我从不干那些不痛不痒的事情，按部就班不是我的管理风格。

为了将这种考核奖励机制可视化，简单明了地呈现在员工面前，使它更具冲击力，更好发挥导向作用，我们制定了"红黑榜"，红榜记录加分项，黑榜记录扣分项。组织的"红黑榜"展示基层部门每季度战绩，基层部门"红黑榜"展示部门全员每月战绩。古代学子中举登科要张榜公布，榜上有名者春风得意，基层部门红黑榜不光有"前三甲"，还有"不及格生"。基层部门每月汇总绩效考核排名，加分员工按最终得分从高到低进入红榜，扣分员工从低到高进入黑榜，扣罚 100 元可能对大部分人都无关痛痒，但是因为扣一分而进入了黑榜就有点"驳人面子"。黑榜记录维持一个月时间，待下次榜单排名后才能更新，进入黑榜的次数将影响员工全年评选评优和外出培训机会。很多人都是"罚款事小，面子事大"，人性的弱点在"红黑榜"上体现得淋漓尽致。在这种可视化机制下，员工的努力将会被展示在聚光灯下，当然，懒惰也将无处遁形。

管理的特点不仅要求科学严谨而且要求高超的实践艺术，而管理也不只是单纯的形式上的管理、理论上的管理，而是多姿多彩的全面的管理。管理对人才的要求很高，要他同时具备多种素质。所以，在现实中经常可以看到或听到一些杰出的企业家在面对重大问题尤其是突发性事件时往往凭借直觉，依靠自己多年在管理实践中总结出的经验作出决断。没有道理，但是可行。

绩效考核落地生根且渐行渐稳，让基层管理者有了更多的管理权力和管理积极性，责权利的下放建立了基层管理者的权威，把"管理的利剑"给了基层领导班子，让问题在现场第一时间得以解决。给了权力便静等结果，于是，基层领导班子被逼到了管理的最前沿，必须直面问题而无法给组织上交矛盾，更谈不上老好人，锻炼了管理的能力，也锻炼了管理的勇气。"基层决策，组织支持"成了最流行的一句话。将基层领导班子考核成绩作为部门全员发放奖金的标准，使得员工更加关注部门班子考核成绩和排名，"支持班子工作就是支持自己拿奖"成为全员共识，一条线上的蚂蚱因为利益的捆绑而变得更容易团结协作。因此，作为一个管理者，必须清楚地认识到，员工的主动性很难派上用场，只有制定合理的游戏规则、搭建宽阔的表演舞台才能血战到底，才能将优胜劣汰展现在职场，让每个人懂得赢得未来的条件是责任、奉献和竞争，一成不变最终只能是平庸和淘汰。

马克思主义哲学认为，运动是物质的根本属性和存在方式，静止是相对的，运动是绝对的。管理具有艺术性的根本原因在于，管理最终是管人，没有人就没有管理，但人不是统一的零件和机器。人尽管有同样的共性，但恰恰是人的特殊性构成了不同的组织。世界上没有两个同样的人，世界上也没有两个同样的组织。因此，管理永远是具体的、变化的，管理没有模式。正因为如此，德鲁克才说："管理是实践的艺术。"

管理从来就不是科学，它的精髓在于实践，在于有效。

Topic14 系统思维

有一年，作为中层管理人员选聘的评委，我现场出了这样一道题：如果 1=5、2=25、3=125、4=145，那么，请问 5 等于多少？在听到这个问题以后，每个竞聘者反应都是不一样的，有人仰天沉思，有人紧锁眉头，也有人信心满满，脱口而出说："给我一支笔，我要算一算 5 等于多少。"面试的结果是，只有一部分人能够答得上来，而大多数人一头雾水不知所云，压根就没有反应过来"何出此言"。

那么，这道题到底要问应聘者什么？面试结束后我们公布了参考答案。这里特别强调是参考答案，那便是：1=5、2=25、3=125，在这种情况下，在这个区间内，有一定规律存在，也就相当于 1=5 的 1 次方，2 等于 5 的 2 次方，3 等于 5 的 3 次方，于是乎，很多人理直气壮地认为 4 一定等于 5 的某一个次方，绞尽脑汁却无果而归。

我在现场开玩笑说，别说给你支笔，给台云计算机也无济于事。因为这道面试题不是测试应聘者的计算能力和水平，或者说基本的知识和技能，而是管理者特别是中层管理人员的思维能力和水平。

按照等式两边互换原理，如果 1=5，那么，5=1 就是答案。

大家恍然大悟，哦！原来如此。这就是选拔管理人员的理由和初衷。就是说，1、2、3 连续存在一定的规律性，但是从 4 开始没有了规律性，那么在没有规律性的情况下，5 就很难用原来的模式推算。在这种情况下，优秀的管理人员必须跳出问题看问题。在管理实践中，这两句话也许恰到好处：一是管理人员要学会做具体的工作，能完美解决具体的问题；二是管理人员切记一定不要被具体的工作缠身。

回到考题来看，1、2、3 存在规律性，但 4 开始没有了规律，这是事物存在的合理状态，5 显然不在此规律之中。换句话说，1、2、3 是一个问题，4 是一个问题，5 又是另外一个问题，它们之间没有任何关系。规律的存在有其前提条件，但不是说所有的事物和所有的规律都可以无限期延展。

对一个管理者而言，在解决纷繁复杂的工作时，必须具有系统的思维，越是复杂无序，越需要从具体的问题中摆脱出来，自觉跳出问题本身，在一个更高的层面看待、分析和解决问题，这对管理者而言是最基本的要求之一。没有高度的管理者，前景注定是暗淡的。如果一个管理者只会解决具体问题，那么他的未来最多是一个好的技术员，只有具备高层次系统思维，才能称之为优秀的管理者，这才是组织所需要的。

同样，还有这样一道面试题，说一个老板请一个工人做工，这项工作需要用六天时间才能完成，老板用一根金条作为六天的全部劳动报酬。按照他们的约定，每天完成工作以后，老板需要付给工人六分之一的金条作为酬劳。但是，老板只能将这根金条切两次，并且确保每天给工人的酬劳是六分之一。

那么，请问老板应该怎么切？

应聘者普遍能回答第一刀切出六分之一，因为第一天必须付给工人相应报酬，这一步大家都能想到。那问题来了，第二刀该怎么切，现场的回答可谓千奇百怪，公说公有理婆说婆有理。这道考题出来以后，很多人认为这是脑筋急转弯，也可以这么理解，但是作为一道面试题或者选拔管理者的面试题，它的初衷在于如何统筹安排、系统有效地处理问题。

现场公布了答案：第一天也是第一刀切出六分之一，第二天也是第二刀切出六分之二。但是注意了，在第二天付给工作六分之二金条后，需要把第一天的六分之一从工人手里收回，第三天付出的是已经收回的六分之一金条。以此类推，完美收官，皆大欢喜！

那么，这道题到底要考什么？我们的参考答案是这样的：作为一个管理者，必然面临很多棘手问题，但在实际工作中却没有完备的条件和现成的答案，如何创造条件或者快速转变思路是对管理者的基本要求。实际变化多端，需要管理者随时出手相救。

差错发生在细节，成功取决于系统。

在这道题里有两个点必须把握：一是如何把第二天的六分之二与第一天的六分之一进行交换；二是如何统筹安排分配，能做到第一步，更能看到最后一步。在管理的实践中，很多时候都会面临没有条件、只要结果的两难选择，如何统筹安排、协调资源、创造条件，并且给出解决问题的方法或思路，眼里既能把金条看作一个系统，手里又能具体巧妙的分割，成为了管理水准的分水岭，只有好的思路好的方法才能把问题解决得更好！

马克思主义哲学认为，事物的发展是通过它自身的辩证否定实现的，当肯定方面居于主导地位时，事物保持现有的性质、特征和倾向，当事物内部的否定方面战胜肯定方面并居于矛盾的主导地位时，事物的性质、特征和趋势就会发生变化，旧事物就转化为新事物。否定是对旧事物的质的根本否定，但不是对旧事物的简单抛弃，而是变革和继承相统一的扬弃。经过否定之否定，事物运动就表现为一个周期，在更高的阶段上重复旧的阶段的某些特征，由此构成事物从低级到高级、从简单到复杂的周期性螺旋式上升和波浪式前进的发展过程，体现出事物发展的曲折性。

如此看来，无论等式计算还是切分金条，都需要用系统的思维分析和把握，注重事物发展的趋势和变化，特别是面对很多看似某些相同的特征时，更要注重把握事物背后已经发生的巨大变化。因此，在管理实践中要用好否定之否定的方法，要以系统的观点看待事物，它是事物的普遍存在形式，把握好事物发展的整体性、关联性、层次性、开放性和动态性。如同我们走在山谷里迷失方向的时候，千万不是用更多的力气和魄力勇往直前，而是要爬上山顶看看"未来的路"，只有统揽全局才能庖丁解牛，只有站在山巅才能知道山谷去向，也许会发现曾经为之努力和奋斗的是一条"断头路"，如果方向错了，越勤奋结果越糟，"无解"是这个世界上最悲哀的付出。

系统思维方法也叫整体思维方法，是一种含金量很高的思维方法。它要求人们用系统眼光从结构与功能的角度重新审视多样化的世界，把被形而上学分割了的现象世界重新整合，将单个元素和切片放在系统中实现"新的综合", 以实现"整体大于部分的简单总和"的效应。人类已经进入系统时代, 自 20 世纪 40 年代以来, 运用系统思维方法作为一种方法论, 已在解决许多复杂的大系统工程中发挥了重要的作用。典型如美国的"阿波罗登月计划"、卫星系统工程、环境生态问题、城市规划系统等, 都需要借助运用系统思维方法解决问题, 且效果凸显。

不得不说的是, 当你想到一个好的点子, 可能有 1000 个人已经想到了、100 个人在准备商业计划了、10 个人准备全力去做了、一个人已经干出来了。主意从来不缺, 缺的是系统性行动。未来就像一扇门, 如果创意这把合适钥匙我们已经找到, 那么, 时不我待, 把钥匙插进去并朝正确的方向旋转。

为此, 我们很多时候都要求管理者, 一方面要学会做具体的工作, 能够把每一件事情做得出彩, 这是最基本的管理要求, 另一方面要从具体事务中解脱出来, 善于从全局的高度分析和处理问题, 把控全局方能做优细节, 在找不到解决问题的答案时, 学会拷问自己是不是欠缺高度。也就是, 一个管理者要既会解决具体问题, 又能从具体问题中抽身。事实上, 很多时候, 管理者缺乏的不是做事的魄力, 而是系统的思维。一个能做具体工作的管理者最多成为优秀的技师, 而一个能系统解决问题的管理者则注定成为管理大师。

管理者唯一持久的竞争优势, 也许就是比自己的竞争对手学习得更快的能力。

面对着大科学、大经济时代, 学习、认识和掌握系统思维方法, 培养和发展系统思维能力, 对于创建成功的事业有着不可估量的作用。"系统思维"方法是历史悠久而又最有创造性的思维方法之一。在处理一件事情时，每个人都要明白，一件事情就是一个系统。处理一个问题的过程，也是一个系统处理的过程。在考虑解决某一问题时，切忌采取孤立、片面、机械的方式，而应当作一个有机的系统来处理。只有这样，才能做到面面俱到。

如果你站在 20 楼，看到的都是风景；如果你站在 2 楼，看到的则是垃圾。

苏东坡第三次被贬谪到海南儋州，有一次和客人喝酒微醉后，写下一篇随笔。他说，刚开始到海南岛时，环顾四面大海无边无际，凄然为此悲伤，说："什么时候才能够离开这个岛呢？"一会儿又停下来想想，天地都在积水中，九州也在大瀛海中，中国在小海中，难道有生下来不在岛上的吗？把一盆水倒在地上，小草叶浮在水上，一只蚂蚁趴在草叶上，迷茫的样子，不知道如何渡过。一会儿水干了，蚂蚁于是径直下叶走。见到同类，哭着说："我差点再也见不到你了。"哪知道，那不过是一滴水而已！

想到这个，便可以笑一笑作罢。

Topic15 业务外包

记得我刚到任的时候全机场总人数有 64 人，负责着整个机场的安全运行、生产经营、规划建设，以及保洁、物业、餐厅等全部维持机场运转的工作，但凡看到在机场工作的人员，一定是机场的员工。那一年，机场年旅客吞吐量刚刚过了 10 万人次。有人说，支线机场必然要求一人多岗，干的活很杂也理所当然。但是，这要分情况而论，如果特车司机能做安全检查就是符合发展要求的，如果特车司机会烧锅炉一定是没有前途的，所谓的一人多岗、一岗多能一定是在核心业务的范围内。因此，一方面要将机场持续经营下去，另一方面要让它回归管理本位。

我在不断地思考，假如让一个歌手每天去练习炒菜，那他可能会变成一个 5 分的歌手和 5 分的厨师，成长为一个多面手。假如每天让这个歌手练习唱歌，那他很有可能只成为一个八九分的歌手。如何选择才能效益最大化？我的选择是后者。既然他的身份是歌手，他要吃的是歌手的饭，最终要成的是歌手的才，在漫长的职业生涯中，最宝贵的成长时间要尽可能给予他的核心领域，眼前的好处对于未来的发展不值一提。更重要的是，作为管理者，我最关心的莫过于员工未来如何成长，以及企业未来如何发展，当下的努力才能为将来储备更多的人力和资源。就比如，所谓的多功能鞋油就是没功能，未来发展的道路只能越来越窄。

面对企业的快速发展，我们不舍得也不能够让员工再去被非核心业务分散精力，这里都是二十八九岁的小姑娘和小伙子，正是能力、精力、毅力正值高峰期的年纪，这个时候如果不啃下岗位核心业务这块硬骨头，等人到中年，他们注定要被行业和社会所淘汰。这是管理者的职责，也是能力所在，脚踏实地在当下，运筹帷幄看未来。我想到了业务外包，一定要将这些"琐事"都外包出去。这世上，最好的分工莫过于能做擅长的事情，小机场千万不能"大包大揽"。

推行业务外包是实现运营管理模式从经营型机场向管理型机场转变的重要手段。通过对经营型业务实施专业化、市场化的运作，从而减轻人力成本、改良组织机构等，因为"块"大好"分"，所以业务外包在很多机场已经很普遍了。但是，对于我们这个"小麻雀"，涉及的业务种类很繁杂，既有通信保障、网络维护、道路、停车场等基础设施维护，又有绿化养护、客舱保洁、航站区设备运行维护、贵宾服务等，怎么才能分得不伤"五脏"呢？先易后难，我们最终选择了剥茧抽丝，逐步从最迫切的业务开始着手。

以前航班少的时候，我们组织员工种树绿化场区，当时已经初具规模，但是每年的绿化养护仍要耗费很多的人力物力财力，且不说将员工的精力分散，就是耗费的时间也是组织承受不起的。让专业的人做专业的事情，这句话无论何时都是正确的！鉴于以上原因，我们决定将所有物业公司能做的业务全部外包出去，航站区、办公区和客舱的保洁，场区绿化养护，以及职工食堂后厨和司炉工作，统统交给物业公司管理。当时的情况并不简单，既要确保外包业务的经营品质提升，又要确保移交出去的人员得到妥善安置。通过竞争性谈判和反复磋商，用市场竞争去提高外包质量。那一天，我们终于从这些烦琐的业务中"解脱"了出来。

业务外包以后，还是这些人干了这些事，还是这些钱给了这些人，似乎只是变换了形式，必要性到底在哪里？我在全员大会上给出了理由：业务外包的效果不会完全体现在当下，而是五年八年甚至十年以后，因为外包业务的这些员工当初进入企业的门槛很低，等到他们人过中年却没有学习能力获得更好成长和进步的时候，总经理有的所有待遇他们一个都不少，那个时候才是企业负担最重的时候。同样，没有必要把职工餐厅的厨师培养成五星级酒店的水平，那是组织资源的极大浪费。事实上，与我们当初判断的一样，在筹划业务外包的过程中，部分人员已经做好了集体上访的准备，无论如何不愿脱离机场，可以想象十年后如何剥离这些业务和人员。这就是理由，这就是给企业未来发展留足空间。

出掌不如出拳，出拳不如点穴，每次出招都要解决问题。

机场飞行区有 2000 多亩土地，为治理四级湿陷性黄土，我们在飞行区种植了苜蓿用以固土，每年不仅要进行两次土面区碾压，还要按时按点收割苜蓿，确保草高符合规范。场务队仅有的 4 个人负责机场净空、飞行区维护、水暖空调等工作，看着他们每次开着压路机在飞行区碾压的时候就想，这种有驾照就可以胜任的工作，为什么要由员工去做，场务人员应该开着摩擦系数车精准地测量跑道系数，而不是开着拖拉机熟练地收割苜蓿。于是，我们决定给场务"减负"，经过与劳务公司谈判，以每年几万元将飞行区土面区碾压和苜蓿收割工作外包了，场务人员工作重心由驾驶压路机转变为掌握技术标准和测试碾压效果，并安排更多时间专心检查净空、排查鸟情、分析虫情等，工作重心从"劳力者"转化到"劳心者"，从此，做一个最有前途的场务人。

我常说的：如果有一天失业了，你拿什么养活自己和家人？烧锅炉、做保洁固然没有问题，但是，为什么不从现在开始钻研一项核心业务，努力成为某个领域的专家，站在一个不可替代的岗位上。其实，重要性永远不重要，不可替代性才重要。

一个企业很难仅依靠自己的经营管理做好各种事，需要更多的联合形式配置资源。业务外包吸收更多资本投入机场，在最大范围内优化资源，将资源合理利用。它能够有效减少业务所需人员，有效降低人员成本。用专业化分工提高职能效率，让机场成为监督者、决策者，从而增强机场核心竞争力。能够减轻自身压力，该业务的联系协调完全由经营者自行解决，机场从原来的流程管理走向区域化管理，降低了组织规模，从而提高运营效率。同时，将服务风险部分转移给其他经营者，不断降低自身风险。

随着业务量快速增长，我们将安检信息系统进行升级改造，引进中航信系统，邀请专业人士进行调试、测试和人员培训，他们的民航专业网络维护和技术支持是顶级的，工作人员展现的专业水平令人折服。当时就想，如何利用他们的优势，实现资源共享、优势互补，为中小机场做更多的服务呢？还是走外包的路。于是将机场的弱电系统业务交由他们打理，机场的通信导航人员参与管理和监督，当然更多的依然是学习。通过谈判，对方派专人驻守机场负责弱电系统维护，24 小时随叫随到处理现场问题，以专业水准和雄厚技术力量为后盾，让质量有保证，让员工有成长。几年过去了，机场业务外包有效地优化了资源、降低了成本、增强了自身竞争力、提高了运营效率、分散了风险等，现在回头看，这条路走对了。

业务外包是当前商业领域的流行趋势之一，大型机场也好，中小机场也罢，不仅仅限于非航业务领域，将合适的资源外包，可为旅客提供优质且更加专业的服务，从而为机场带来更多的经济效益与社会效益。对于中小机场而言，一项业务是否自营，要综合分析各种非经济成本，为自身松绑，甩开非核心业务，让企业背得起、走得动、行得远，轻装上阵才能放手一搏，立足长远才能赢得未来。

曾经看过这样一则报道：澳门机场惯于"只做自己最擅长的事情"，澳门机场将主要业务根据机场的胜任能力和收益高低分类外包，最后竟然将安检和护卫的业务也外包了。这家伙太前卫了吧！我们也缺安检员和消防员，却无法像澳门机场一样将整个安检业务外包，思来想去，决定将安检工作中初始和末端业务交给保安公司，也就是候机楼入口炸药毒品探测和旅客到达口守护，设备和试剂由机场方面负责购置与管理，人员上岗要经过专业培训并接受机场监管。该业务外包后，将三名安检员抽身出来，加强安检通道和机坪监护队伍力量。不要小看这三个人的力量，它有效改变了安检队伍的管理模式，让安检员更能专注于核心业务。在安检通道见习一天要胜过在到达口坚守一月，于是，新员工可以在各岗位自由轮岗实习、迅速成长。这项业务的外包，对安检现场地改变可谓翻天覆地，一举多得。

面向未来发展，机场外包业务管理必须制定相关配套制度，加强对外包业务的优化与监督，将外包业务的内容标准化，从而促进机场与外包商之间的良好合作，保障外包商能够达到机场的服务要求，提高机场业务外包效率。必须建立信息共享机制，搭建高效的整体运营平台，建立信息共享机制，通过机场与外包商间合理的交流渠道，确保在出现问题时，两者能进行及时有效沟通，更好保障信息共享机制的运行，发挥好两者之间的合作协同。必须完善激励机制，合作双方都承担着一定的风险，双方合作增值的利益要在两者间进行分配，不能完全归于一方，在激励机制的设计上要更多体现公平原则。必须认识到业务外包并非不可逆，机场同样可以采用收购等方式巩固企业的核心竞争力，从而产生新的收益增长点。

管理有模式，但无定式，这就是管理的真谛。

Topic16 重在实战

一个人懂得了很多道理，却依然过不好这一生。这是时下最流行的一句话，如同一个人懂得了很多管理理论和方法，却依然做不好管理。我也常常被问到这样的问题，或在课堂上，或在组织中。对于我来说，这不是个问题，因为我从来都认为管理理论与管理结果之间还有漫长的十万八千里，谁说的懂理论就会做管理！

最好的管理就是讲故事，讲故事就是做管理。

有人对农夫说，给你儿子介绍一门大好婚事，找一个非同一般的工作，事成后给我一百万如何？农夫怒吼道，我的孩子好是好，但这是开玩笑，不可能啊。他问农夫，那如果女方是洛克菲勒的女儿呢？农夫想了想说，那就没问题了。于是，他找到洛克菲勒说，给你女儿介绍一门婚事，事成之后给我一百万，怎么样？洛克菲勒怒吼道，我女儿可不愁嫁，你还要一百万，这不可能。他说，如果男方是摩根士丹利银行的副总裁呢？洛克菲勒想了想说，那倒是可以。他找到摩根士丹利银行总裁说，我要你任命某某做贵行的副总裁，并且给我猎头费一百万。摩根士丹利银行总裁怒吼道，这不可能。他说，那如果这人是洛克菲勒的女婿呢？摩根士丹利银行总裁想了想说，可以考虑。就这样，农夫的儿子当上了摩根士丹利的副总裁，娶到了洛克菲勒的女儿。洛克菲勒找到了一个在摩根士丹利当副总裁的女婿，摩根士丹利得到了一个身为洛克菲勒女婿的副总裁，有人顺利赚到了三百万。

我常常把这个故事讲给所有的管理者，无数次告诫大家，管理必须在构架理论体系的基础上，在大量的实践中总结凝练符合自身特点的方法，一切都要在结果上说事，特别在没有条件的窘境下创造结果。

经过连续几年快速发展，机场年旅客吞吐量近 40 万人次，如何激发市场活力，如何扩大机场腹地，如何突破现有模式，确保持续发展，是我们曾经面临的一个问题。于是，我们把眼光转向了毗邻的平凉市。平凉市无论人口规模、经济总量还是发展资源都具有很大潜力，而且距离发达的干线机场路途遥远，地面交通受限较多，但是距离我们机场仅有 100 公里，全程高速 1 小时即可到达。我们充分论证交通条件、出行需求、市场潜力等，决定设立平凉城市候机楼。但是，我们必须要解决两个问题：第一，必须在平凉市区内找到设立候机楼的合适地方，要交通便捷，方便市民出行。第二，必须让旅客轻松顺畅地在城市候机楼与机场之间摆渡。有人说这些问题都可以用钱来解决，但问题是，我们没有钱还要解决问题。

如果什么事情都要拿钱来解决，那么，要管理者何用？

在充分调研、论证研判、实地走访的基础上，我们决定与平凉市最大的某汽车运输集团公司合作，借助该集团已运行的大巴在两地之间摆渡，迅速将城市候机楼地址选在了该集团所在的汽车站，在车站候车室专门开辟一块地方，用于城市候机楼相关业务开展。这样，在没有单独店面的情况下，我们只付出了场地租金，在已有客源基础上做进一步优化，将地面运输与民航运输无缝衔接。第二个问题随之而来，如何将旅客在城市候机楼与机场之间摆渡。当时，我们没有自己的大巴，而且运行成本非常高。这种情况下，我们与该集团公司合作，大巴在到达市区后延伸至机场，客票价格略作提高，这样不仅为大巴提供了更多的客源，而且用更小的成本获取更大的收益，在双方共同努力下，这一目标顺利实现。从实际来看，运行平凉城市候机楼所花费的成本只有租金，对于该集团公司来说，民航高端旅客成为新的客源，在思路转变的情况下实现了双赢。

马克思主义认为，以生产劳动为核心的人类社会实践是人类一切活动的基础，只有劳动实践才使人从动物界分化出来，成为认识的主体，才产生主体和客体的对立统一关系。人类的社会生活本质上是实践的，只有社会实践持续不断地进行和发展，才为认识的发展提供必要和可能。实践是主体和客体、精神和物质的"交错点"，认识问题到彻底解决归根结底依赖于实践。实践作为社会的、客观的物质活动，它对认识的关系，同社会存在与社会意识、物质与精神的关系有内在的一致性。正是在认识和实践辩证统一的运动中，人类才能不断地从必然王国走向自由王国。

有人想做一双鞋。鞋匠问："要方头还是圆头？"他犹豫不定。鞋匠让他回去考虑。几天后他仍举棋不定。等他去取鞋时，看到的鞋子一只是方头的，另一只是圆头的。"怎么会这样？"他问。"等了几天你都拿不出主意，当然就由我来决定啦。"鞋匠回答。在管理实践中，任何事情都不要指望别人替你做决定。

当下流行的心灵鸡汤与社会实践完全脱节，它面对的人群都在扮演着迷茫、感情脆弱的社会角色，他们的失落、迷茫和脆弱是因为遇到了问题，鸡汤的目的不在于解决问题，而是使人的负能量转换为正能量，这正是荒谬所在。仔细看心灵鸡汤，它实际上讲究的不是客观、严谨、方法正确，而是讲究怎样将自己的道理看起来很正面很阳光，很多逻辑已经被它隐去避而不谈，片面选择一些有利的角度来阐述问题。如同读书学习为的是认识问题且学会独立思考、分析问题，进而解决问题，而不是逃避问题。如果学了知识不去面对问题，而是遇到问题就打一针鸡汤，那学知识和没学知识就没有区别了。这就是为什么人们在喝完鸡汤之后感觉浑身解气，一段时间后又感到烦恼起来。

毫无疑问，唯有在实践中拼杀，才能杀出一条认知的血路！

当初，筹划引进通航产业过程中，面临的最大难题就是资金紧缺，无米可炊，企业没有资金为通航产业建机库、建基础设施，更谈不上后勤保障设施，即使最简单的餐厅也无法满足需要。如何让通航产业心甘情愿到机场开展业务，也是让人挠头的问题。后来，我们以土地出让、合作开发的模式，以时间换资源的方式邀请通航产业进入机场，借助他们雄厚的资金和技术，在机场建起了一应俱全的设施设备。由于通航企业人员居多、成分复杂、来往频繁，后勤保障似乎比现场运行更容易成为问题，在解决了通航产业前端场地、用房、现场等问题之后，迅速在城市市区确定了一家专用宾馆，所有需求统统交由专业酒店公司，一揽子解决通用航空所有后勤保障问题。就这样，在三方共同努力下，几家通航产业先后落户机场，以最快的速度开展业务。机场让渡了部分收入，酒店公司独揽长期业务，通航企业解决了后顾之忧。不仅各用所长、各得其所，而且降低了成本，提升了服务。应该说，在摸索通航发展过程逐渐形成了特有的模式，走出了一条更加有效的道路，机场必须利用好自有资源，不断进行更多领域、更深层次的创新，有所为有所不为，才是真正的为之。

在海底捞吃饭一件事对我印象很深，服务员不停地加菜，表面上是热情服务，本质上是缩短顾客用餐时间，有效降低成本，这就是管理。

"道理你都懂，为什么就是做不到？"事实上，他人的道理未必适合自己。所谓的人生哲理或者心灵鸡汤都没有什么实质性作用，它如同营销方式的洗脑一样，转瞬之间又反弹到原初的状态。相反，只有自己经历过了、总结到了，这样的方法才能对一个人起到实质性的帮助作用。在现实生活中，别人的道理未必适合自己，只有自己摸索出来的、一步一步走出来的路才是适合自己的。

道理是懂了，但能力依然欠缺。人们总是纠结于懂不懂，而忘却了制约因素其实是能力，特别是很多人性固有的弱点，比如疏于勤奋、自以为是、坐享其成等，正因为这些弱点的制约，将有些东西忽视了、看不见了，将好多东西或排斥或拒绝。对于能力的欠缺人们不以为然，却经常喜欢看一些鸡汤。由于被惰性牵绊，迟迟得不到提升，能力欠缺导致越来越没有信心。

有人永远停留在"知道"的舒适区而不愿自拔，总是习惯了停留在认知的层面，却忘了背后行动的付出才是关键，偏偏喜欢一些励志文字，把自己搞得像打了鸡血一样。一个人只有走出舒适区，去做一些自己曾经不熟悉的、没有做过的事，或者自己曾经惧怕的事情的时候，人生边界才是拓展的，才是成长的，才能一技傍身，才能过上自己想要的生活。

如果用最简单的话总结，那便是：管理的结果，20% 靠思想工作的化解，而 80% 要靠管理工具的创新，不是所有人都适合思想教育，但是管理工具的创新，则能让管理实践刀下见菜。这大概就是学院派与实战派在具体问题面前的态度，也是二者的分水岭。别总是迷信商学院所谓的管理理论，腐朽啦！

在管理实践中，我从不相信有什么感同身受。经历过就是经历过，倘若没有经历过，所有的道理，只能用于考试。不信你试试！

Topic17　考勤打卡

其实，我在企业管理的过程中非常讨厌打卡。在我的认知里，只有管理层次很低的企业才需要打卡，一个管理优秀的企业不应该通过打卡限制员工的行为，我称之为"简单粗暴的管理"。但是，事实并非如此，是不是应该打卡以及打卡的好与不好，不在于它的形式如何，而在于它能起到的效果以及管理者希望通过这种形式所要达到的目标和效果。

刚来机场的时候，大部分时间每天只有一个航班，员工上班时间是早上九点，这里存在的一个问题就是，如何知道各岗位员工每天是否按时到岗，如何知道员工有没有提前下班等。说实话，我很难知道，也很难去检查而知道。起初，每天早上组织大家在航站楼大厅做广播体操，但是，每次总有员工会迟到。天哪，早上九点上班啊！说实话，我自己很生气但又说不出口，思想工作做了好多也无济于事。总的感觉，我是带着一群运动员在练厨艺，做一些风马牛不相及的事情。焦躁啊！我想让大家跑起来，但又不得不去这样要求。理想的丰满与现实的骨干怎样才能融合，我能做的就是强行让大家作出改变，就现在！那个在我看来很古董甚至有点瞧不上的打卡机浮出了水面，很快全员开始指纹考勤打卡。

这个世界根本就不存在完美，也就不存在最好的管理。面对不同的人群，面对不同的阶层，就会有不同的处置方法，管理方法应运而生。对不同的人，同一种管理方法很可能不适用，就算它是最好的方法。遇到不合适的人，也会束手无策。所以，管理方法不存在最好的说法。只要适用，能够使团队协作，提高团队工作效率，这就是很好的管理方法。如果说现代管理方法是最好的，那么如果把这样的方法带到秦朝，又会是什么样。没有强大的武力浚破的法令，无法治理那个社会，那个时代的背景决定了严刑峻法就是最合适的管理方法。然而秦朝的灭亡，又说明了，一旦管理不合适，就会导致灭亡，企业管理也逃不出这个规律。从耀眼到没落，也许只是一夜之隔。

在企业管理中，考勤是一个组织纪律管理的基础工作，若没有考勤的约束，人人都没有清晰观念对工作时间进行管理，那么组织管理的第一要求：组织行为的一致性，就很难做到。再者，组织的时间管理常常是由全体员工的时间资源有效组合而成的。若因某个员工时间管理无法与组织时间管理相对应，那么，组织其他成员的时间资源就很有可能被浪费。忽视考勤管理工作，员工上班纪律松懈，可早可晚，那企业应该如何发展？那时候，钉钉已经被大范围推广，相关兄弟单位已经在使用，有人建议钉钉线上打卡，只要在机场范围内即可成功打卡。对此，我认为不妥，因为机场航班少且没有早班航班，有人可能刚睁开眼睛或者从被窝里爬起来，甚至还光着屁股就能打卡，虽然打了卡但是并不代表他已经具备了上岗的状态和条件。我要的不是员工在不在工作岗位，我要的是员工在不在工作状态。

成年人的法派西装固然高端大气上档次，但是，如果穿在幼年的孩子身上，那就是不合时宜。错的不是名牌西装，也不是幼年小孩，而是那个把西装穿在小孩身上的管理者。如同困在洪水中三天三夜的兄弟，他需要的是一个五毛钱的馒头，而不是价值连城的珠宝首饰。

考勤的基本要素是时间、地点与责任，员工上班是履行责任，考勤证明员工在岗，也在履行责任。工作积极主动的员工，时间管理观念非常强。组织的考勤制度是员工自觉遵守的底线，而那些平常对工作缺乏自动性与积极性的员工更需要用考勤约束。从考勤的三要素出发，考勤是在拷问员工的责任与能力。我曾质问过那些对考勤工作不重视的管理者：你们想想，曾经发生过的责任事件需要考证发生的时间、地点、责任人时，你们是怎么来"考证"的？你是否有过交代的工作需要信息沟通对话时，责任员工却不在岗的情况？或者当批评处理某个员工脱岗时，他会大声地反驳你："你怎么不把某某人管好？"

当年，35 岁的张瑞敏去的工厂叫作青岛日用电器厂，这里生产过电动机、吹风机、小台扇等产品，后来生产的白鹤洗衣机外观粗糙、质量低劣，工厂资不抵债。张瑞敏上任之后，欢迎他的不是什么仪式而是 53 张请调报告，工人都是 8 点上班 9 点下班，我说的是早上 9 点就下班了。张瑞敏上任之初定下了 13 条规章制度，其中，第一条是不准在车间随地大小便。就这还不是马上就有用，大便的没有，小便的还是挺多。其他制度大多涉及不许迟到早退、不许抽烟喝酒烫头、不准哄抢工厂物资等。小便就是大事，恰是这条最不起眼的规定，成了张瑞敏管理思想的突破口。

也许有一天会发现，我们费尽周折的"顿悟"，原来只是别人的常识而已。所以，每个管理者都要百分百奋力前行。

我们实行的考勤打卡并不是单纯的行为约束，而是上岗前的"热身"操作流程。最起码，员工在大清早要洗漱完毕、整理着装后才去打卡，这在一定程度成了员工开启每天新生活的按钮，员工抖擞精神、收拾状态开展每天的工作。早晨的打卡如同穿衣服扣好了第一粒扣子，其他工作便顺理成章。事实证明，打卡就是每天工作的第一粒扣子。有人说它是形式主义，我说是形式没问题，但不是形式主义。就这样，我们在办公楼一楼的楼梯口处安装了指纹考勤打卡机，要求全员在规定上班和下班时间打卡，迟打和早打都被视为迟到或者早退。如果有特殊情况，员工必须5分钟之内在全员微信群里报备，并说明情况。在每周一讲评会上，机关部门负责通报上周考勤情况，对不符合要求的人员进行绩效处理。

有一位高僧问："你觉得是一块金子好，还是一堆烂泥好？"求道者说："当然是金子。"高僧哈哈一笑："假如你是一颗种子呢？"如果你是一颗种子，那么，选择金子再多，也不会让自己成长发芽。如果你是一颗种子，选择了泥土，它会让自己得到更多。人们常说"一朵鲜花插在了牛粪上"，看来非常有道理。管理没有绝对的好和坏，能解决当下问题就是最好。

对于一个管理者而言，管理职责由"管"和"理"两部分组成。其中"管"从本质上讲就是一种约束、控制、支配，通过"管"来约束、控制、支配员工的行为，以确保员工与组织之间的同向和同步，这种做法无可厚非。从管理目标的角度考虑，我们要的不仅仅是约束员工行为，更要培养员工的工作和生活习惯。以这种简单明了的要求，逐步改变员工的生活习惯和对待工作的态度，因为所有的习惯都可以被改变。打卡不仅记录每个人工作中有意义的时间和事件，也见证大家一改以往的坏习惯，见证坚持的力量，这种坚持增加了我们生命的宽度和厚度。

马克思主义哲学认为，运动是物质的根本属性和存在方式，它包括一切变化。静止是事物的位置和性质未变的状态。运动和静止是相互渗透的。动中有静，静中有动。静止是相对的，运动是绝对的。静止是一定时间、一定范围内的静止，是运动的特殊状态，而运动是无时不在、无所不在的，是永恒的。否认运动及其绝对性，是形而上学世界观。否认相对静止的存在，会导致相对主义和诡辩论。任何事物都是暂时存在的，所有事物总是作为过程而存在。把握绝对运动和相对静止的辩证统一，既要注意变革以推动事物发展，又要注意稳定局面以保证变革的成果。因此，管理必须随着环境和条件的变化而作出改变，以适应实际需要，解决实际问题。

就这样，考勤打卡坚持了两年多时间，通过不断的要求和约束，员工的工作状态得到 180 度扭转，不用查考勤记录，大家都能自觉上下班打卡，习惯成了自然。2019 年夏天，首架驻场过夜飞机进驻机场，保障时间拉长，岗位工作规范已经完全能够约束员工行为，不按时到岗就会出现旅客等待或旅客投诉问题。这时，考勤打卡已经没有了存在的意义，持续两年多的考勤打卡机伴随企业的发展退出了舞台。2020 年 1 月 1 日，我们正式取消考勤打卡机，全员采用钉钉线上方式考勤，只要在机场范围内登录即可成功打卡。曾经那台小小的指纹打卡机并没有被拆除，而是继续让它安静地待在那个熟悉的拐角。它成了一位见证者，见证我们走出散漫的"沼泽区"，见证我们走出管理的困境。我称它为历史的"印记"或者历史的"脚步"，就像一个孩子蹒跚学步，朝着认定的方向蹑手蹑脚地迈出去，直到有一天大胆自信走出去。

如果形容一个人力大无比，说他可以将1公斤的板砖扔到5楼，但是，如果给他一根羽毛却扔不到2楼，这并没有否认他的力量，只是情况不同、阶段不同、条件不同，解决问题的思路和方法自然会不同。任何结果都是在一定的限制条件下得出的，万不可一概而论，这是管理的基本认知。适合当下便是一种合理的安排，是避开失败和走弯路的一种选择，是结合实际情况的客观选择。同时，要善于改变和舍弃，努力找到合适的载体。适合曾经不一定适合现在，适合现在也不一定就适合未来。所以，找准当下的位置，能够加快发展，就是最好的管理。

管理，必须历史地、辩证地分析、看待和解决问题。

Topic18 角色认知

有一个夏天，一家航空公司在本场训练，飞机起飞离地阶段不幸撞上了一只鸟雀，导致发动机叶片发生变形，最终造成通航一般不安全事件。事情发生以后，我们深入查找出现问题的原因，其中有一种看法认为，由于管理人员大范围变动，特别是部分管理者离开了原来熟悉的岗位和业务，因为业务生疏而导致问题。

到底怎么回事，我们来看看！机场通航历时九年，所有基层部门管理者，都是在这九年时间里从一名普通员工成长为部门的管理者，乃至一把手。九年中，部门和岗位从来没有发生任何变动，也就是说，这九年中所做的工作几乎没有变化。除了部门业务之外，没有涉及机场运行管理的其他领域。即使异常艰难，我们依然下定决心对基层部门班子进行调整，离开现有岗位到其他部门任职，在上级组织的支持下，将部分管理者调至其他机场任职。于是，基层各部门管理者离开本岗位和曾经熟悉的工作，进入到一个全新的环境、陌生的领域，重新开展学习研究。不熟悉、不安心，甚至有些恐慌，而这种状态恰恰是当初调整所期望的。作为管理者，一定要离开工作的舒适区，持续变换岗位和环境，不断去学习、去经历、去闯关，甚至干一件自己从来没有干过的事情。半年后，大家普遍感觉工作中遇到了困难，而恰恰是这些困难，形成了另一种工作模式，也是另一种思维方式。有人说，这么多年，第一次走出了部门地，经历了困难，也树立了信心。

舒适区指的是一个人所表现的心理状态和习惯性的行为模式，人会在这种状态或模式中感到舒适。一旦走出这个区域，就会感到别扭、不舒服，或者不习惯。如果一个人长期待在舒适区，工作就会按部就班、因循守旧，缺乏激情、缺少创新，满足于做一天和尚撞一天钟。因此，管理者要努力跳出舒适区，超越自我，经常思考"我是谁？""我在干什么？""为什么要这样？"要把这些问题想通、想透，在日复一日的坚守中完善自己，在日积月累的进步中升华自己。不愿意跳出舒适区，实质就是安于现状，像温水中的青蛙一样贪图眼前的安逸、贪图一时的快乐。那些喜欢待在舒适区、不思进取的人，终究会被这个时代淘汰。

任何人都需要一定压力，正所谓"如果你不逼自己一把，永远不知道自己有多优秀"。晚清外交名臣曾纪泽是在没有老师的情况下，仅仅借助一本《圣经》、一本《韦氏大辞典》、一本《赞美诗》和一些习字本，花费了几乎三年的时间努力自学英语的。通过在乡下数年的艰苦自学，曾纪泽记下了大量英语单词，熟悉了英语语法，达到了基本能阅读英语小说的程度。正是由于他的英语才能，后来被清政府任命为驻英国和法国公使。

所以，只有跳出舒适区，超越自我，才能成就事业。

在基层管理者调整的基础上，我们对公司班子成员的分工进行了调整，特别是对公司副职分管业务和部门进行了调整，让原来分管安全运行的领导分管经营管理工作，让原来分管经营管理的领导分管了安全运行工作，等等。为什么这么调整？想法其实很简单，一个人在一个岗位上干的时间久了，就没有了工作思路和激情，三到四年时间足够让一个管理者施展所有的管理思路。一个没有激情的管理者相比一个缺乏业务能力的管理者，其负面后果更值得警醒。还有，管理者的成长必须是多通道、多领域、多角色的。如果一个管理者只会做安全，那么他成长的途径就只有安全；如果一个管理者只会做经营，那么他的发展领域只有经营。事实上，一个管理者的成长注定是"铁人比赛"而非"单项冠军"，当机遇来临，谁的领域更广谁就有更多机遇，而那些"单项冠军"则被限定在某个很狭隘的领域。只有多岗位锻炼，才有多机遇发展。更何况，所有岗位调整必然经历"阵痛期"，不同的是现在遇见还是未来遇见。

换人不含糊，用人不皱眉。扣好第一粒扣子，其他都是水到渠成。这是我的思维方式！

其实，挡住我们前进脚步的，恰恰是不愿意迈出第一步的自己，每个人的生命都需要突破，再突破！离开舒适区，并不是冒险，需要去突破那些固有的思维，去接受和学习新的事物，才会行得更稳、走得更远。在舒服的环境中，容易变得麻木，意识不到威胁，这才是最危险的。这个时代的高手，不再是默默无闻埋头努力的人，而是那些不可替代的有创造力的人。所以，一个人的价值不是加班多少，而是不可替代性有多少。

　　为了进一步完善基层领导班子，我们着手组建完善基层领导班子，于是，在班组长范围内通过公开竞聘，选拔一名优秀班组长作为部门班子成员，以部门经理助理身份参与管理，在做好班组长自身工作的同时，还要做好班子成员的分工。尽管管理职级没有变化，但是，由于职责的变化，必须学会宏观把握管理，突破班组职责，谋划未来发展等。由于分工变化赋予了更多的职责，岗位要求的变化使得助理角色从具体的业务工作上升到部门管理，以管理者的角色存在。一名经理助理说，原来作为一个班组长，思考的仅仅是班组的工作，现在才能体会工作的压力、角色的压力。

　　人们在一定的工作和活动中都在扮演某种角色。随着社会的发展，职业角色作为一个最重要的社会角色越来越受到人们的关注。职业角色是以广泛的社会分工为基础而形成的一整套权利和义务的规范、模式。由于社会地位是社会角色的内在本质，因此，社会地位的多样性也就决定了社会角色的多样性。职业角色作为社会角色的一种类型，除具有社会角色的一般特征外还具有专门性、盈利性、相对稳定性、合法性和社会性等特征。职业角色决定了职业思维。一生做盾的人，心里想的都是如何保护生命；而一生做矛的人，满脑子都是如何才能一刀毙命。

　　如果一个管理者能够做到不在乎身外之物，不被他人的评价所左右，并且学会顺其自然，那么他一定能够活出最好的状态。如果每天早晨醒来发现自己还活着，将是非常开心的一件事。

　　同样的方法用到了公司层面，将公司值班改为主副班制度，公司领导轮流做主班，负责当日运行的总体把控，基层各部门班子成员轮流做副班，协助主班领导处理日常事务，比如旅客投诉、行政管理、督办落实等。副班每日至少一次实地检查各部门主要工作运行情况，现场处理运行问题，并在次日讲评会上通报讲评。副班制度的建立，让基层管理者打破了部门限定，走出了部门的圈子，学会从公司角度协调和解决很多事情，曾经扯皮的事情很快解决。一个基层管理者感慨，原来自认为很多的问题需要协调，其实只是站在了部门角度去看待，通过副班熟悉了其他多部门工作，也理解了彼此的难处，懂得从公司整体角度去看待。屁股决定了脑袋，角色的变化让自己很大程度上找到了解决问题的办法。

每个人在组织中都有一定的"职位"，对于占有这个"职位"的人，人们总是赋予一定的期望，期待他的行为就是处在这类职位上的规范化的行为。期待很多时候成为实现角色的有效手段。角色期待就是他人对自己提出符合本人身份的希望，同时本人也必须领会他人对自己所寄予的期望。为了使一个人实现某种社会角色，除了使他清楚地知道自己充当这种角色的一整套行为模式外，还必须知道社会和他人对自己的期望。正如皮克马利翁一样，他曾用象牙精心塑造了一个美丽的姑娘，他对所塑造的人物倾注了自己全部心血与感情，最后感动了上帝，使所雕刻的姑娘获得了生命。

马克思主义哲学认为，关注人的发展、全人类的前途和命运，把人的全面、自由发展，全人类的解放，作为衡量社会发展的最高价值标准。社会发展的核心是人的发展，离开了人的发展就谈不上社会的发展，不可能有离开人的、与人相对立的、外在于人的社会。正如马克思所说的："正像社会本身生产作为人的人一样，人也生产社会。"这就是说，人类社会的历史是自己创造的。离开了人的活动，就不可能有社会发展的历史。人既是社会存在和发展的前提，也是社会发展的目的；人既是社会历史活动的主体，也是社会历史活动的客体，是主、客体的统一。因此，管理者的成长漫长而复杂。

人们常说作为一个管理者，需要有过硬的业务能力，但是业务能力只解决"活着"的问题，而管理者的思维能力才能解决"活好"的问题。优秀的管理者，必须勇于接受分外之事，考虑问题时习惯换位思考，强于他人总结，简洁文书编写，超强自我安慰，承受岗位变化，逆向思维解决问题，积极寻求培训实践的机会等。

这年头，稳定不是一个人一辈子不逃离某个组织，而是让自己变得有本事，能去任何组织。只有自己强大了，那才叫勇敢。

Topic19   勤务调整

勤务安排对于机场这样一个劳动密集型组织来说至关重要，一般来说人力成本约占企业成本 60%，所以，每一次有效调整或者改革，都会对人力资源的改进起到积极的促进作用。

起初，机场每天只有 4 个航班，从上午的 9 点开始到晚间 9 点，在 12 个小时里，集中工作时间是 6 个小时，所以，推行了两班制，也就是上班两天然后休息两天。每天，每个航班间隙 2~3 个小时，上午航班间隔期间，全部时间用于业务学习和培训。下午两点以后，在人员相对困乏且精力不够集中的时候，特别安排所有员工回家休息，从市区往返机场只需 15 分钟时间，所以在某种程度上强行执行，由单位统一发送职工班车，只要大家离开工作场所或者回家或者去市区都是休息，哪怕结伴逛街，也可以起到休息作用。于是，弹性工作制得以顺利推行，特别在夏秋季，弹性工作制备受欢迎。

管理必须卓有成效，换句话说，任何企业要赢得最佳效益必须推行有效管理。管理实质上是一种资源，企业除了存在物质资源、人力资源、财力资源外，还存在第四种资源，即管理资源。在不增加人力、物力、财力的情况下，改善生产经营方法，科学组织与充分利用人力、物力与财力，杜绝一切浪费，同样可以增加产出和利润，能为企业、社会创造更多的经济效益和物质财富。企业管理的方式和方法有许多种，但是，适用的就是最好的。

经过一年时间，机场的航班由每天4班增加到了5班，增加的航班时间主要集中在中午，这样的话，每天工作时间依然是从上午9点到晚间9点，对此，我们依然推行两班制，但是每班工作时长由原来的两天调整为一天半。采用两班制，但用一天半时间作为周期，主要是为了保障中午航班小高峰，这样，前一班下班推迟两个小时，后一班接班提前两个小时，在人员重叠的两个小时当中，所有员工集中保障中午高峰期航班。航班保障结束后，下班人员迅速回家休息，上班人员则开始进行培训学习，培训由原来的上午时间改为下午时间，因为人员在经过一天半修整后，无论状态、精力、思想等各个方面都能保持峰值，且培训为小课时，如此，能够确保培训效果。在培训两个小时以后，即可保障晚上的航班。

作为一个管理者，要在实践中细心体会，钻研和摸索管理方法，积累管理经验，既要严格管理，解决敢管的问题，又要探索管理的方式和方法，解决会管理的问题。管理重在追求或取得成果，检验管理的一个原则是：是否达到了目标，是否完成了任务。当然，这个原则并不是在所有情况下都适用，管理者应该把精力和注意力放在"行得通"的事情上。

随着业务量增加，航班从每天 5 班增加到 6 班，也就是 12 架次，特别是航空公司投放了过夜运力以后，员工工作时间大大拉长，出港时间为早上 7 点，进港时间延续到 23 点，每天在岗时间由原来的 12 小时延长到 18 小时，工作任务频繁增加，人力资源消耗极其严重。于是，将勤务安排由原来的跨大步走改为小步快跑，缩小步伐、加快频率，实行两班制与三班制混合运行，在个别人数较多单位实行三班搭配，其他实行两班制，倒班周期由原来一天半时间改为一天，也就是上班一天休息一天。这样，所有值班人员开始了机场住宿过夜的日子，全天航班结束后住在机场休息，第二天 6:00 到 7:00，根据旅客人数确定员工人数，以此保障最早出港航班，用前一天充足的休息，确保第二天早上出港航班安全运行。在保障完早航班以后，8:00 即可下班回家休息。在休息时间不变的情况下，将休息地点从机场转换至家中，确保休息质量。接班人员在经过一天半良好的休整之后，无需太早到达机场，以确保精力充沛。

有效管理是企业追求的目标，有效的管理能达到一呼百应、令行禁止的效果，使企业成为一个坚强有力的整体。管理要不断创新才更有效。根据企业发展特点，不断寻求适合企业的管理方式，把管理细化，通过有效的管理集中全体员工的聪明才智，调动一切可以调动的积极因素和力量，促使企业发展壮大。事实上，发现和抓住机会要比解决问题更重要，优秀的管理者能够清楚地看到问题和困难，且不断寻找可能的办法和机会。

从曾经的跨大步走到后来的小步快跑，由于班制的适时变化和班期的持续调整，在航班数量不断增加、旅客流量不断增多、机型不断变大的情况下，每天的高峰期从无到有，即便如此，员工数量基本维持不变，而且能够保证员工精力的充沛。与此同时，安排航班间隔期间，利用 2~3 个小时进行业务培训，做到了学习培训与现场保障两不误，同时减少了员工在上下班途中的不安全因素。这样，既保障了工作的完整，也保障了员工照顾家庭。每月一次全员大会也无需占用休息时间，仅是下班人员推迟下班，上班人员提前上班即可。事实证明，班次的调整符合机场发展的需要。

我在很多场合讲过，刚步入职场的时候，我们都会特别羡慕那些中年人，他们有能力、有思想、有精力、有资源，似乎什么事情都可以办得到、摆得平、做得好，曾经梦想自己什么时候才能人到中年。但是，一个人拥有所有东西的时候，其实也是他开始走下坡路的时候，比如说他会失眠、会焦虑、会谢顶，会吃了不消化，会有巨大的撕裂感。人到中年，不光有阅历和资源，还有随之而来的谢顶和油腻。每个人看别人更多是光鲜的一面，而痛苦或者挣扎很难触摸到。如同一个人拥有豪宅的时候，也是失眠开始的时候。所以，人生的每个年龄段都是这一生当中最好的年华，都值得好好珍惜，都值得好好地去过，任何时候都不用去羡慕别人。就像一个人有白菜，另一个人有萝卜，谁也不需要羡慕谁，此时此刻就是最好的拥有。管理也是如此，管在当下，便是最好，无需追求所谓的高大上。

什么样的管理最适合，什么样的管理最有效，这是我们不断探索的命题，也是一个寻找答案的过程。我们的队伍 90 多人，平均年龄将近 30 岁，这是一个吃石子儿都能消化的美好年华。我们改进职工餐食以适应队伍需要，在每天的四菜一汤中必须要有两个荤菜而且必须是硬菜，如果晚饭供应面食，雷打不动搭配煎鸡蛋。我常常开玩笑说，别人家的土豆烧牛肉是在土豆里找牛肉，而我们却是在牛肉里面找到土豆，因为对于一个平均年龄只有 30 岁的队伍来说，必须是硬派。所以，坚持一切从实际出发，事实证明起到了很好的作用。一道普通的土豆烧牛肉在牛肉里面找土豆，我们不仅找到了管理的经验、管理的效果，也让员工找到了发展的信心。

我的脑海里经常出现这样的画面：洪水来袭，有人被迫爬上了大树等待救命，此时他已经饥寒交迫，突然有个好兄弟站在岸边冲他大喊："这么多年你对我不薄，甚至亲如兄弟，今天你有难了，我变卖了所有的家产送你一块金条！"这一席话让树上的兄弟哭笑不得，因为，此时此刻他需要的不是一块金条，而是一个五毛钱的馒头。大概这就是管理的适用性，每个阶段的管理问题不同，解决问题的方法和需求自然变得不同，万不可一概而论。否则，囫囵吞枣永远解决不了具体的问题。

马克思主义哲学认为，必须坚持一切从实际出发，实事求是，也就是做事情要尊重物质运动的客观规律，从客观存在出发，经过调查研究，找出事物本身固有的而不是臆造的规律性，以此作为行动的依据。它要求人们不断解放思想，与时俱进，以求真务实的精神探求事物的本质和规律，在实践中检验和发展真理。要把发挥主观能动性和尊重客观规律结合起来，把高度的创业热情同严谨踏实的科学态度结合起来。坚持一切从实际出发，实事求是，是人们做好各种事情的基本要求，也是人们制定和执行正确决策的前提与依据。

十年磨一剑可以所向披靡，但是，当利剑刺进棉花堆里的时候，一切都会变得不一样。没有一成不变的管理，也没有放之四海而皆准的管理方法。如果被管理者是笨蛋，那么，管理者就一定要找到适合笨蛋的工作方法。

智慧的人买鞋不会挑价钱最贵的，也不会挑最流行的，而是买最适合自己脚、穿着最舒服的。俗话说，鞋子好不好，只有脚知道。若把穿鞋的道理移植到管理上，就生出一个颇为有效的管理原则，叫作"管理，适合的才是好的"。既有吃饭需要，也有婚姻需求。在招聘员工的过程中，招聘女性员工倾向于机场部、航务部等男性员工较多的部门，招聘男性员工倾向于运输部、安检部等，以此确保性别搭配的平衡，也逐步解决员工的婚恋问题。

白猫黑猫，抓住老鼠就是好猫，管理就是如此。

管理者之所以成为管理者，是因为他们眼观全局，着眼于整体，把整体发展视为己任。管理者应该理解自己的任务，不应从自己的职位出发，而应着眼于如何运用源于职位的知识、能力和经验来为整体效力。现实中，许多管理者热衷于寻找所谓的"秘方"，如果真的有什么"秘方"，那持续改进管理以适应实际需要才最重要。

管理，唯有适合才是最好的。

Topic20 学会独处

一场突如其来的疫情让我们的航班不断削减直至暂时航停近 40 天。在这 40 天当中，除了保障基本运行的值班之外，所有员工一律在家休养静等形势变好。40 天后，在航班恢复的全员大会上，一起畅谈防治疫情的 40 天如何度过，以及个人有何感想。形势泾渭分明，少部分员工抓住机会借机充电，难得的时间里，规律的生活节奏和健身学习都不误，40 天收获颇多。大部分员工则有一种共同的感受，那就是不知所措，心烦气躁，甚至煎熬。从当初期盼有时间休息到后来的焦躁，直到后来内心无法安宁，期待恢复正常的工作节奏。

为什么会有这样意料之外的变化？为什么曾经期盼的休假到头来变得如此心神不宁？我想，这大概就是传说中没有学会独处。几乎所有人在很长的时间里，习惯了组织的安排，习惯了制度的约束，习惯了别人的要求，似乎很少安排或者似乎很少思考如何安排自己的工作节奏，这一切在很多人看来都是"别人家的孩子"，不该自己操心。突然看到隔壁的单身在想，是不是单身日子过不好的人，婚姻生活也不会好到哪儿去，因为相守比相爱难多了。

学会独处，从具体的事务中抽身出来，独自面对自己，尝试与自己的心灵对话，因为，一切严格意义上的灵魂生活都是在独处时展开的。与他人谈古说今是闲聊和讨论，唯有自己沉浸于刻骨铭心的历史，才会有真正的心灵感悟。如果不擅交际是性格弱点，那么，难耐孤独简直就是灵魂缺陷。

如同一只小羊被圈养在一个栅栏里很多年，如何去走、如何去看、如何去生活，似乎所有的一切都在栅栏的天地里，在这个狭小的空间里掌控自己游刃有余。当有一天所有栅栏被拆掉的时候，小羊突然开始慌了，分不清尘世间的东南西北，读不懂栅栏外的青山绿水。疫情笼罩下的我们如同这只失去了方向的小羊，因为找不着依靠感而变得恐慌，核心就在于无法让自己的内心真正能够安静下来！正如有人说的"此景只应天上有，人间能得几回闻"，从来没有遇到过啊！

当潮水褪去就知道谁在裸泳。现在看，在疫情防控的 40 天里，有的人一直在裸奔。此时此刻，依然能够清晰地看到有人一丝不挂，却全然不觉。可以说，相对于看得见的挫折，那些看不见甚至让自己享受的安逸，才是毁掉一个人最直接有效的办法。

诚如当下高三学子面临高考一样，在疫情这段时间里，学生突然没有了老师的约束，没有了上课的铃声，没有了学校的节奏，按部就班的生活在失去了外界约束的情况下，突然变得不知所措。同样，那些能够自我安排时间、能够自我管理、能够清晰目标的学子，在疫情中学习成绩迅速拔高，只因他们学会安排自己的生活。

从心理学的观点看，人之需要独处，就是把新的经验放到内在记忆中的某个恰当位置。经过这一过程，外来的印象会被自我消化，自我就成为一个既独立又生长着的系统。有没有独处的能力，关系到一个人能否真正形成一个相对自足的内心世界。独处能够测出一个人灵魂的深度，更能测出一个人对于自己的真实感觉。

这几年当中，我们始终把管理者和员工的独处能力提升作为一项重要任务抓在手里不放。对这支平均年龄只有 30 岁的员工队伍来说，没有什么比这个更有效、更见效。不断倡导大家读书写作，读书不一定能解决很多问题，更解决不了个人的钱和权的问题，但是读书能让我们很好地面对和接受自己，能让我们活得更自在。写作虽然不能让我们出名，但是能让我们知道如何面对自己。所有管理者每年都会写上万字的读书笔记，通过读书和写作让自己安静下来，面向未来不断求解，内心安宁却眼睛向外。阅读是与历史上的伟大灵魂交谈，借此把人类创造的精神财富"占为己有"，而写作是与自己的灵魂交谈，借此把外在的生命经历转变成内在的心灵财富。职场的所有人都活在各种关系里，与自己的关系，与他人的关系。只有有能力处理好与自己的关系，才有能力处理好与另一个人的关系。假如没有独处的能力，便不具备付出的实力。

一个人所浪费的今天，是昨天死去的人奢望的明天；一个人所厌恶的现在，是未来的自己回不去的曾经。

想要与自己对话，必须把心从世俗事务和人际关系中摆脱出来，回到自己。这是发生在灵魂中的谈话，是一种内在生活。哲学教人立足于根本审视世界，反省人生，带给人的就是过内在生活的能力。有的管理者不说凡事俗务就无话可说，很难说出什么有意思的话，还把这一切当作幽默，哪怕谈论的是天下大事，让人感到是在听市井琐闻，那个照亮一切的精神，已经走远。所以，每个人都需要一种内在的沉静，以此接收和整理一切外来印象。

我常说的一句话，人与人之间的差别在两个方面，一方面是 8 小时之外你和谁在一起，也就是自己的生活圈子到底是什么样的。如果跟犯罪分子在一起，最终练就的一定是杀人的胆量；如果跟酗酒的人在一起，最终练就的一定是喝酒的酒量；如果跟高人在一起，最终学会的一定是价值的追求和未来的向往。所以，不断地让大家在 8 小时之外管理好个人的生活圈子，朋友圈、生活圈一定要有追求，这几年因为饮酒的问题，批评了好多人，处理了很多人，也让很多人改变了自己的兴趣。另一方面在于经历很多事情之后的思考，如同 1 万米长跑，有的人因为优异的成绩而大醉一场，有的人却在静心思考如何能跑得更快、更好、更稳健。

很多人认为，安静独处需要与外界隔绝，抽取出一整段时间静坐才能完成。其实，大可不必！高质量的独处关键是与自己的感官近距离地接触，可以在日常工作中完成。而且，独处越来越成为一种生活方式，从烦扰和杂事当中抽离出来，聆听耳边真实的声音，告诉自己什么才是真正需要在乎的。我天性不喜欢交际，在多数场合都不善于表达，要么我觉得对方乏味，要么害怕对方觉得我乏味。可是，我既不愿忍受对方的乏味，也不愿费劲使自己显得有趣，这些庸俗的拔高都让人太累。唯有独处时最轻松，自己不觉得自己乏味，即使乏味，也自己承受，不累及他人，无需感到不安。

我一直坚信那句鸡汤："真正的自由不是你可以选择做什么，而是你可以选择不做什么！"

无时无刻不在倡导培养高雅的兴趣爱好，即使无法精通琴棋书画，也不能打发时光。不断要求大家集体减肥，不要年纪轻轻却大腹便便。有人开玩笑说，我们都是祖国的花朵，有人长成了玫瑰，有人长成了百合，为何自己偏偏长成了多肉？我把这个笑话讲给大家，督促大家一起努力。特别要求大家走出去看看外面的世界，从管理者开始，我们每年都要从工资里拿出一部分钱，带着家人或者独自出去走走，看看外面的变化，走出我们自己的世界。让大家出去旅游，开阔自己的眼界。我常说的，如果不出去看看，一定会以为这里就是全世界。

有的管理者如果和自己待一会儿，那简直是一种酷刑，只要闲下来，就必须找个地儿消遣。表面上看似十分热闹，实际上内心极其空虚，他们所做的一切都是为了想方设法避免面对面看见自己，其实，自己也感觉到了自己的贫乏，和这样的自己待在一起确实挺没劲的。长此以往，一个人会变得越来越贫乏，越来越没有自己，想来非常可怕，未来却并不久远。

独处，需要强大的内心力量，以此抵挡外界的各种诱惑。

只有更好的信仰才能够带领我们走出低俗的圈子，曾经坐在六盘山顶上重温党的历史，重温那段艰难的岁月，重温那段只有坚定的信仰才能够革命的时光，让每个人的心智更加成熟，而不是变得消极。在每一次组织遇到问题的时候，都要让所有管理者主动参与进来一起面对，在每个人面对生活工作困难的时候都要帮助他走过这些坎坷，让每个人认真地工作，在工作的岗位上修行。信仰是与心中的上苍交谈，借此积聚"天上的财富"，这是人生的不可缺少。这几年里，从工作到生活，从个人到组织，紧盯目标只有一个，就是要让所有人学会独处，学会与自己对话。

如果一个人不能管理好自己的意志力，任由自己被懒惰、害怕、怯弱、散漫所支配，那他终将被这个残忍的现实遗弃。所以，不断提升和充实自己，每个人都可以同时有多重职业，给自己多找条退路。

马克思主义哲学认为，内因决定事物的发展方向和性质。如此，无论管理者还是员工都需要留下独处的时间和空间，如果说善于与人交往是生活成长的需要，那么，学会独处则是面向未来的储备。在职场，努力做一个精彩的自己，与这世间把手言欢，塑造独立的自我，绽放从容的自由。

毁掉一个员工最好的办法，就是给他无限的自由和安逸。

Topic21　早餐习惯

"今天有没有吃早饭？"

"什么时候吃的早饭？"

"还有谁没有吃早饭？"

曾经在很长时间里，这三个问题经常被问到所有的管理者。因为，在那段时间里，我们把管理者吃早饭的问题提上议事日程，作为一个阶段性重点任务和日常行为来抓。有人说，这不是神经病吗？不吃早饭会影响工作吗？不吃早饭工作质量会下降吗？其实都不是，但是深究管理者为什么不吃早饭是必需的。无非三种情况：第一，多年来没有吃早饭的习惯。可是，健康的生活习惯和生活理念是一个管理者必须具备的条件。第二，时间太早不能按时按点起床。本质是心里无事可做、无所牵挂，心中没有激情，脚下自然没有力量。第三，自认为吃早饭这样琐碎的、细小的、无关大局的事情，对于一个管理者而言并不是那么重要。

当下流行一个词叫"细思极恐",的确如此。基于以上三个因素的考虑,我们下力气狠抓管理人员吃早饭问题。有一段时间,每天早上8点钟开饭,我会准时站在餐厅门口,像士兵一样眼巴巴等着管理人员吃饭,以便知道谁没有吃早饭,谁吃早饭次数多,谁吃早饭时间早。经过一段时间统计,在干部大会上公布所有管理者吃早饭的时间、频率、状态等,有的管理者当场露出特别惊讶的表情,一个月当中竟然有二十天以上没有吃早饭。在别人吃早饭的半个小时里自己到底在干什么?绝大部分人说在睡觉,而且是睡懒觉,这充分证明当初的判断是正确的,那些没有吃早饭的管理者并没有把时间用在学习或者工作上,而是在睡懒觉,是心理的惰性。也就是说,吃早饭的管理者时间管理效率高,而没有吃早饭的管理者时间管理效率恰恰更低下。事实上,对于没有吃早饭习惯的人来说,早起一小时无疑会把自己搞得很沮丧,不如就慢慢来。如果尝试着早起半小时,配合早睡,循序渐进,去做自己喜欢的事,摸索出最适合自己的做事节奏。

网上流行一个算法,1.01 的 365 次方和 0.99 的 365 次方差别究竟有多大?看看让人大跌眼镜的结果:1 的 365 次方等于 1,1.01 的 365 次方约等于 37.8,0.99 的 365 次方约等于 0.03,但是,1.01 与 0.99 相差仅 0.02。如此,每天差一点一年却差了 37.77,一点点的改变最终可以改变很多。如果每天多做一点点,一年后积少成多就可以带来飞跃,如果一年中的每天都少做一点点,一年后会跌入谷底。试问有谁可以"一步登天",无需长期付出便可取得惊天地、泣鬼神的成就?"合抱之木,生于毫末;九层之台,起于累土。"如同大学里,每天的奋斗或许微不足道,但是四年的累积足以在人群中产生天壤之别。倘若没有厚重、扎实的真功夫,脆弱的知识网络便会如纸糊的窗户，一戳便破。

我始终认为，意识来自于要求，要求则来自于习惯。

狠抓管理者吃早饭问题半年以后，我们再次进行了统计分析，效果截然不同，所有管理者感慨颇多。一个管理者说，原来觉着一点点吃饭时间，30 分钟也不过如此，后来才发现积少成多，事实上，自己每天比别人浪费或者比别人多睡懒觉的时间如此巨大，每天 30 分钟，一年近 200 小时，不算不知道，一算吓一跳。有人感慨自己的变化，因为吃早饭所以早起，渐渐养成了早早进入工作状态的习惯，特别是早上用很短时间梳理每日工作，理清工作思路，突然觉得一天的工作节奏非常愉快，而且所有工作尽在掌控之中。所以，早饭决定的不仅仅是管理者的状态和效率，也是管理者对待生活的激情和信心，甚至带动了一些管理者内心世界的转变。狠抓管理人员吃早饭曾经一度受阻，直到后来成为一段美谈，在管理者的带动下，员工也按时按点吃早饭。懒觉之后未必能进入工作状态，但是，早饭之后必然进入工作状态。

我见过乞丐要饭的，但没有见过乞丐要早饭的，如果他能早起，就不至于要饭。

一个管理者对于下属而言，就像父母之于孩子，如果你下班回家躺在沙发上，跷着二郎腿，看着韩剧，嗑着瓜子，说着闲话，然后横眉冷指孩子说，去努力学习吧！孩子一定会觉得你就是他的全部，他看到你的状态以为看到了生活真实的样子。既然生活如此美好轻松惬意，干吗要去学习呢？对于一个管理者而言，自己所有言行都会对下属产生直接影响，特别是刚步入职场 3~5 年的员工。很多年以后会发现，下属总在某些方面折射了曾经的管理者。因此，如果一个管理者能够坚持吃早饭，那么下属一定具备这样的习惯。

每个人都在进行两场比赛，一场是外部的表现，一场是内在和自己心灵的战斗，最终能够达成身心合一的境界，这是每个人都需要追求的。当一个人比他人多一份技能或素养的时候，就有可能多了一次选择的机会，能选择和被选择大相径庭。我从不劝说管理者死心塌地留在组织里，愿不愿走不是关键，能不能走才是王道。

类似的事情还有很多，从管理者的行为细节抓起，特别从日常习惯入手，让细节成为习惯。刚开始组织读书的时候，很多管理者很难静下心，说起读书就头皮发麻。我们通过各种方法引导大家读书，利用每天晚上集体读书，分享读书乐趣，特别要求每个管理者每月记录自己的一些体会，工作、生活、学习都可以，只要能够拿起笔写下来就好，500字、800字或者1000字都不重要，重要的是把个人在生活和工作中的感悟、思考和总结记录下来，而且所有文章必须积累保存下来。积累的过程就是自我沉淀的过程，几年过去了，尽管大家有很多差别，但是管理者提笔写文章已经成为普遍习惯。有人开玩笑说自己什么都不会写，我问他会不会骂人，回答是当然会，我告诉他把所有骂人的话记录下来，如果骂得对方佩服，我看可以成为第二个鲁迅，何乐而不为。有人感慨，一年一万字的笔记不敢相信是自己的。没有哪个管理者天生会写文章，只是他们比别人付出更多的努力，比别人积累了更多的碎片。

对管理者而言，爱好就是他的方向，性情就是他的资本，习惯就是他的命运。

管理者必须不断自省，要做到吾日三省吾身，因为反省是成功的加速器。管理者只有经常反省自己，才能利于去除心中杂念，进而可以理性地认识自己，对事物有清晰的判断。同时，可时刻提醒自己改正过失。管理者只有全面地反省，才能真正认识自己，对自我角色有正确的定位和认知，从而避免落到上下难做人、里外不是人的地步。每日反省是做到自律不可或缺的关键步骤之一。管理者要将反省自己作为工作的重要组成部分，不断地检查自己行为中的不足，及时地反思失误的原因，不断完善自我。

事情到此依然没有结束。在倡导写作积累的基础上，借助每月全员大会，"干部讲管理，员工讲业务"，采取了"一刻钟授课"，让所有管理者轮流上台开口讲课，很多人觉得不是个什么难事，但是，当自己站在讲台上阐述一个问题的时候，突然觉得心跳加速，脸红血涌，语无伦次。一次讲台便让所有管理者感受到了差距。几年的锻炼，管理者开口讲话、上台讲课水平不断提高。汇报一个事情，也许 1 分钟，也许 10 分钟，也许 30 分钟，无论哪种桥段，每一个管理者都应该瞬间适应或者改变，且逻辑思维不乱。改变习惯不仅限于此，我们还邀请别人现场教男同志怎么打领带，女同志如何化妆等，看似是一个简单生活小节，却影响着人们的思维方式。

马克思主义哲学认为，量变是事物在数量上的增加或减少，是一种连续的、逐渐的、不显著的变化，具有客观普遍性。质变是事物从一种质态向另一种质态的转变，根源于事物的内部矛盾运动。当事物内部矛盾斗争激化，使矛盾双方主次地位发生根本变化，原来处于被支配地位的非主要矛盾方面上升为决定事物性质的主要方面时，一事物就转化为另一不同质的事物。质变是事物发展的决定性环节。同时，量变是质变的前提和必要准备，质变是量变的必然结果，质变体现和巩固量变的成果，并为新的量变开拓道路。任何事物发展都是量变和质变的统一。

实际上，这是一个管理者的自律，这种自律必须从小节开始。成年后有两种人，一种是成熟，一种是变老，大多数人俨然已经成为后者。有人说，做人就要及时行乐，享受当下，可当懒散成了习惯，不自律便成了生活的常态。一切的痛苦，本质上都是对自己无能的愤怒，而自律恰恰是解决人生痛苦的根本途径。但是，那些真正让人变好的选择，过程都不会很舒服。唯有内心足够渴望，才有顽强的意志力去支撑、鼓舞着自己去坚持。不必强迫自己去过苦行僧般的生活，但必须找到适合自己，且能让自己变好的习惯。每天进步一点点，感受自己生长变好的能力，去靠近那些看似遥不可及的梦想。

这是一种"灯塔效应"，正如在无垠的黑暗中，让迷途的帆船返航，依靠的不是消灭大海，而是高高耸立的明亮灯塔。

Topic22 人才培养

一封辞职信递到我的手里，这是一名入职不满一年的员工。从"上有民航、下有苏杭"到如今"平平淡淡总是真"，一边是招聘场面的门庭若市、车水马龙，一边是辞职场面的层见叠出、屡见不鲜。人员流动本属正常现象，但从中不难看出些许问题，必须引起高度重视，特别是机场企业化改制后，面对激烈的市场竞争，人力资源管理面临着新的挑战。

如果下属的素质低，不是管理者的责任；但不能提高下属的素质，一定是管理者的责任。

职业技能是生存的基本，但是后来发现，个别员工入职三年却没有拿到岗位资格证书。于是，找员工谈话，掏心掏肺激励一番，出乎意料的是，第二年依然没有通过，原因竟是在考场睡着了，我不敢相信这是真的。在很多人的概念中都存在一个误区，认为中小机场工作体量小、业务单一、复杂情况少，所以不用掌握很多项职业技能，仍然能顺利完成工作。在他们看来，只要在工作中不出错，有没有资格证并不重要。其实，有这样想法的人并不少见。从管理实践看，我认为人一生能用到的技能只有10%，其余90%基本不用，恰是这90%的技能在关键时刻"救命"，比如特殊情况下的应急处理等。这90%的技能就像买保险，用了遗憾，不用也遗憾，它最好一辈子都不用，但是不可没有。

组织的成长取决于优质人力资源的占有量，而非人数的多少。从企业的角度，我只认可一个标准，那就是具备价值创造能力素质特征的人，也就是只有那些为企业创造出利润和价值的人，才能称其为人力资源。因此，人力资源必然有品质优劣之分。低等品质的人力资源价值创造来自于体能付出或肢体动作的娴熟程度，其价值创造幅度较小。他们的价值创造素质中，更多的重复性操作技能、高强度体能价值正在或终将被成本更低的机器所取代。中等品质的人力资源价值创造必须是智慧与技能并重，他们的价值创造难被机器，至少是在短期内不会被机器取代，价值创造阈值较宽，伸缩性大。高品质人力资源价值创造聚焦于创新与改进，如某一专业领域有独创能力的人、善于发现系统问题并能将其化解的人、眼光独到能够预见到巨大需求的人等。最关键的是，他们具有极强的不可替代性。

当地总体人力资源匮乏是客观存在的事实，我们的人才培养必须立足实际才能开展。2018年度工作会上，我们特别增加了一项特殊议程，由我和当时所有未取得岗位资格证书的员工签署了军令状。从这一年开始，首次未考取资格证的员工，工资调减50%。第二次仍未考过的按待岗处理，直到考取资格证才能恢复正常工作。同时，对符合报考条件但没有考过初级证书的安检人员提出了"附加条件"：在首次考试未果的半年内，必须通过考试，否则，降为实习生待遇。第二次仍未通过者，将予以辞退。不断建立以岗位工资为主、收入能增能减的基本工资制度，充分发挥劳动力市场的基础性调节作用。有人不相信砸饭碗的事情，我却坚持到碎成渣的那一刻。严令一出，收效很快。半年后，所有人员一次性通过了岗位资格证考试。猛增的通过率激励了大家的信心，运输部一名员工还主动考取了安检中级证书，而且是一次性通过，这让部门其他同事羡慕不已，纷纷摩拳擦掌，备战中级资格考试。运输部员工考取了安检中级证书，深深刺激了安检部员工。我始终认为，一个人在职场上，如果需要他人前面拉着、后面推着才能走几步，那么，他距离过年"被宰"的日子也就不远了。

对中小机场而言，受人数和规模限制，我们大力推行"一人多岗、一岗多能"，气象部门观测和预报人员相互取证，通道岗位一人持有五六个证件很普遍，即使特车司机也要据实取得货运资质证书。当然，能拿不同资格证的员工，奖励是必需的。当时，各岗位都有不同的奖励政策，消防战斗员第一年取得 B2 驾驶证的 100% 报销学习费用，第二年报销 80%。对于第一年考取注册安全工程师的人员奖励 3000 元，第二年奖金则为 2000 元，第三年为 1000 元。有人问第四年呢？我的回答是，第四年就算满分考过了也不要，这就是机遇，就是岗位需求。人才需要培养，更需要机遇。因为，组织永远不会等待任何一个人四平八稳地成长。这世界上，除了结婚证不必过于着急拿到，其他所有证书都很有时效性。除了用奖金鼓励外，给取得相应岗位证书的员工更多的岗位调整选择和机会。这样的奖励政策效果奇特，特别是通用岗位相互取证已成常态。其实，人的焦虑大部分来自占不了便宜，所以，让员工在考取证书过程中"有便宜可占"

不失为一种很好的激励。此谓人性！

马克思主义哲学认为，人的全面发展是符合人的本质和需要的发展，就是让每个人的创造能力和价值得到充分的体现，使社会的每一个成员都能完全自由地发展和发挥他的全部才能。社会发展的核心是人的发展，离开了人的发展就谈不上社会的发展。人既是社会发展的前提，也是社会发展的目的，人的全面发展是社会发展的最高目标。马克思主义的发展观是以人的解放和全面、自由发展为最高理想，特别强调人的发展和社会发展的统一，认为社会发展的最高目标是人的全面发展。因此，组织有责任和义务培养人的全面发展能力。

在市场竞争条件下，首先是员工素质的竞争。我们从机场的未来发展考虑，明确规定所有员工必须持有本科以上学历，俗称"扫文凭行动"，除了个别特种车辆司机因第一学历太低的缘故报考专科外，其他员工均已本科在读。对于学习和考试时间，有组织出面统一协调安排，确保顺利毕业。同时，所有初级以上管理人员必须自觉提高自身学历，特别自 2019 年底开始，要求每个部门的领导班子里，至少要有一人报考硕士研究生。"考这些有什么用？对现在工作能有什么帮助？"当时，不少员工甚至干部都流传着这样的疑问。不可否认，提高学历就现在工作任务而言，可能除了徒增花费外一无是处，但对于每个人未来职业的发展，却有完全不同的结果。在我看来，所有的能力培养都不是为了解决现有问题，而是在为未来发展做好储备，为个人，也为组织。终究有一天，每个人都会为今天的付出而庆幸，当管理者和员工成长到一定层次的时候，他们才会感受到今天的用心良苦。所以，永远相信"机会是给有准备的人"，而现在要做的就是准备、准备、再准备。

当今时代，不是大鱼吃小鱼，而是快鱼吃慢鱼。

打造过硬的专业技术人员队伍，是与管理人员培养平行的另一种渠道。着力提升专业技术人员业务能力，同时，大力推行"末位淘汰制"，用旧方法来鞭策大家迸发新活力。在这之前，很多人认为只要拿到相关职称，就如同进了保险箱，工作做得好或坏都无所谓。"末位淘汰制"像一只鲶鱼跳进了鱼缸，瞬间让所有人不得安宁。被组织聘任的专业技术人员每年必须结合部门发展实际，确定一个研究课题并报上级同意，研究成果要作为每年最关键的考核依据。以年度为周期，根据考核成绩排名淘汰最后的30%，除非这 30% 的人员考核成绩都达到良好，就可以不实行末位淘汰。三年来，先后有三个人在考核中被淘汰，对干部和员工的触动很大。我的信条就是，"宁可当恶人，也不当罪人"，无需讨好任何人，但是要对每个人负责，管理者必须让在位者有压力，让后来者有机会，没有活水终究一死，在鞭策的同时也给予希望，有效地督促大家持续进步。

许多有才华的人在职场碌碌无为，通常是因为他们把才华本身看作是一种结果。其实，才能本身毫无用处。

聚集人力资源的根本是组织生态。人才为什么会到这个组织里来？来到这里对人才自己是否有价值？这里的环境是否适合人才？这是人们最为关注的三大问题。卓越的企业必须创造适宜主体价值、创造群体人才的生态环境，当然，作为管理者必须解决好两个问题，一方面要坚定建立组织生态的信念，树立必须建的理念，没有良好生态的组织不可能持续发展。另一方面要掌握构建组织生态的关键点，解决如何建的问题。管理者不仅要认识到人力资源的重要性，也要知道以什么样的理念去实践人力资源管理、组织需要什么层次的人力资源、如何高性价比地发挥人力资源的效能。

这几年，机场还有一项奖励，每年拿出 20 万~30 万元专项资金，组织班组长以上管理者分批"走出去"学习，哪里值得去就去哪里。对于这些常年围绕一个中小机场"打转"的人而言，开阔眼界是必需的，解放思想不是从书本上学来的，更需要"眼观六路"，看世界，才能懂世界。管理的人去新疆看支线机场创新发展模式，去深圳感受社会发展前沿，去顺丰感受先进管理理念，等等。有人在管理经验交流会上发出这样的感慨："站在腾讯的大楼前，我仿佛才感受到信息发展的迅猛，才能深刻感受到与发达城市之间的差距。"其实，所谓前行的动力，不过是看到了自己的差距。

在任何时代，能满足人的最深层，也是最本质需要的一定不是金钱和物质，而是自我价值的发现和实现，何况物质让人们满足的时代已经过去。"被需要"是一种幸福，也是一种价值所在，更是人才培养追求的目标。企业最大的资产是人，人才培养苦工在当下，效果显现在未来。

我始终认为，作为管理者，培养人才不仅仅是工作职责，更是良心所在。评价一个管理者有很多方面，但是，人才培养始终是最主要的指标。为官一任，如若培养不出优秀的人才，最多是个"半拉子"管理者。

Topic23 执行落地

我曾经当着所有员工的面夸下了海口，在任的几年里，一定要带着大家打一场主动战，干一票大的，让大家快速成长，让企业跨越发展，让这个企业成为很多人羡慕的组织，但事实上远非我想象的那么容易，一开始便面临执行力的问题，说得很多、做得很少，要求的很多、落实的很少，预想了很多、产出了很少，效果常常不尽如人意。

怎么办？这是我必须直面的问题。

措施是执行力最重要的纽带，抓住这根纽带就不会有失手的可能！永远不要改变既定目标，只要增加措施就一定可以做到。这就是我的解题思路。

着眼于"严"，责任心的强弱决定执行力度的大小，进取心的强弱决定执行效果的好坏。必须树立强烈的责任意识和进取精神，克服不思进取、得过且过心态。把工作标准调整到最高，精神状态调整到最佳，自我要求调整到最严，不折不扣地履行自己的职责，杜绝消极应付、敷衍塞责、推卸责任。

在一个组织中，如果管理标准设立的太低，你会觉得所有人都非常优秀。就像跳高一样，如果设立50公分，那所有的人都会成为优秀的运动员。所以，提高工作标准，把所有的人拉开差距，让大家清楚自己处在什么样的位置。很长一段时间，工作要求很多但一直难以说什么都没有效果，于是做了一次简单的问卷调查："你认为哪个岗位最不可能被调整？"一致的看法是核心的运行岗位，航务则居于首位。OK，那就从航务开始，从大家认为最不可能的地方杀出一条管理的血路来，撕开一条执行力的口子来，没有执行力的管理统称为扯淡，这就是我当时的想法。

没有执行力的管理者都不值得被尊重，我们把达不到工作要求的人员从关键岗位上调整出来，将航务人员调整到货运岗位，应景了当时流行的一句话：谁说了管制员不能去搬行李。看到调令的时候，很多人不敢相信，认为这是不可能的事情。我们直面问题从难啃的骨头下手，对管理者提出了更高的要求，一个管理者所带的队伍三番五次出现员工私自脱岗、不按规定请假、业务考核下滑难以达到岗位要求的情况，对工作造成很大隐患。动员千遍不如问责一次！于是，直接将管理者免职，选用新人上岗。严格的管理不仅是对管理者和员工，更是对自己。四年时间里，我基本24小时住在机场宿舍，无论白天还是晚上随时都能够找到我，即使个人每个月在职工餐厅消费的200块钱，也要求财务进行按月公示，让大家监督我的执行结果。

说实话，作为一个管理者，没有点"二杆子"精神是不行的。

着眼于"实"，脚踏实地，树立实干作风。天下大事必作于细，古今事业必成于实。发扬严谨务实、勤勉刻苦的精神，克服夸夸其谈的毛病。真正静下心来，一件一件抓落实，一项一项抓成效，干一件成一件，积小胜为大胜。

有时候，很多管理者很想提高执行力，但不知道怎么办，于是在务实上下工夫。主业从一个航班到现在六个航班，工作时间从当初八个小时到现在十八个小时，从民航的快速发展到通航的不断引进，特别是在航校和试飞基地的基础上引进了航空公司本行训练，每月将近有 10 天时间用来训练，各岗位忙得不亦乐乎，大家几乎没有太多的时间浪费在工作过程中，工作兼顾培训，工作内容的充实和节奏的加快倒逼执行力在管理实践中不断磨炼。同时，以部门为单位将所有工作进行了细分，明确了基层部门干什么、谁来干、干到什么程度这三个基本的管理问题。大到领导的分工、责任的落实、标准的把握，小到办公桌的摆放、垃圾桶的清理、工作日志的填写，甚至电脑的关闭和灰尘的清扫都责任到每一个人，从部门领导到一般员工，人人都有责任区，所有的工作有人管，有人操心，出了问题轻松追责，而且将所有的任务清单全部上墙公布，让所有的任务清清楚楚。在具体的管理实践中给管理者讲怎样执行，尤其对时间的追踪和跟进，要带着宗教般的热情跟进既定计划，掌控计划和实际之间的差距，采取相应措施协调整体工作进展。

着眼于"快"，只争朝夕，提高办事效率。不断强化时间观念和效率意识，让"立即行动、马上就办"成为习惯。坚决克服工作懒散、办事拖拉的恶习。抓紧时机、加快节奏、提高效率。做任何事都有效地进行时间管理，时刻把握工作进度。

把执行力体现在快速的落实、快速的节奏、快速的出成果上，把所有的任务以周作为一个周期，对所有任务都以督办单和催办单形式，明确责任人，明确工作时限。习惯了随时随地提问管理者关于任务推进的情况。我会在任何一个场合、任何一个时间，抽查关于工作进度的问题，而不是从开始等到结果出现，这是个太久的过程，以我的性格没有耐心静待花开。有人开玩笑说，即使晚上睡觉也要保持警惕，因为很有可能当你睁开眼睛的时候，问题已经摆在了自己的床头。可以说，管理者的魄力特别是一把手的管理魄力，对执行力的影响非常之大。如果一个管理者缩手缩脚、畏首畏尾，那他的执行力一定是永远过不去的坎。

工作的快节奏是我一直以来的习惯，我就像陀螺一样，只有快速的旋转才能保持最好的状态。这几年中，马不停蹄走访各航空公司开拓市场，从一个城市到另外一个城市，从一家航空公司到另一家航空公司，每年都要去很多城市，但是回想起来都是从一个城市的机场飞到另外一个城市的机场，办完事情迅速返回，说起某个城市，也只能说"去过"。在这种快节奏的影响下，管理者不断加快办事效率，对很多难办的问题想方设法解决，办不到办不好则面临结果的兑现，曾经因为消防通道照明灯没有按时关闭被处理，曾经因为一份报文错发被处理，曾经因为旅客投诉解决不力被处理等等，大概不止好几个 2000 块钱，也不止一个人的 2000 块钱。今天部署了，明天就要落实，没有落实则必须要说明理由。管理的目标不容讨价还价，管理的节奏不容时紧时松。每个人到职场首先都是来学会养家糊口而非寻找开心。所以，没有工作成果不好的员工，只有执行不力的管理者。员工不会做出管理者希望的结果，只会做管理者即将检查的事情，检查让计划落地生根。

着眼于"新"，开拓创新，改进工作方法。只有改革，才有活力；只有创新，才有发展。树立强烈的改革精神和创新能力，坚决克服无所用心、生搬硬套的问题，充分发挥主观能动性，创造性地开展工作、执行指令。

针对执行力的提升，不断创新方法，也创新思路，班子成员手把手教大家如何创新思路，在具体事情上创新思路。有一年，企业获得了全国民航五一劳动奖状，这一成绩来之不易，大家兴奋等待了很久，但是奖牌迟迟没有拿到手里。很长时间过去了，追问为何没有领到奖牌，答曰路途遥远、过程周折，所以拿不到。热情很高、方法很少、思路很窄，不撞南墙不回头甚至撞了南墙也不会回头，所以导致执行没有结果，有的管理者因此觉得委屈和不公。我们讨论有没有其他方法，后来按照此前行业发布的五一劳动奖状样式，仅仅花了 200 块钱在广告公司制作了同样一块奖牌，暂时放在了荣誉墙上。所以，不断创新工作思路是提高执行力的一个有效途径。

创新执行力还在于提高管理者的领导力，执行力很大程度上就是领导力。在基层干部的选拔过程中，拒绝论资排辈，等到选拔结果揭晓后大家有点恍然大悟，用结果导向不断提高管理威信，让执行变得更加顺畅。对中层管理者的执行力更加强调领悟能力也就是把握做事的方向和方法，指挥能力也就是工作的分配、协调、临场发挥，激发斗志和引导前进。同时，还有协调能力、判断能力、创新能力等，所有这些能力都最终体现为具体的执行力。即使包括我在内的班子成员，几年当中也因为工作执行不力在全员大会上做过检查，处罚也是常有的事情。从不会执行到会执行，从不愿执行到愿意执行，直到执行有了结果，企业发展最大的收益也源自管理者的执行力。

必须说明的是，如果只有制度没有文化，结果是要么执行有力，要么执行崩盘！如果只有文化没有制度，结果是要么自然推动，要么软弱无力！只有文化与制度相融匹配，才能将执行力发挥到极致！

马克思主义哲学认为，主要矛盾是在事物发展过程中处于支配地位、对事物发展起决定作用的矛盾。在复杂事物发展过程中，许多矛盾的地位和作用不平衡，但必有一种矛盾是主要的，处于主导地位。主要矛盾强调在事物的发展过程中集中力量找出问题的关键，抓住重点，推动事物的发展。如此，抓住了执行力特别是管理者的执行力，便是扭住了管理的"牛鼻子"。

管理是一种实践，其本质不在于"知"而在于"行"，其验证不在于逻辑而在于成果，其唯一权威就是成就。

Topic24 全面成长

大概每年都要问管理者这样的问题：如果有一天企业要裁员，你准备如何去谋生，你拿什么安身立命？如果把所有管理者分为五层逐层裁员，有没有想过自己大概处在第几层？每一个管理者都要做好被裁员的准备，但是，每一个管理者都必须努力付出，即使不能成为最后一层被裁员的人，也一定不要成为第一层被裁员的人。如果要确定分层裁员的标准，有一个最重要的因素就是：管理者综合的素质、过硬的能力、广博的知识、成熟的心性和出彩的人生等等。总之，那些精通领域非常广博的管理者才是最有可能活到最后的人。因此，做最坏的打算，做最好的努力，才是职场"时刻准备着成长"必须有的状态。

换句话说，管理者的成长是 360 度的，不仅在于某一个领域的深度，也在于涉及领域的广度。即使不完美，也要很完整。正所谓"一花独放不是春，百花齐放春满园"。

管理者的成长必须有明确目标，如同黑夜里行车，目标有多远，车速就有多快。管理者要使员工奉献于企业共同的远景，使目标深植于每一个员工的心中，与每个员工信守的价值观相一致。机场旅客吞吐量从 10 万人次起步，三年时间迈入近 40 万人次，50 万人次的目标曾经激发了全体员工的欲望，也凝聚了共同的目标，我们深感凝聚在一起的力量。同时，坚持终生学习，衡量企业成功的尺度是创新能力，而创新来源于不断的学习，不学习不读书就没有新思想，就不会有正确的决策。我一直觉得，没有什么是学习解决不了的，如果没有解决，只因为学习的不够。这几年，始终不渝倡导和坚持学习，让管理者的学习成为习惯，更成为立身之本。

反复训练管理者学会科学决策，面对瞬息万变的市场和竞争，"不做单选题"，提出多种方案进行分析和比较并选择最佳方案，每一次的选择都是自我的修炼与成长。把管理者的价值体现在"做正确的事情"上，也能够让员工"把事情做正确"，这是我的价值追求。很重要的一点，就是管理者要相信自己的判断、决策和对未知事物的把握，不要人云亦云。做任何事情充满信心，相信自己，更要在员工面前展现出这种自信，在任何挫折和困难面前站得起、扛得住，用成功的欲望创造财富。

我们一直注重管理者谋篇布局、架构关系，无论有什么样的才华和能力，都必须建立在关系之上。关系已成为人际中个人成长、企业成事的重要条件与资源。关系就如同网络，管理者会不断构架起人与人、群体与群体、企业与客户、企业与企业之间的互动，并且善于"关系管理"。从大局着眼，学会"算大账"，让别人心生喜欢，他人愿意合作，真诚欣赏他人的优点和成绩，对员工的事情表示深切的关心与兴趣，一个能容别人的人，才能容得下更大的天地。企业最好的资产是人，管理者的美在于善于挑选好的合作伙伴，努力做个伯乐，乐于发现人才远比做成几个项目更有价值，把合适的人才安排在恰当的位置，就是管理者最大的价值体现。

2019 年夏天开始，给所有部门配发了专用茶壶、姜片和红枣，责成各部门管理者用心熬制姜枣茶,确保岗位上所有员工按时按点饮用姜枣茶，整整一个夏天，姜枣茶成了工作的标配。起初很多人不理解，闷热的夏天喝热腾腾的姜枣茶是不是有毛病？按照《黄帝内经》的说法，真正解渴的叫生津止渴，人体需要把食物转换成能够完全消化和吸收的体液，或者吃的食物中包含的水分转化成身体的体液，也就是津液的津，这时人就不会感觉口渴。如果喝了水，不能转化成人体的津液，就会越喝越渴。夏天吃冷饮喝冰水满足了短暂的口腹之欲，却根本不能解渴。年轻的时候体内抵抗寒邪能力很强，会把寒凉难消化的食物转化成人体的津液，但年轻时候吃冷饮落下了病根到中年以后就慢慢显现。因此，越是在夏天，越不能吃生冷、性质寒凉的东西。这一习惯的改变经历了较长的时间，后来大家慢慢习惯了，特别是女同志们不再"堂而皇之"吃冷饮了！

读懂《黄帝内经》就能做好管理吗？你想多了。

但是，一个优秀的管理者必须懂得管理之外的世界，否则，管理必然成为就事论事，这样的管理必然死路一条，这样的管理者必然平淡如水。跳不出管理本身的管理，不能称之为管理，最多是邯郸学步。

我的婆婆嘴反复念叨：机会是最大的资源，抓住机会是管理者的基本功。"机会从来就不缺乏，缺乏的是发现机会的眼睛"，每个人都被机会包围着，但是机会只是在它们被看见时才存在，而且机会只有在被寻找时才会被看见，关键在于管理者如何认识机会、利用机会、抓住机会和创造机会。用满腔激情寻找机会，激情有时候比领导者的才能更重要。没有激情的管理者如同一直待宰的老牛，死去都显得毫无价值。保持激情并定出一个目标，努力达到这个目标，在达到这个目标之后，再定出另一个目标，再去努力达到，以此拥有兴奋和挑战，帮助管理者维持激情而不坠。

注重在管理实践中训练管理者的顽强精神，是我们一直破解的命题。顽强不是顽固，是一种下决心要取得结果的精神，没有结果的努力不如不努力。作为一个管理者，下属总希望遇到一个不屈不挠的管理者，能给自己以力量和信心。优秀的管理者从来不是说了什么，而是在艰难苦困面前让他人感受到了什么。我常说，当你不断指责别人的时候，你会认为是别人造成了你的痛苦。实际上，痛苦来自于自己的需求没有得到满足，所以每个人都要盯着需求，而不是盯着情绪。要有持续创新的精神，如果你停步不前，你就会失去自己的立足之地。这一点对于任何管理者都是一样的。如果满足于现状，小富即安、小进即满，必然丧失创新能力和机遇，只有创新头脑的人才不怕变革，更期待变革。

"心相如妙龄少女，思考如成熟男子，处事如成功的人士，工作起来如一头勤奋的驴子！"这就是我心中完美的管理者。

我们要求每一个管理者都要学会激励，优秀的管理者要具备"洗脑"的能力，不断组织一个优秀的团队，激发起大家的热情，挖掘出每一位团队成员的聪明与潜力，并将他们协调起来。管理者必须成为一个能激发起员工欲望的人，让别人感觉不累。当然，前提是学会有效沟通，特别是领导者与被领导者之间的有效沟通，形成独特的符合自身特色的管理艺术。

学会用 70% 的时间与他人沟通，剩下 30% 的时间用于分析问题和处理具体事务，通过广泛的沟通使员工成为一个组织事务的全面参与者。

当然，不仅能培养管理人才，还能够经营未来，才是有潜力的管理者。善于把那些重要工作授权给别人去做，在破解管理难题的过程中，把下属培养为优秀的管理人才，把管理人才变为企业的变革者。合格的管理者都懂得，未来是属于那些今天就已经为之做好准备的人，擅长用 20% 的时间去处理眼前那些大量的紧要事情，这只是为了眼前的生计，而把 80% 的时间留给那些较少但很重要的事情，抓住重点，面向未来，变成管理者矢志不渝的追求。

勇于自制很难吗？这个关键取决于对谁！每个管理者必须具有高度的自制力，并且内心认可这是一种很难得的美德。如果激情是促使自己采取行动的重要原动力，那么，自制力则是指引自己行动方向的平衡轮。在管理实践中，一个有能力管好别人的人不一定是一个好的管理者，只有那些有能力管好自己的管理者才能称之为优秀，自制是管理者永远的追求。自制还表现为健康管理，身体的健康和心理的健康越来越成为管理者的评价标准，那些不会管理自己的人也没有资格管理他人，不会经营自己健康的人就不会经营自己的事业。

马克思主义哲学认为，矛盾的主要方面是在事物内部居于支配地位、起主导作用。矛盾双方有主次之分，其地位和作用是不平衡的。矛盾的主要方面强调在事物存在的利与弊、优与劣、功与过、长处和短处等方面，针对事物的性质作出评价与判断，强调对事物当前状况的认识。因此，管理者的成长就是抓住矛盾的主要方面而不懈努力并取得成绩。

　　必须说的是，有效管理者的全面成长，是组织发展的关键所在。

　　知乎上曾有人问："毁掉一个人最好的办法是什么？"高赞回答是："就是让他好好上班，然后给他足够的安逸。"因此，对于管理者而言，全面成长有更加具体的、关键的要求，管理者的成长不仅在于业务、能力、水平、学识，也在于生活、心性、律己、视野等，正所谓"上得厅堂、下得厨房"，当然，并非每个管理者都能做到，但是努力的方向从未改变。

　　这个世界永远没有稳定的环境，只有稳定的能力。一个人要是厉害了，在哪儿都稳定。要是没能耐，在哪儿都"高危"。真正强大的人，都有属于自己的铁饭碗，那就是足够宽阔的能力和修养。

第 3 章　管理的基本要求

管理的基本要求就是必须实事求是地解决实际问题。

坚持一切从实际出发，就是想问题、办事情要把客观存在的实际事物作为根本出发点，根据客观存在的事实和条件，决定人们的主观思想和行动。坚持一切从实际出发，努力使主观认识符合客观存在，是做好工作的起码要求，也是人们正确认识世界和改造世界的根本立足点与出发点。一切从实际出发和实事求是在本质上是一致的，必须坚持从实际出发探索客观事物的规律性，必须按规律办事，才能做到实事求是。只有坚持一切从实际出发，才能有效解决具体问题。更重要的是，一切要用结果来证明。

管理的终极目标在于解决问题、达到目标，否则就是形式主义和摆花架子。必须坚持结果导向，始终以发展实绩和成效为准绳，始终坚持用组织的发展成果和员工成长指数来衡量。必须紧跟组织发展的变化和实际，实事求是探索和总结管理思路与方法，永不脱离实际，始终坚持不用同样的思路解决同样的问题。必须勤于发现问题、善于分析问题、乐于解决问题，要明确问题的性质，弄清有哪些矛盾、哪些矛盾方面，以及它们之间有什么关系，以确定所要解决的问题、所要达到的结果、所必须具备的条件等，从而找出主要矛盾和关键矛盾之所在。必须在管理实践中勇于解决问题，化解发展矛盾，释放管理活力，始终用结果衡量，用结果评判过程和目标。

Topic25 研判发展

有一年仲秋，我到了全国级贫困地区的中小机场任职，一阵秋风吹过，带有些许寒意，不禁打个寒战，站在荒芜的飞行区一筹莫展，贫困地区的民航出路在哪里？中小机场的未来在哪里？我拿什么奉献给这片土地？我满脑子都是疑问。那一个夜晚，从未有过的压力和惆怅向我袭来。

2016 年，当地人口总数 150 万人，市区仅有 25 万人，240 亿元 GDP，稳居全区倒数第一。那时候，天蓝得清澈、纯粹，偶尔几架 CRJ 飞过，都怕叨扰了这一片干净。这已经是机场开航的第六个年头了。这一年，新舟 60 机型因高原限载正式退出这里，每天一个航班，每周逢二四六有两个航班，年旅客吞吐量终于挣扎过了 10 万人次，年收入 500 万元左右，另有中小机场补贴 700 万元，这就是所有过日子的家底。那个冬天，我受不了黑夜里劣质暖气片发出的声响，下定决心全部更换，却没有多余的资金。航班少、间隔大、市场潜力得不到释放……"地方财政收入不高，先天不足决定着机场很难有突破性发展"，这样的论调在员工队伍中流传。巧妇难为无米之炊，更何况我远不及巧妇，"无米"加上"无巧"的日子就这样无声无息地开始了。

企业管理的难题，从本质上讲就是缺钱。

调研密集进行，到任两个月后，我召开了第一次全员大会。会上，我告诉大家："我们背靠着集团这棵'大树'，必须以服务地方经济社会发展为宗旨，必须持续提高机场自主发展能力，必须自信满满相信机场未来不可限量。"也就是在那次会上，我们第一次提出了"三年爬坡"的发展目标和"民航与通航两条腿走路"的发展原则，提出了三年以后年旅客吞吐量突破 30 万人次，五年以后力争突破 50 万人次。现在回头看，当初的决定是正确的，但是我敢肯定，没有几个人能够记得当时会议确定的目标和原则，所谓的 30 万人次还是 50 万人次也没有人会在意，因为，那些不可能实现的事情犹如一阵风刮过，那不过是一次再平常不过的会议。

没有危机就是最大的危机，满足现状是最大的陷阱。对我来说，永远活在目标和挑战当中，绝不会满足于已有的发展业绩，没有挑战的日子会让我颓废和六神无主。于是，我这个新官上任的第一把火就烧到了人力资源的管理上。从 2017 年新年伊始便着手改革，一方面将非核心业务全部剥离，交由专业机构承包经营管理，确保企业发展轻装上阵。另一方面，全面加快员工资质能力建设，修订完善"一人多岗、一岗多能"制度，把控人员数量，狠抓班组建设，对全员进行规范化管理，推行专业技术末位淘汰制，明确事权划分，下放管理权限，建立健全基层领导班子，全力以赴为企业搭建发展的框架和体系，为员工搭建想干事、敢干事、干实事的平台。"我就不信邪"是我永远挂在嘴边的一句话。

没有方向的时候，就从集团企业文化里找寻答案。

当家必须算账，64 名员工，1200 万元年收入，亏损自然不在话下。怎么办？我想到了集团工作思路的第一句话就是"始终坚持以航空市场为主战场"，任何时候坚持航空市场的主战场不动摇是原则也是方法，必须要在航空主业的战场上杀出一条血路来。"百姓想出去，客商想进来，可惜没航班"，这个现状让我意识到缺少航线是困扰发展的症结所在。从此，我开始了几年如一日不断寻求地方政府支持的漫漫路途，描绘机场未来发展美好蓝图，不断融洽与地方政府关系，用实际行动赢得地方政府信任，频繁前往各航空公司洽谈开辟航线事宜，不遗余力、主动出击，一次又一次，几乎踏破了航空公司的门槛。2017 年冬航季，抓住国家脱贫攻坚的窗口期，为了支持闽宁协作发展，便利来自福建的客商和人员往返，经与航空公司反复商谈，开通了飞往福州的航线，福建企业陆续入驻当地，福建商会表示正是该航线的开通，促成了他们来当地投资。2019 年，在地方政府支持下，首架驻场运力入驻机场，经西安飞往广州和昆明两大城市，当地百姓"早出晚归"的梦想终于成真。至此，机场航线网络辐射华北、华东、东南、西南地区，并连接我国三大经济区。

"要想富，先修路；要想强，上民航。"为了让当地百姓能用最低的票价和最短的时间更高效地飞往全国各地，2017 年夏航季开始，飞往首府银川的航班增至每天两班，冬航季开始，飞往西安航班增至每天一班，两条快线逐步建成，曾经设想的"两条线、三个点"如期面世。直至后来通航点增加到 8 个，每周航班量增加到 42 班。同时，努力使飞往西安、银川的机票价格常年控制在 200 元以内，飞往银川单程 100 元，较大巴运输仅高出 10 元，坐飞机出行不再是特殊人群的专属。在此基础上，与航空公司合作创新的通程航班模式横空出世，通程航班实现了行李直挂、一票到底和专人引导服务，以最小成本、最快时间、最高效率实现无缝隙中转，去哪儿都一样。

看着发展的障碍一个个消除，2018 年的时候，制约机场发展的关键因素集中在了运力需求上。那时候主力运行的 CRJ900 机型很受制于天气，特别是高温和低云天气，于是，我们盼望着大风带走高温。那时候的风也总是在最需要的时候，就像个刚过门的媳妇，娇羞中不愿露脸。常常因为高温加之高原而减载、延误、返航、复飞，机场人所有能学到的行业术语在这里都得到了运用，甚至旅客买到了票却不一定能成行，能不能走要看老天爷"脸色"。89 座的飞机最少的时候仅能载客 47 人。我称之为"老太太航班"，因为，不是什么时候想走就什么时候坐，而是什么时候能坐就什么时候才能走，此情此景，唯独老太太合适。于是，狠下决心更换大机型，与航空公司和地方政府几番沟通，空客 A320 第一次落在了这条跑道上，站在这片贫瘠的黄土地上，一时间热泪盈眶。机型更换后，每班可提供的座位数由 89 座增至 172 座，两条航线每天可提供的座位数增加了4 倍，2018 年底机场全面进入大机型时代，我们也终于扬眉吐气了一把，怎一个"爽"字了得！

路修好了，怎样让人用起来？我们着力改变老百姓出行习惯，制订全员营销计划，把营销的每一位旅客都计入绩效考核之中，强化员工动力。下到田间地头，腿跑细，嘴磨破，带领员工们不厌其烦地向身边的亲朋好友推介。在可提供座位翻番的情况下，旅客吞吐量不降反增，一时间呈现井喷式增长，让我们更加欣慰当初的决定。同时，为了深入挖掘客源腹地，建成开通了平凉城市候机楼，在省外建城市候机楼得到了实现。在不断努力下，2017 年旅客吞吐量完成了 15 万人次，2018 年达到 22 万人次，2019 年突破 38 万人次，三年来，每年净增旅客近 10 万人次，年旅客吞吐量平均增速 50% 以上，在西北乃至全国中小机场中增速名列前茅。2019 年下半年，正式提出 2020 年突破 50 万人次目标，力争机场开航 10 年的时候达到 50 万人次。同时，推进运输航空与通用航空"两翼齐飞"，引进航校、试飞院、航空公司本场训练等，通用航空发展四处点火、多点开花，呈现出多领域、多层次特点。《中国民航报》头版头条予以报道，在业内反响强烈。

一个管理者需要完成的重要工作之一就是预测变化、规划未来。要做到这一点，管理者必须具有洞察力和趋势分析能力。不仅要熟练掌控"灰犀牛"，还要准确预见"黑天鹅"。

当地经济跨越式发展带动民航业快速前行，2019 年当地完成地区生产总值 340 亿元，增长 7%，地方一般公共预算收入 16 亿元，同口径增长 8%，城乡居民人均可支配收入分别达到 28979 元和 10608 元，分别增长 8.5% 和 11%，特别是减贫 3.86 万人，贫困发生率下降到 0.55%。在此背景下，机场全年收入从 2016 年 1200 万元直奔 3600 万元，每年新开一条航线，每年收入增长 800 万元，每一次点滴进步都来之不易。

忆往昔，直叫人感慨无限。虽为七尺男儿，内心却容易伤感，看着这些跳跃的数字，心中难以平静。

　　马克思主义哲学认为，生产力是最活跃最革命的因素，是社会发展的最终决定力量。生产力的发展是人类社会协调发展和全面进步的基础，是人类社会文明进步的重要标志。任何社会都必须把发展生产力作为根本任务。只有生产力高度发展、物质财富极大丰富，才能为政治文明、精神文明、社会文明的进步和人的全面发展创造前提与基础。因此，加快企业发展是实现组织目标的基本保障，没有发展或者持续健康，一切都无从谈起。

　　只有让问题不成为问题的时候，问题才能彻底解决，曾经无数人为自行车被盗的问题改变过无数种锁，但都无济于事，而共享单车的出现让这个问题不成为问题，所以自行车被盗的问题彻底消失了。为此，我们研判发展形势，新机坪扩建完成投用，36号盲降系统论证通过，二期扩建工程前期工作已经开始，适时启动冲刺50万人次目标，处处点火、四处冒烟，一切按照既定目标如火如荼推进。机场未来的路在哪里？我们给出的答案是：发展的信心永远比黄金更重要，必须勇敢突破中小机场发展限制，果断抛弃中小机场狭隘目标定位，持续用力将机场建成自治区的南大门，让旅客从这里走向世界。

　　作为一个管理者，只有宗教般的意志和初恋般的热情，才能成就某一事业。

Topic26 特许经营

对于一个中小机场而言，每一分钱都有它特殊的意义，尝过了没钱的日子，才知道经营管理的艰难。如何把有限的好钢用在刀刃上，这是我作为管理者一直在思考、摸索和实践的问题。但是，更多的时候，更多的心思花在如何改变管理模式上。因为，管理模式的变革必然带来经营效益的出众。

这几年，伴随企业的快速发展，提升服务质量的需求越来越凸显。对此，我们将原来定期定时定点开放的贵宾厅改为了全天候开放，在这样的情况下，我们必须做好筹划如何让贵宾厅在最小的成本下发挥更好的作用。根据平均旅客流量和最低服务标准，每天需要配备两名工作人员，按照三班制要求，开放贵宾厅至少需要三名工作人员，按照当下每名员工每年人工成本 10 万元计算，那么，每年仅人工成本就需要 30 万，这还不包括在运行过程中所产生的其他成本和费用。贵宾厅产生的经济效益微乎其微，每年 30 万真金白银对一个中小机场而言堪称两难，更何况性价比不值得一提。客观地说，开放贵宾厅只能是锦上添花，绝非雪中送炭。

思路决定出路，最终以特许经营的方式，通过公开招标交由第三方运营管理。贵宾厅的基本职能为两个部分，主体用于机场贵宾接待，另有少部分用于第三方自行开展业务，贵宾厅人员和厅内消耗品均由第三方统筹安排，并在此基础上给予机场一定的租金。此举不仅解决了人员及运行成本的问题，更提升了服务质量，特别是全天候开放后，让贵宾服务从此没有障碍，随时随地进入贵宾厅。作为第三方专业公司，其服务更加标准化、规范化！由于贵宾厅经营机制转变和服务质量提升，贵宾数量呈几何数增长，让名不见经传的闲置地盘赚来了金钱，也赚足了口碑。第三方借助机场品牌，不断强化业务拓展，获得了很大收益。大家好才是真的好，效益持续攀升，租金逐年提高，合作模式进一步完善。贵宾厅特许经营地推进，让我们感受到了专业的力量，也让我们把更多的人员、时间、精力集中在安全管理和加快发展上。

特许经营是机场将自己拥有的航空运输业务保障服务资源，以公开招标或其他竞争方式，转让给其他企业法人使用，通过合同协议或其他方式明确机场管理机构与被转让人之间权利义务关系，被转让人利用机场资源按照一定的标准开展业务，并向机场支付相应的费用。特许经营权的核心是机场资源的使用权。机场资源是机场通过资本投资形式建设、经营形成的航空运输保障服务资源体系，主要包括机场基础设施资源：机场内道路交通、场地、建筑、水电供应设施、公共清洁和污水处理设施、消防和紧急救援设施、绿化和环保以及信息网络设施等；信息服务资源：航班保障信息服务资源、客货运市场信息服务资源以及相关的经济、政治、法律法规服务资源等；服务环境资源，运营管理体系，航班运作保障环境，旅客服务环境，货运关务包括海关、检验等环境，政策法规环境等；以及由以上资源派生出来的商业市场资源。

特许经营有利于促进机场由经营型向管理型转变，特别是伴随民航业的快速发展，机场经营模式必将由过去从事航空运输地面服务代理的直接经营型向主要提供资源经营平台的服务管理型转变。服务管理型机场不直接参与地面服务代理业务和其他相关业务，要通过开展特许经营方式，由专业运营商或航空公司来开展专业经营，机场当局主要负责机场服务设施的建设与管理，为运营商提供一流的服务平台，来实现机场高效运作。特许经营作为市场经济发展中的一种有效经营模式，被广泛运用于世界航空发达国家和我国商业运作领域，它有效利用机场资源，发挥其最大效益，不失为一种比较好的机场经营方式。

经过了贵宾厅的这次尝试，让我们更加充满信心对特许经营进行深化研究。随后，我们将候机楼面积不大的商业区域进行了重新改造和装修，逐步丰富候机楼商业类型，特别是涉及旅客基本出行需求等方面，进一步丰富商业业态，将商品高中低档次均匀分布。候机楼商业每年大幅度提高租金，但成本增幅完全可控。伴随业务的迅速增长，决定对旅客停车场进行收费管理，将停车场的经营权以租赁的方式让渡给第三方，将相应的权利义务、运营管理和成本费用一揽子给了第三方，包括前期所有设施设备的投入，曾经开放自由的停车场，租金从零开始裂变，第一次公开招标就有非常意想不到的结果。同时，持续扩大特许经营范围，如机场广告等。

从实际运营结果来看，特许经营有效控制了人员数量，有效节约了人力成本，有效化解了经营风险，提升了机场运行管理水平。

特许经营让企业"瘦身"，从此与臃肿的自己说再见。

其实，我最看重的依然是特许经营对中小机场人力资源的效用。中小机场因为航空业务量尚未达到一定水平，所以亏损在所难免，但是，评价中小机场，不是看其盈亏，而是看有没有达到合理收益能力。20世纪60年代，发达国家的中小机场用20年完成了从经营型向管理型的转变。反观中国中小机场，大多采用经营型运营模式，眉毛胡子一把抓，负担沉重。据统计，国内年吞吐量200万人次的机场，人员编制约500人，人工成本巨大。但是，航空发达国家同等机场一般只有20人。一个机场有多个经营业务，其中大部分可以特许经营。新加坡樟宜机场在1000万~6000万人次的发展过程中，机场编制保持在300人不变，把人工成本后续增量全部转给市场。当前，国内已有20多家中小机场实施航空地面服务特许经营，据统计，三峡机场2018春运增加航班600班以上，通过第三方公司调节，机场没有增加人员，服务质量依然优良。

针对机场特许经营，一方面要划定业务范围。与航空运输直接相关的业务，主要包括机上配餐业务、航空油料业务、飞机地面服务业务、航空货站业务。非航空活动相关业务，主要包括机场场区内餐饮业、各种商店、银行/外币兑换、出租车服务、汽车服务、停车场、机场广告、机场与市区间的公共交通服务、免税店、汽油/机动车服务站、美发店、宾馆/汽车旅馆、非出售食品和饮料的自动售货机、货物代理或转运公司、纪念品商店等。

同时，要确定经营方式，以机场当局代表当地政府进行机场特许经营授权，并收取费用，主要包括转让土地使用权：对机场而言，包括基地航空公司在内相关驻场单位的参与和进驻十分重要。为了吸引它们，机场在参照土地市值的基础上，以优惠的价格将土地使用权有偿转让给航空公司，这样使利益双方既获得发展空间，又确保平稳运营。同时，以场地和市场资源出资，通过合资方式转让机场内经营权。机场内许多项目由于投资规模大、市场竞争激烈，采用自营方式，机场并不处于优势地位，但是完全由他人经营，其服务质量、价格水平不易控制。这些项目包括食品、货站、油料、宾馆等，对于这些项目，机场当局宜以土地、设施和市场资源出资折股，与在相关行业具有一定知名度的企业组建合资公司共同经营。

马克思主义哲学认为，发展的实质是新事物的产生和旧事物的灭亡，即新事物代替旧事物。一切事物都处在永不停息的运动、变化和发展之中，整个世界就是一个无限变化和永恒发展的物质世界，发展是新事物代替旧事物的过程。坚持用发展的眼光看问题，就是要把事物如实地看成一个变化发展的过程，要明确事物处于怎样的阶段和地位，要坚持与时俱进，培养创新精神，促进新事物的成长。发展是相对于静止的，要灵活运用，根据实际情况的变化不断作出调整，这样才能保持分析和判断的准确性。事物是普遍联系的，要用发展的观点看问题，注重发展的眼光和科学的方法。

如此，特许经营必须立足实际、面向未来，用更加开放的思路加快发展和完善。在实际运行基础上，我们针对特许经营存在的问题，坚持问题导向，制定了配套制度，加强对外包业务的管理与监督，将外包业务的内容进行标准化，密切与外包组织之间的合作，保障外包组织能够达到机场服务标准，提高管理效率。进一步建立信息共享机制，逐步搭建高效的整体运营平台，建立信息共享机制，畅通交流渠道，确保出现问题时有效沟通。建立信息共享机制，发挥好合作协同。同时，不断完善激励机制，确保双方合作增值的利益能够合理分配，让激励体现公平。当然，特许经营并非不可逆，我们可以采用合理的方式维护企业利益，从而产生新的收益增长点。

中小机场的特许经营必须因地制宜、科学实施，必将大有文章可做，必然有力促进持续健康协调发展。

Topic27 供给改革

没有人口、没有资源、没有市场，中小机场发展的突破口在哪里？这是我们自问的第一个问题。

中小机场的发展始终与所处地理位置、辐射地区的经济状况、邻近机场的竞争能力息息相关。当地位于银川、西安、兰州三个省会城市构成的三角地带中心，地处六盘山集中连片特困地区，是国家脱贫攻坚的主战场，也是红色革命老区和少数民族聚居区。全市经济结构中，以旅游业为主的第三产业占据了半壁江山，第一产业和第二产业发展相对滞后，没有大型工业企业，劳务输出是支柱产业之一。地区经济活力不足，带动区域内人口流动性差。总有人夸这里空气好，为什么？因为没有规模工业，所以，要想在这里找到雾霾，人们会觉得不好意思。

从全国民航发展大环境看，中小机场较大型机场普遍受所在地区经济社会发展水平和人口基数等因素限制，在航班客座率和票价水平上得不到保证。无论从社会影响，还是从经济效益上看，航空公司更愿意开通经济发达地区的航线，赚钱啊！中小机场要开辟航线，必须向航空公司额外支付航线补贴，用于弥补航班收益的不足，民航领域基本就是航空公司卖方市场。当地机场是典型的地处老少边穷地区的中小机场，不厚实的"家底"和不乐观的"就业环境"成了生存发展的最大痛点。研判形势后，我们确定了"政府搭台、企业唱戏、市场主导"的基本原则，确定了全力以赴加快航空主业发展的总基调。几番沟通后地方政府同意给予航线补贴支持，但"飞到哪""怎么飞""怎么才能飞得有价值"的问题由我们作答。有了补贴就有了保障，当即决定开辟新航线、开拓新市场，我们要甩开膀子在航空主业天地里大干一场。

有人讲过一个笑话，为了整治小便池卫生问题，有人在男厕小便池上贴了一纸条，写上"往前一小步，文明一大步"，结果地上仍然有许多的尿渍，后来认真研究吸取教训，纸条内容改成"尿不到池里说明你短，尿到池外说明你软"，结果地上几乎滴水不沾。两句话内容不同，前一个只是一个道德层面的要求，后一个则是真正说到了男人的痛点！这么说吧，航线开辟必须在点子上，必须挠在痒处。

航空主业市场往哪里走，这是我们自问的第二个问题。

我在很多场合讲过，航线的开辟如同新开一家餐厅，如果顾客去了好几次，每次都逢餐厅放假歇业，两三次之后，他一定会认为餐厅已经关门大吉，从此以后，永远想不起这家餐厅。所以，无论餐厅经营多么艰难，要想活下去就必须按时营业、开门迎客，必须坚持下去，这个煎熬的过程必须经历。机场也是如此，航线的开辟必须满足旅客随时随地的需要，任何时候都有航线航班，否则，旅客会认为这个机场从来就没有航线航班。这是一个良性发展的过程，也是付出成本的过程，越是艰难越需要坚持。

好钢必须用在刀刃上，开通航线的最终目的是解决旅客走得出、进得来的问题，也就是所谓航线通达性的问题。干线机场具有航线航班多、航班频次高、机票价格低等诸多优势，中小机场如果一味开通大型城市航线，与干线机场竞争，不仅难以承受高额补贴，还将面临本地客源被周边干线机场吸附的问题。因此，在通航点的选择上，我们定位成发挥毛细血管的作用，向干线机场输血，形成网络化层次，避免因为栓塞而自废武功。银川市作为省会城市，两地政务往来密切。西安则是西北地区交通枢纽，特别是西安机场作为我国第七大机场，航班中转非常便捷。当地处在银川、西安和兰州三个区域主要城市中心地带，高速公路距离 4 小时左右，铁路距离 8 小时，民航仅需 50 分钟，补贴不高，客源又有保证，航空公司有利可图。就这样，第一站加密了西安，直到后来增至银川和西安每天各两班。"要饭也要到富人扎堆的地方去"，我们着眼于京津冀、长三角、川渝经济圈等经济发展水平高、人员往来频繁的地方，随即开通了上海、天津、重庆航线航班，两条快线解决了民众出行需求，几条长线则优化了当地招商引资环境，提升了对外发展形象。有人说，从家门口坐飞机去全国各地自由飞，这是祖祖辈辈没想过的事情。

有人算了一笔账，如果每天一班飞往西安，必须要住宿一晚，按照每间房 300 元计算，加上大巴费用和早晚餐，大约需要 700 元，如果乘坐飞机"早出晚归"，往返机票 400 元，那么大约节省 300 元。时间成本上，大巴往返需要 10 小时，飞机只需要 90 分钟，节省的时间完全可以在当日办完所有的事情，还能咥一碗热腾腾的羊肉泡馍。如果经西安中转去全国各地，那么，早上从当地出发，最晚中午 1 点即可在祖国大陆最远的海南岛吃上椰子。同样，如果每天两班飞往银川，不仅节省了自带车的时间和费用，还节省了住宿费、司机费用和各种补贴。于公于私都是一件划算的事情。更重要的是，航线的加密，不断加速了工作节奏和社会效率。

如何激发航线活力，发挥航线最大效用？这是我们自问的第三个问题。

2017 年，为深化闽宁协作发展，按照地方政府要求需尽快开通飞往福州的航线航班。面对西安机场时刻资源紧张，以及航空公司补贴过高的不利局面，我们向局方和航空公司开展近一年的攻关，最终在闽宁两地政府的斡旋下，促成了航空公司开通福州航线航班，闽宁两地空中通道终于搭建了。时间从原来转机飞行 12 个小时缩短到直飞 4 小时，飞行效率预示了社会发展效率。2018 年，联合航空公司推出了"通程航班"产品，旅客可以通过一票到底、行李直达、专人引导、专车接送和隔夜免费住宿服务直达目的地。在当地机场办理登机手续时，可以领取包括联程航段内的两张登机牌，以往中转"拖着箱子赶飞机"的窘状不复存在。通程航班当日即可通达北京、武汉、成都、济南、太原、三亚等 20 多个城市，相当于机场新开 20 多条航线，极大提升了航线附加值。

2018 年，航线平均客座连续两年快速提升，市场培育初见成效，但全年航线补贴高达 1 亿元，特别是有一家航空公司执飞的两条航线采用保底补贴方式。换句话说，无论航班多少旅客，航空公司的收益恒定不变，所有经营压力归于地方政府，航空公司旱涝保收！经过双方不断博弈，最终找到了平衡点，在更换 A320 机型后补贴方式也随之更改为定额，补贴降低、限载解决、座位翻番、客座飙升，政府、机场和航空公司皆大欢喜。

2019 年，针对机场航班数量少、中转衔接不畅、时间成本过高的问题，为适应快速发展要求，机场引进首架驻场过夜运力加密至西安航班，第一次实现了"早出晚归"，旅客经西安机场中转选择的裕度更大。同时，在航空公司的大力支持下另辟蹊径，通过航班时刻优化，将该航班经西安连通广州和昆明，一个更大、更广、更完善的航线网络逐步形成。

主业发展的动力如何持久不断？这是我们自问的第四个问题。

多年来的实践，我们切身感受到中小机场发展的不易，不仅仅是各方面环境资源受限，更多的是因自身发展的内生动力不足，在对外交往联系过程中，会面对各种各样、层出不穷的难题和压力。但是，"一业兴、百业兴"，主业发展带动所有发展，只有发展才能解决所有问题。几年来，机场旅客吞吐量不断刷新量级，机场在当地经济发展、脱贫攻坚等方面发挥了不可替代的作用，机场的快速发展让当地百姓尝到了甜头，幸福来得有点突然。

供给侧结构性改革就是用增量改革促存量调整，在增加投资过程中优化投资结构、产业结构开源疏流，在经济可持续高速增长的基础上实现经济可持续发展与人民生活水平不断提高；就是优化产权结构，国进民进、政府宏观调控与民间活力相互促进；就是优化投融资结构，促进资源整合，实现资源优化配置与优化再生；就是优化产业结构，提高产业质量，优化产品结构，提升产品质量；就是优化分配结构，实现公平分配，使消费成为生产力；就是优化流通结构，节省交易成本，提高有效经济总量；就是优化消费结构，实现消费品不断升级，不断提高人民生活品质，实现创新、协调、绿色、开放、共享的发展。

作为一个中小机场，这几年快速发展正是得益于供给侧结构性改革，得益于不断搭建了更加安全便捷的空中通道，也就是"路通了"。通过供给侧结构性改革，提供给社会和旅客选择更多、质量更高、服务更优的产品与享受，机场的服务产品对广大旅客而言，不仅"满足需求"，而且"超出预期"，使得机场的吸引力和吸附力不断增强。

马克思主义哲学认为，斗争性和同一性是矛盾的两种基本属性。同一性是矛盾双方相互依存、相互贯通的一种联系和趋势，任何一方都不能脱离对方而孤立地存在和发展。矛盾双方相互依存，且存在相互转化的趋势和可能。矛盾的斗争性是矛盾双方相互排斥的属性，体现着双方相互分离的倾向和趋势。因此，管理者必须保持提问的姿态，永远好奇、永远思考、永不满足，用提问的力量拷问未知的大门，从而变得更优秀、更卓越、更适应未来发展。

机场的供给重在为旅客创造一种体验或期待，而不仅仅是商品。

Topic28 把握规律

有件小事让我印象深刻，有一次，我问气象部门的员工，对于本机场来说，最复杂的天气是什么。"低云、雷暴和大风。"大家回答得很干脆。但当我再问到，这些复杂天气主要集中在什么时间、什么时段、什么情况下最容易发生，一年具体有多少次，近三年发展趋势如何，呈现哪些新的特点的时候，大家却很难一下子回答上来。有人反应很快，说："稍等，只要翻看一下记录就能知道，数据很翔实。"这个答案给我一个最直观的感受，那就是，虽然员工每天都在详细记录着工作日志，却仅仅是记录，没有对其进行系统的梳理。每年 365 天工作日志一天从不落，但是 365 个日志之间有什么关联不清楚，正所谓"只见树木、不见森林"。

事物的运动是有规律的，规律是客观的，不以人的意志为转移。任何事物都有其存在的规律，当还未认识规律的时候，人们的行动是盲目的。如果蔑视客观规律，违背客观规律，不仅办不好事情，而且必然遭到失败。

但是，人们一旦认识了规律，就可以利用规律。

机场所在地属于四级湿陷性黄土，是湿陷性黄土级别中最高的一级，自然条件导致湿陷性黄土治理成为飞行区管理的重中之重。飞行区本来平整光洁的地面，会因为接连的数场大雨而形成坑洞。我隐约记得有一年，连续几天大雨过后，在飞行区土面区形成的坑洞可以陷落一台工程车。如何有效治理和预防湿陷性黄土造成的问题，我们成立了课题攻关小组，誓死要攻下这块硬骨头。

经过两年多数据积累和实践分析，将湿陷性黄土分为沉淀型和花纹型两种。沉淀型就是黄土遇水从原地直接沉陷下去形成凹坑，一般来说，面积、大小、深度不一，但是相对深度不会太大，而且进入坑洞的雨水不会四处流动，坑洞的深度和大小取决于雨水量的多少，造成的后果相对可控。对于这种情况，只需要将原地整体扩展挖开，形成一个上大下小的喇叭状坑洞，再用灰土进行混合回填，保证新土和原土实现有效咬合即可，这类黄土的沉陷问题基本能够解决，而且成本相对较低，工艺相对简单。

花纹型一般来说沉陷面积不大，但是，由于形成的主要原因多为土面区漏水所致，所以，流经的地方多，形成的支脉多，深度大小不一，这种情况一旦发生，就必须顺藤摸瓜，从沉陷的小洞口开始，"从末至头"，一直挖至漏水的源头，并将全部土面区挖开，整体修复后进行灰土回填，才能彻底解决，后期密切关注。2018年在一次例行检查时，我们在机场北侧护坡发现一个直径大约10厘米的小洞。洞口并不大，但从洞口堆积的泥土形状看，很明显是流水冲刷过的样子，当时，我的心头突然警铃大作。于是，拿着工具开始"追根溯源"，当几个工人满头大汗地将这个小洞挖到 200 多米长、10 米多深时，赫然发现深埋地下的飞行区钢筋混凝土排洪渠已经因湿陷性黄土悬于空中。

经历很多次治理以后，我们对飞行区湿陷性黄土治理多了一个新规定：每年春天来临时，凡是机场涉及排洪渠的地方，必须组织工人沿着排洪渠不断地敲打，如果听到声音有些发空，就要迅速破开检查，这种判断方法基本不会错过问题。于是，在每年的第二季度，我们都会对检查发现的裂缝和掏空的地方进行打桩与修补。因为，但凡有一丝丝裂缝，就会有渗水可能，随之带来的，就是前功尽弃。这几年里，我对于"千里之堤，溃于蚁穴"这句话有切肤之痛，更有痛的领悟。飞行区的任何一个小坑洞都会瞬间刺激我的神经。

尊重和把握规律，按规律办事，必须以认识规律为基础。在认识规律的基础上，积极创造条件，限制某些规律发生破坏作用的范围，使人们少受其害或免受其害。毛泽东说："人们要想得到工作的胜利即得到预想的结果，一定要使自己的思想合乎客观外界的规律性，如果不合，就会在实践中失败。"

飞行区管理另一个头疼的事当属除冰雪。机场毗邻六盘山脉，雪天多、时间长、雪量大，加之高原气候导致暴雪多、易结冰、融化难，仅 2019 年冬天，机场先后应对 22 场大雪天气，仅吹雪作业花费就达 60 余万元。如果"听天由命"，我们只能"被动挨打"，怎么才能打一场"阻击战"成了我们的必答题。如何针对雪情有的放矢？我们对近三年机场遭遇的雪情进行详细分析，湿雪有多少场、干雪有多少场，什么时候降雪、什么时段降雪，什么情况容易结冰，什么温度能够融雪等等，依据降雪的时间、时段、种类、程度、温度等具体因素，建立数据模型进行分析，按照一定比例，以时间轴的形式直观表现出来，让所有数据跃然纸上，确切掌握机场降雪的基本规律和发展趋势。在此基础上，分类采用更加有效的吹雪车型和吹雪方式，从而降低雪天对安全运行和航班保障的影响。同时，每次除冰雪都要分析原因、制定措施、积累数据。

认识规律、把握规律，是做好各项工作的前提，也是提高管理水平和工作能力的必然要求，善于运用科学思维方式，逐步深化对客观规律的认识，不断丰富和发展管理理论与实践。人们对客观规律的认识越深刻、越正确，就越能有效地发挥主观能动作用。

鸟害防治是飞行区管理的最后一个重点。与冰雪治理类似，我们组织员工根据近年来每天工作日志和专项记录，将机场出现的鸟的数量、种类、频率等进行归纳总结，以年度为周期，用柱状图的方式，使用鸟类头像做标注，将机场鸟类活动规律和发展趋势，以非常直观的画面在办公区域展示。每个月哪种鸟占比多、每个季节哪种鸟会出现等，通过柱状图的横向与纵向对比，一目了然。即使作为办公区域文化装饰的内容，似乎也毫不逊色。仅仅对鸟类做好功课并不够，我们在整个飞行区内安装了 120 盏诱虫灯，每盏灯半径为 25 米，以 7 天为一个周期，对诱捕到的虫子进行分类，分析不同时间段里什么种类的虫子比较多，其中哪些种类占比更大，还能从这些结果中获知，食物链可以延伸到什么地方，从斩断食物链入手，有针对性地使用药物杀死食物源。2019 年 5 月、6 月，因为当时蚜虫较多，吸引了不少野鸡啄食，我们根据分析结果，采用喷洒农药的方式，最终消除了这场虫害及其导致的鸟害。

管理实践中，我始终强调科学思维，只有科学的思维才是解决问题的正确方向。做任何事情都要运用科学的思维方式，也就是以事实为基础的观察、分析，对问题进行假设和推论，再对此进行验证、确认的思维过程。基于科学的思维方式，能够合理地处理问题，缩短解决问题的时间，提高成功解决问题的概率。科学的思维方式是管理者解决问题的基本遵循。我看到很多女性用甩脂机减肥，其实，减肥是通过自身运动、调整饮食来改变脂肪结构进而减少体重，甩脂机无法促使脂肪结构变化，我开玩笑说，信不信挂一块羊肉甩一年也减不了，因为这不是科学的思维。

随即，在各岗位全面开展查找工作规律活动，安检部门在查验违禁品时，会将每月违禁品数量和特点逐一记录，大多数人都以为充电宝是违禁品中最主要的问题，但随着工作规律梳理，却发现洗发水等易燃品占了最大比例。在查验机票和证件方面，及时梳理出工作规律，正常工作的效率也大大提升。如暑假，外出旅游的儿童增多，查阅机票和证件成为关注重点；冬天，女性旅客的长筒靴则是重点检查的环节；春节，烟花爆竹一定逃不过安检员的法眼；等等。同时，将这些工作规律作为新员工培训必不可少的内容，让初入职场的员工起步就有按规律办事的思维习惯。

马克思主义哲学认为，规律是事物运动过程中固有的、本质的、必然的、稳定的联系。任何规律都是事物运动过程中本身所固有的联系，任何规律都是事物运动过程中的本质联系。世界是普遍联系的，本质联系是客观事物的内部联系，是对事物的存在和发展起主要的、决定性作用的联系。任何规律都是事物运动过程中的必然联系。有的联系是必然要发生的确定的联系，有的联系是可以出现也可以不出现的，可以这样出现也可以那样出现的偶然的不确定的联系。规律就是事物的必然联系，只有事物变化发展中的确定不移的、必然如此的联系，才能成为规律。因此，管理者在实践中必须勇于发现规律，自觉遵循规律，熟练运用规律。

每次面对管理问题难以解决的时候，我常常会想到"狼来了"的画面，管理实践中的问题和难题就如同一只饿狼，狰狞的面目虎视眈眈，而管理者所要思考的就是清楚知道"狼什么时候来，以什么姿态来"，所有的努力不是让狼不要再来，而是为"狼来了"做好最充分的准备和弹药，甚至练就胆量主动大胆"引狼入室"。任何时候"不打无准备之仗"成了我们做事的原则。在职场，总结梳理工作规律，前期看似枯燥乏味，却能在后期具体执行中起到事半功倍的效果。不管是平日工作中效率提高，还是借助提前预测避免突发事件的发生，都需要在大量的实践中寻找到工作规律。

管理实践中，只要掌握好运用好工作规律，一定会发现"狼来了"其实并不可怕，"与狼共舞"也是另外一种快乐和享受。

Topic29　需求改革

让更多的老百姓坐得起、坐得上、坐得久飞机，向来是中小机场加快发展行之有效的举措和途径。这几年，我们持续推进需求侧改革，扎实推行全员营销，持续刺激旅客需求，不断在旅客出行习惯上下工夫，深挖市场潜力。

我记得很清楚，有一次去周边某县大型农业合作社，可以说，农业合作社的当家人就是当地致富的带头人，他们很有远见，很有思想。在长达两个小时的谈话中，我谈到了两个问题，但结果让人瞠目结舌。其一，我说自己是机场负责人，他瞪大了眼睛看我说，你是个骗子。因为在他看来，没有哪个机场的负责人会跑到田间地头去说一张机票的事情，如此琐碎甚至不值得一提的事情，他觉得这是不可能的。民航在社会看来是如此遥不可及，那是天上的星星，怎么可能落入凡间。其二，我说从当地到银川 400 公里的飞行里程，机票只需要 100 元钱。他微笑中平添了疑惑，我能看到他确信的眼神。这次，他确定以及肯定这个站在他面前的七尺男儿，真的是一个骗子，还是个一点都不高明的骗子。因为一张机票不可能只有100元钱，那与汽车有什么区别，这简直是天方夜谭。谈话就这样戛然而止，他越来越确信我这个骗子，便起身扬长而去。那次之后，我越来越确信，那些没有穿鞋的人，不是因为习惯了不穿鞋，而是从来没有穿鞋的习惯，所以，必须在信息对称和改变习惯上下工夫。于是，一系列需求侧改革措施就此展开落地。

潜在客户的任何问题都要被视为需求者的购买信号。

2018年，当地常住总人口为125万，其中城镇人口47万，乡村人口78万，城镇化率38%。通过旅客结构分析发现，绝大多数旅客是政务商务旅客，因为出差和商务活动的需要不得不乘坐飞机，普通老百姓乘坐飞机相对较少。是老百姓没钱吗？显然不是。改革开放的春风和脱贫攻坚的细雨浸润这么多年，哪个老百姓手里没有点钱，退一步讲，哪个老百姓手里没有坐一次飞机出行的钱？我常说，只要乞丐是勤奋的，要的钱都能坐得起飞机。因此，关键问题不在于钱，而在于机场营销和社会认知之间出现的信息不对称。我们必须创造需求，创造更好的服务和产品，正如电饭煲发明之前，大家从来都觉得铁锅做饭很正常。我们要求不多，如果城区每人每年乘坐飞机出行一次，那也是巨大的市场。所以，必须改变营销方式和目标客户，更加精准、更有力度开展营销工作。

我在无数次培训中都会问到大家同样的问题，如果10万可以得到大众，100万可以得到宝马，但是你现在只有50万，那么，请问你愿意选择唾手可得的大众，还是勒紧裤带再努力5年，挣够100万的时候得到宝马，大部分或者说绝大部分人都选择了后者。我想这就是被刺激出来的需求，这就是对更加美好的事物，以及更高层次的事物或者服务的一种享受和追求。当然，需求侧改革首先要让员工清楚旅客信息在哪里，知道旅客需求在哪里，知道更好的市场和更好的服务在哪里！

没有比较就没有伤害，需求从来是被需要被挖掘的。

在中国所有传统节日里，唯独有一个节日能够把家族所有人聚集在一起，它不是春节也不是中秋，而是清明。同姓的所有人在这一天自觉自发认祖归宗，也许彼此之间从没有来往，但是，只要属于同一个姓氏则为同一个家族。中国的宗族社会源远流长，而且，越是经济欠发达地区，宗族社会的影响就越大。当地作为一个工业化程度不高、市场经济落后的地区，人们的行为习惯和思维方式会更加趋向宗族社会影响下的亲戚裙带关系，以及比较频繁的家庭聚会和交流，人与人之间关系相对密切，家庭尊重老人疼爱孩子。于是，我们从这里开始，坚持挖一口深井。

每季度定时邀请当地幼儿园小朋友来机场开展主题活动，机场工作人员带他们悉心体验安检流程、观看飞机起降、与"退役"飞机合影，由管制员讲解飞行知识。小朋友的眼里充满好奇，饱含着对蓝天的向往。活动结束后，给孩子们发放了精美的宣传彩页，内容包括开通航线、航班时刻、优惠票价等。我相信，小朋友手持彩页一定有种神圣的感觉，这张彩页也许胜过以往的百元钞票，因为它代表了对于未来的期许和盼望，一定会攥在手里亲自交给爸爸妈妈和爷爷奶奶，萌生与家人相约乘坐飞机出行的愿望。在此基础上，利用航班淡季组织老年人团队出行，感受航空的高端享受，用老年人口口相传的"炫耀"，提升机场的口碑和推介力度。机场自掏腰包，邀请了几家孤儿院的小朋友和当地贫困家庭优秀学生免费乘坐飞机，体验乘坐飞机出行的感觉。后来不断收到孩子们的信件，从此，孩子们的梦想与航空和飞行有了关系。借助一部追逐飞机、逐梦奔跑的微电影，讲述了一个山区从未坐过飞机的小男孩关于友情、梦想、坚持的故事，让机场变得更加温情。没有以功利之心去做任何事情，只是以双赢的体验在他们纯洁的心灵留下对未来的美好愿景，播下希望的种子，让社会感知机场的意义绝不仅仅是载着旅客出行那么简单。

我的理念是，集中火力做一款出色产品，让它带动其他产品。

从中小机场实际出发，我们推行全员营销计划，根据员工籍贯划分了不同的小组，每个小组对应保障一个县区，最大限度发挥每个人的社交资源。每年根据运行情况和市场形势修改，将每月售票任务分配给营销小组，压实到每个员工，既让员工参与企业发展感受过日子不容易，也用干事创业的方法论激发员工忠诚于企业。绩效考核之下，完不成售票任务就意味着扣款，事实证明办法总比困难多，压力下的员工们奇思妙想，从完不成任务到完成任务，直到高质量完成任务，不断享受自我突破带来的自信。如果前端是机票销售，后端则是出行服务。为此，严格实行"售票专属负责制"，谁卖出去的票谁就要负责买票人到达机场后的服务工作，包括值机、安检、登机等，甚至可以带旅客参观机场，这是要求也是服务，让每个首次乘机的旅客在机场享受专人专属服务。其实，所谓的服务人员也许是女儿，也许是侄子，也许是外甥。曾经有人说，这是利用工作之便为亲戚家人服务。对此，我在一次全员会议上特别强调，如果哪个员工一年之内能够送50位亲戚家人出行，组织必须奖励员工，因为在组织看来，这是员工主动服务了 50 名旅客。

马克思主义哲学认为，矛盾的同一性和斗争性相互联结、相互制约，同一性依赖于斗争性，斗争性寓于同一性中，没有同一性，斗争性也不能成立。斗争性是绝对的、无条件的，同一性是相对的、有条件的。斗争性导致同一性的分解，有条件的同一性和无条件的斗争性相结合，推动事物发展。因此，搭建机场与旅客之间畅通的渠道，让机场和旅客之间的"买卖关系"这个看似对立的矛盾相得益彰，便是需求侧改革的初衷。

卖机票本身不重要，重要的是机票要卖给谁！

越是经济欠发达地区，越是对机票价格敏感。为了能让营销措施落地见效，低廉的票价永远都是最好的催化剂。我们与航空公司反复协调沟通，将当地到银川航段票价降到 100 元，仅比大巴高出 10 元。在百元票价的基础上，推出了"年票"政策，天哪，太过瘾了！在分析当地与银川之间固定旅客群体特点和需求后，"年票"政策一炮走红，人们不敢相信飞机也能"包年"，此情此景电视剧里也没有过！低廉的价格、高端的享受让这条航线客座率迅速飙升。同时，大打机票价格战，出台各条航线"套票"政策，不断刺激市场需求，挖掘市场潜力。同时，努力将目标客户多元化，走访当地各县区所有政府机关、事业单位和大型企业，挨个上门推销航空产品，介绍机场的服务，为了打开学生团体市场，联合航空公司制定了"宁子回家"专属优惠，在各大院校进行专项营销，从教室到食堂，都留下了机场人辛苦的身影。

旅客要的不是便宜，要的是占到便宜的感觉。

21 世纪是自媒体的时代，是短视频和直播的狂欢盛宴，在纸媒日渐式微的情形下，还有多少人通过报纸和电视去获取信息呢？打广告也是有讲究的，往哪里打，通过什么形式打，当下短视频内容更能发挥广告效应，于是我们选择抖音宣传。老百姓都喜欢家长里短，借助当地点击量很高且百姓关注的公众号，定期将航线资讯和票价政策推送出去，用微信将朋友圈变成了机场营销的另一片蓝海。重庆不仅有火锅，还有直达的航班，从当地直飞重庆单程仅需 90 分钟，周五晚上去、周日晚上回，感受正宗的重庆火锅，享受民航的高端服务，消费的不可逆性正在这一片土地上一点一点得到印证。终于，我们跨过了"知识陷阱"。

出行习惯就是生活习惯，也是思维习惯，对于当地来说，出行习惯改变的一小步，都是经济社会发展的一大步。

经过几年的不懈努力，旅客吞吐量急剧增加，更加可喜的是旅客结构发生了很大变化。往来目的不光是公务出差和商务交流投资，也有很多的游客和团队，甚至开始了从这里中转，这座城市仿佛有了不一样的生机。在候机楼里，更多的首次乘机旅客出现了，更多的当地百姓出现了。如果说旅客就是我们的上帝，那么，曾经的上帝穿着西装打着领带提着公文包，如今的上帝很有可能一身工作服背着麻布袋穿着人字拖。不一样的上帝，一样的服务。"上帝的变化"恰恰是需求侧改革结出的另一种果，从曾经的刚性需求到出行习惯的改变，机场已是另一种风景。

经营就是不断挖掘旅客的潜在需求，让旅客享受"意想不到"的刺激感和满足感。

Topic30 贵宾服务

在很多人的印象中，不同机场安检前和安检后，都有风格各异的贵宾厅，成为机场不可或缺的刚需。但大同小异的是，在这些贵宾厅里，宽松的环境，舒适的沙发，相宜的茶水，可口的小食，都会让登机前的时间变得无比放松。其实，对贵宾厅的定义，可以精准到一种服务的理念，而如何去甄别服务的好坏，则需要以具体的服务内容和细节来体现与决定。

距离我到任时间不久，一切还在熟悉的阶段。有一次，地方政府领导出行便安排在贵宾厅候机休息。我们刚坐下没多久，正在寒暄之际，一名服务人员走过来，为领导端上一杯热茶。我清楚地记得，那是个造型并不出彩的普通玻璃杯。因为茶水很烫，使得领导喝茶时，只能一手托着杯底，一手捏着杯口，拿起来吹一下，喝一口，再急忙将杯子放下，这个动作重复了好几遍。我们聊了约半小时的工作，但领导的茶却没喝上一半。这一幕甚至领导每一个喝水的动作，都深深地刺激了我，至今依然清晰。

　　细节做好叫精致，细节不好叫粗糙。管理就是做好无数个小的细节工作。

　　就贵宾厅的服务而言，端上茶水本是一项最简单的工作，却因为管理细节的缺失，让旅客遭遇了十分尴尬的状况。面对这个意外发现的新问题，到底什么原因？怎么去改进？要改到什么程度？成为我上任后急需解决的第一个问题。于是，发动所有人面对问题集思广益，在事情发生后不久，一起做了一次尝试，将机场贵宾厅的服务人员分为两拨，一部分人本色出演服务人员，一部分试着扮演贵宾，怎么想就怎么做，用实证的方式，验证贵宾服务到底哪里存在短板，哪里需要着手改进。

　　贵宾厅茶水的改变，首先是从茶杯改起的。正如很多人买书一样，精美的封皮一定会吸引人的眼球，茶杯就是一杯茶的封皮。玻璃杯必须被抛弃，改换为符合中国传统文化的青花瓷杯，让茶杯从外观上变得更加耐看。新茶杯增加了滤网，可以滤除茶叶。这样的话，可以保证贵宾厅小憩的客人在喝茶时，不会再出现有茶叶需要吹开的尴尬。而增加滤网后，茶水只能倒入三分之一即满，这样就能确保客人喝到的始终是热茶。人未走、茶已凉还是有些尴尬的。除此之外，我们还要求所有服务人员在泡茶时，必须先用开水冲泡茶叶，第一遍洗茶结束后将茶杯放置在贵宾厅茶几上，待客人就座后直接加开水冲泡，整个泡茶流程必须严格、迅速且精准。经过反复练习，贵宾厅所有服务人员都可以在几十秒内泡出一杯热气腾腾的茶水，确保客人到达贵宾厅，1分钟内就能喝到醇香的茶水。

　　管理者必须把自己有限的精力投入到影响经营结果的核心业务上，着眼于战略目标，着手于战术策略和行动措施，按时间管理四象限法处理好轻重缓急的工作，并且充分利用自己专业学历、经历特长，做好综合分析和换位思考，善于以史为鉴，总结经验，检讨自己，把握机遇，有胆有谋，大事宜简，小事宜柔，进行及时有效的决策，方能成就大业。善于研究和掌握事物发展趋势，研发突破领先并结合实际的宏观思路和高瞻远瞩的战略思维方式，超前思维、准确定位，以此加快发展。

一个组织最大的危机，就是没有危机感。改变自我的出路何在？唯有适应市场作出改变。

持续改进贵宾服务的细节，是关于厅内小食品的改进。最初，在机场贵宾厅的每一个房间，都会摆有一大盘满满当当的小食品。东西看上去不少，却显得有些杂乱，块头大小不一，种类也是什么都有，质量优劣参差不齐。"农村婆媳妇都不这么放了"，这是我当时最直观的想法。怎么办？这样一盘完全没有考虑客人感受的小食品，又怎么能让客人满意？必须改变。

身份不同，需求不同，服务标准自然不同。因此，我们改革的第一步就是将政务客人与商务客人完全分离，凡事"预则立不预则废"，系统性明确了各自服务重点、服务理念以及服务标准。将政务厅原来装有小食品的大盘全部改为小盘，一方面不至于小食品堆放得过多，在旅客拿取时导致有些散落在桌上，显得凌乱而尴尬。另一方面小盘里的食品会显得一目了然，便于客人根据各自喜好挑选和品尝，一切都尽在掌握。

同时，我们针对政务客人的特殊性，要求服务人员在政务厅小食品的选择上，将含有蔗糖食品更换为无蔗糖食品，特别将水果糖更换为无蔗糖糖果，同时，将大块的小食品换为更精致的小块，方便这些政务客人在等待时即便遇到突然而至的工作，也能避免因品尝小食品带来的种种尴尬。正如当时问大家的一句话："如果客人嘴里含着糖，别人汇报工作怎么办，说还是不说都是个问题！"因此，小糖果必须足够小、足够薄，以至于能压在舌头下面且不影响说话。盘子越来越小，食品越来越少，糖果越来越淡，这就是政务客人服务标准。这样的改变，是不是能让客人的体验变得更美好、更自然？

在商务厅里，我们则要求在小食品的选择上更偏重于品质的提升。甚至"不一定是好的，但一定是贵的！"身份的显露和社会的认可都是商务客人的最大需要，他们希望被他人和社会另眼相看，甚至要张扬。所以，什么食品好，哪种食品贵，怎样的食品稀奇，那就果断地为商务客人提供。另一方面，针对商务客人的小食品，除了高品质，我们还要求采用诸如果脯等当地特色食品进行搭配，让客人可以直观感受到当地特色。这样一来，即便客人没有时间在市区购买，但依然可以在机场贵宾厅里享受到这些美食，品尝特色食品，领略地域文化。

"谁都可以努力到95%"，但是真正成功的人只有极少数，那是因为大多数人达到95%后就松懈了，或者很难再上台阶了。在满分100分的考试里，拿95分不算坏。完成目标的95%，也一样不坏。但是，这么做管理，不管过多久也只能是普普通通的管理，一般化而已。所以，如何坚持走完最艰难的5%，才是决定胜负的关键。也正是这5%的努力和成绩，让自己与他人不同，才能够更加出众。我常常戏称这样的工作是"牛排式工作"，工作结果就像牛排一样，永远只有七八分熟，剩下的两三分一直无法达到火候。恰恰是这两三分成了管理的分水岭，成了管理效果的差距所在。

不为察觉的服务其实就是最舒适的服务，茶水和小食品的种种改进都让我更加明白，只有用较真的态度，去弥补细节上的缺憾，才能切实让客人提升自身的舒适感，更愿意享受这样的贵宾服务。我们的目标是必须做到100%，100分才能及格。因此，每个管理者在时间和精力有限的情况下，必须要采取事情优先和工作计划相结合的管理方法，明确核心业务的进展节点和完成时限，做到定期反馈，掌握核心业务的每一步进展，关注核心业务的绩效，以此保障目标实现。

卓越管理才是真正的管理，才是有未来的管理。

马克思主义认为，实践是认识的出发点、动力、条件和归宿。认识开始于实践，人在实践中才能获得感性认识和经验，感性认识不能满足实践的需要，又在实践的推动下并依赖于实践所提供的条件上升为理性认识或理论，即对实践对象和实践条件的本质与规律的把握。理性认识的目的在于为实践服务，理论的真理性和价值有待于实践的检验。通过实践的检验，人的认识不断地由不知到知、由知之较少到知之较多地向前发展。在认识的辩证运动过程中，认识和实践始终是具体地、历史地统一的，人的认识总是在一定实践基础上对认识对象一定发展阶段、一定层次的反映。因此，卓越的管理必须在实践中不断改进提升且经得起实践考验。

卓越的管理关键在于管理者的思维方式与工作追求的差别。普通管理者能够意识到梳理业务流程的重要性及意义，但是由于缺乏基础的逻辑，不能够理解业务模块之间的内在逻辑，还是处于简单拼凑工作的状态，人、事、物的综合利用率较低。他们向团队成员传递企业文化、顾客要求及任务目标时表达不够清晰，一句话：茶壶里煮饺子——有口倒不出！这是技术型管理者普遍出现的问题。他们交付成果往往是"差不多"就行了，比以前好点就行了！这也是导致绝大多数团队无法创造卓越产品或服务的重要原因。

卓越的管理者则截然不同，他们能够理解业务模块之间的内在逻辑，将团队内部的人、事、物进行综合利用，尽可能做到"人尽其才，物尽其用"，能够将每个要素安排到一个合适的位置，在他的思维里没有废料及边角料的概念。他们非常注重表达的简练性与易懂性，能够灵活地使用结构性思维思考问题，用形象化的方式表达，既通俗易懂又恰到好处地将话说到点子上。他们具有追求卓越的心智，"马马虎虎、差不多"的思想很少见，能够通过快速迭代的方式，给别人最佳体验，甚至超越顾客需求的服务。

追求卓越的管理，管理本身才有意义。

Topic31 通航繁荣

不当家不知道柴米油盐酱醋茶，这话一点都不假！

看着财务报表，心里有些不知所措。企业要发展，员工要吃饭，但是钱从哪里来？这是我曾经无数次做梦都在寻找的答案。

中小机场收入来源非常单一，主业收入可谓雪中送炭，辅业收入肯定锦上添花，但真实情况是主业不繁荣,副业不发展,结果就是雪上有霜！"无中生有"这个词真是太适合当初的情境了，我们深入分析自有资源，把劣势变成优势。比如，运输航班太少所以空域资源丰富，民航发展太慢所以通航大有可为，人力资源利用太低所以保障资源充裕可用，设施设备闲置空转所以拓展业务万事俱备，等等！瞬间觉得我们手里捧着一只金饭碗。

思路决定出路，思路的转变让出路瞬间宽阔。

马克思主义哲学认为，可能性和现实性揭示了事物潜在趋势如何转化为客观现实。现实性是指现存事物的实际存在性及其存在的必然性，可能性是指包含在现实事物中预示着事物发展前途的各种趋势。可能性与现实性既对立又统一。一方面，现实性是事物内在依据和外在前提的综合，是已经实现了的可能性，可能性是事物发展有其内在依据的趋势，是潜在的尚未实现的东西。另一方面，二者相互依存、相互转化，任何事物都是由可能性转化而来的，是实现了的可能性，而可能性则以现实性为基本，存在于现实性之中，同时，在一定条件下相互转化。

客观全面分析，理性研判，才知道我们能做什么，不能做什么！于是，我们理直气壮地出去，把通航企业请进来，大声地告诉它们，到我的碗里来，这里能够给你所需要的一切，剩下的事情由我们来做！

我们把通航发展第一步定位在解决"有"的问题上，跑马圈地，先把业务的盘子做大。有一家航校在机场开航不久便进驻做飞行培训，一直被视为机场的宝贝疙瘩，确保航校持续高质量飞行被确定为基本原则。契机总在一瞬间，这些年民航业的快速发展对飞行员的需求量呈几何数增长，航空公司飞行员的培养必须经过本场训练这一环节，我们说走就走，无数次从西北飞到西南，邀请航空公司来本场训练。由主要领导带队，把管制、气象、通导、配载、法务等专业人员组成联合攻关小组，动之以情、晓之以理，向航空公司飞行管理部门和相关负责人，从保障资源、空域协调、政策解读、合作模式等关键环节入手，进行全方位解读，特别是抓住空域问题这个关键，大胆承诺全权负责协调。在数次谈判无果后，我们提出做一次尝试飞行训练，经过半年的拉锯谈判和实地考察，最终我们的保障实力和合作诚意打动了对方，就这样，先后引进川航、东航、成都航空等多家航空公司，本场训练正式飞了起来。如法炮制，随后其他航空公司挡不住我们的热情攻略陆续进驻，本场训练的热度不断攀升，已然成为机场的一张名片，后续还在沟通引进本场训练。

通航潜力有待进一步挖掘，我们远没有到达饱和的状态。"不能把鸡蛋放在一个篮子里"，持续丰富通航发展业态，这是我们实践得出的基本思路。"天气条件好、可飞时间多、外在环境优"对谁最有吸引力？带着这个疑问，我们把下一个目标瞄准了试飞项目，请进来，走出去，几经周折，数次体验，先后引进多家试飞项目，特别是试飞员培训项目落户，很大程度上发挥了领头羊效应，从科研到试飞，无论机型、种类、项目、用途都得到充分扩展，逐步形成制造、试飞、组装到市场的全产业链条。同时，瞄准人工智能未来发展不可估量的前景，引进一家货运公司在机场建立基地开展无人机货运业务，未来可期，也许就在不远的将来。对此，我有足够的信心和耐心。至此，航校训练基地、科研试飞基地、航空公司训练基地和无人机货运基地"四大基地"发展模式初步形成。

如何让通航企业飞起来，成为必须解决的问题。我们不断创新管理方式，建立与通航驻场单位协同指挥机制，实行联合运行模式。严格把控间隔的同时，推行精细化调配，提升通航飞行效率，如果天公作美，通航每月飞行 30 天一定不是"黑天鹅事件"。我们成立专门安全委员会，联合所有通航单位，每月召开安全形势分析会、不安全事件分析会、管制通航运行研讨会等，对通航企业的安全运行及保障情况进行分析总结，全力做好安全保障工作。近三年，仅一家航校的驻场飞机就由 3 架增加到 10 架，年训练时间由 2000 小时增加到 7000 小时，从运营管理到服务，我们越做越细致。

一个人越是追求稳定，越要承受更高的风险。一旦在舒适的环境里过久了，结果就是在稳定中死去。这个时代，稳定的工作不存在了，因为滋生稳定工作的土壤没了。一个组织也是如此，越是不断自我突破，越能迸发出意想不到的活力。

空域资源是通航赖以生存的基础，形势所迫，必须科学规划训练空域，打破通航空域资源不足瓶颈。我们主动出击，走访空军单位，借助军民融合的大好形势，多方争取划设通用航空训练飞行空域。同时，实施空域精细化管理，创新管制运行模式，强化管制员队伍建设，在保障航班安全运行的前提下，缩小飞行间隔，在航班进离场时，通航作业飞机就近飞到指定空域，减少地面等待时间，提升空域容量和使用效率。每一次的效率提升都是成本节约。

持续优化通航服务发展环境，充分发挥机场平台功能，形成更加完善的协同通报机制，畅通沟通渠道，为通航发展提供优质环境。"支持通航发展，就是支持我们未来"，主动争取扶持通用机场及通航产业发展的政策，合理利用和调配各种资源，做好通航企业的服务、指导、协调和后勤保障工作，让通航企业安心发展。支持远不止这些，我们严格执行通用航空收费政策，改变按照起降架次收费的模式，降低核算成本，按照飞行时间进行计算，减轻通航企业负担，简化和放宽通航企业准入条件，分类培育通航示范企业，保证通航权益，做好通航服务保障。

通航的繁荣和发展，从显性看，让企业有了更加雄厚的经济实力，通航收入贡献从零起步到现在占据了半壁江山，特别是现金流问题从根本上得到了解决，也让企业有了更多时间、空间和实力投入安全运行和稳定发展。从隐形看，通航的发展锻炼了员工队伍，以小切口促成了大目标，让员工"有事可做"，始终处在应对未知问题的前沿，让员工在最好的年华得到了锻炼和成长，通航的"实战"效果和作用也许只有在员工队伍未来若干年发展中才会慢慢显现。

天上不会掉馅饼，至少对我来说是这样。如果哪一天突然掉下了土豆，我会相信它是真实的，如果哪天掉下了金条，我一定相信是别人家的，错掉到我头上了。所以，唯有努力，才有出路。

通航的未来在哪里？我们的答案直指"智慧通航"，也就是促进大数据、人工智能、互联网、云计算等信息技术与通用航空全产业链的深度融合，为智能飞行器研发生产、通用机场运营管理、通航公司运营服务、低空飞行保障体系建设、通航市场开发和行业应用等场景提供技术和产品支撑，提升全产业链运行效率，创新通航业务模式，实现通航产业的智慧式运行和管理，从而助力通航产业实现跨越式发展。

着力谋划通航发展模式，我们把运输机场与各县区正在建设的通用机场捆绑发展，形成通航体系和运营网络，实现资源集约、效能优化、模式创新，以支线机场带动通航发展，以通航发展弥补支线机场运力剩余，促进支线机场和通航融合发展。同时，争取地方政府支持，破解制约通航发展机制障碍，比如政策支持、规划布局和错位发展等，把通航产业纳入地方重点建设范围，持续推进通航产业发展。

借助现代科技手段，以支线机场为核心，各县区通用机场为延伸，建立规模适度、结构合理、功能协调、兼容互补的机场联动网络，强化支线机场和通用机场联动机制，促进深度融合，实现两者相互支撑。借助我们现有的空管、通信、导航、气象等设施设备完成通航飞行训练，解决通用机场无法开展的夜航、仪表等科目，根据未来发展，如航班繁忙时可将通航训练调剂到各通用机场开展。同时，积极推进远程塔台和气象等项目建设，实行统一管制指挥和运营管理，逐步构建一体化发展网络。

一路走来感慨颇多，从当初艰难迈出第一步到如今遍地开花，从蹒跚成长到走向模式化，从名不见经传到健康有序发展，我们把可能变成了现实，应该说，中小机场通航产业的发展大有文章可做，关键在于路径正确、模式科学、机制灵活。

Topic32 地方关系

不求所有，但求所用。无论机场隶属于谁，服务地方经济发展的宗旨，任何时候都不会改变。

故事从航线布局开始，自 1997 年开始闽宁协作发展 20 年，但始终没有从当地飞往福建的航班，因此，我们下定决心开通福建航班。多方联系航空公司争取开通航线，特别是跟关键航空公司多次协调沟通，我们无数次往返于福州、厦门、西安等地，从民航主管部门到福建省政府，从西安咸阳机场到航空公司，与闽宁协作对口帮扶单位一道，多方游说开辟航线的意义和未来市场。在双方高层的沟通支持下，经过一年多努力，终于开通当地经停西安直飞福州的航线航班，当地闽宁协作的空中通道正式搭建。闽年协作第 21 个年头，两年一次的协作会议在福州召开，地方政府领导终于坐上了自己的班机，从自己的机场直飞福州。

在此基础上，我们努力加密当地到西安的航班航线，支线接入干线一直是我们总的遵循，可以说，飞到了西安就是飞到了全国，因此，我们想方设法从市场需求、政策支持、政治需要等诸多方面协调，经过半年多努力，航空公司开通经西安直飞广州航线航班。同时，深化与另一家航空公司合作，将飞往银川的航班由每天一班增加到两班，机型由 CRJ900 更换为空客 A320，至此，我们构建了两条快线，连通了国家三大经济区，机场航线网络布局基本搭建完成，旅客吞吐量三年内从 10 万人次增长到近 40 万人次。机场的快速发展，为地方脱贫攻坚扩宽了发展道路，构建了地方经济对外发展的空中走廊。地方政府的主要领导评价说，作为全国级贫困地方，有希望完成 50 万人次来之不易，地方政府要把民航业发展和交通扶贫作为当地脱贫攻坚的一项指标。

　　机场建成之初只有单向盲降，遇特殊天气总是出现航班备降或取消，安全运行和服务质量双双受影响，特别是有一次重要飞行因复杂天气在空中盘旋许久，因此引发地方政府高度关注。地方政府明确要求实现双向盲降，但是当地地形、气候、风向等多种因素一度成为我们最大的障碍。由主要领导挂帅，成立专项攻关小组，誓死攻关难题，经过两年多，在民航主管部门的支持下，邀请专业机构重新设计方案，但是方案中 3.3 度下滑角让事情再次陷入无望，如果按照 3.3 度下滑角确定，那么机场必然定性为特殊机场，结果必定得不偿失。这种情况下，我们会同民航主管部门邀请业内专家、在飞航空公司熟练飞行员、本场训练航空公司高级教员等，在现场反复磋商论证，最终借助现代技术把下滑角从 3.3 度调整为 3 度，在民航校飞中心充分论证下，拿出了可行的办法，制订了具体的实施方案。至此，加装双向盲降尘埃落定，被纳入了机场二期扩建一并实施。当地政府主要领导评价说，实现双向盲降不亚于再建一条跑道，它必将成为机场发展史上又一座里程碑。

想钓到鱼，就要像鱼那样思考！

一个机场不仅要计算机场本身的效益小账，更要算拉动地方经济发展的大账。对于欠发达地区来说，机场对于扩大地方影响力，提升城市品牌形象，其重要性尤其明显。要致富，先修路；要想强，上民航，至少还要坚持 30 年。民航业界有一个"1∶8 效应"的说法，即一个机场的建设投入与产出之比可达 1∶8。如果按照去年 40 万吞吐量计算，为地方经济带来的收入在 1 亿元以上。同时，通航的发展不仅促进了当地产业升级和人员就业，而且通过产业发展壮大塑造了地方名片，当地因为通航产业发展而扬名，社会效益不言而喻。因此，做好一个机场，就像打开了一扇大门，它所带来的人流、资金流和信息流，必然对地方经济发展具有巨大推动作用。

我们着眼于地方经济发展的全局，着力打造营商环境和对外窗口形象。面对一般化的硬件条件和设施，我们在发展极其困难的情况下，拿出专项资金对贵宾厅进行升级改造，整体提升了服务层次。在地方政府招商引资过程中，进出当地的商客一律使用贵宾厅专用通道，安检给予很高礼遇，还有一些舱门对车门的服务，地方政府用热情和诚意打动了很多客商，用小举措撬动了大结果。当然，客商最看重的还是交通的便捷和顺畅，一家已在当地落户的企业说，正是因为有了机场，正是因为有了航线，他们才到当地来投资。贵宾厅开放的几年时间里，机场没有收取任何费用，所有的服务都是由我们自行承担成本。有人说，机场贵宾通道就是一条招商引资和营造发展环境的特殊通道，满意之情溢于言表。

地方政府关系，大有文章可做，结果必然出彩。

年初，新冠肺炎蔓延全国，对于当地这样经济发展困难的地方来说，外出务工是当地群众主要生活来源之一，但是因为疫情寸步难行成为他们最大的烦恼，百姓的烦恼成了地方政府的苦恼。如何解决这些问题，地方一度忧愁。因为疫情防控需要，所有的航线全部暂停，于是我们主动与航空公司协调，迅速拿出包机方案，实行"点对点"飞行，确保务工人员外出全程避免任何感染。当包机方案呈报当地政府的时候，大家眼前一亮，这个事情是可做的，也是可靠的。在全国刚刚开始包机业务的时候，在国家级的贫困地区，运送外出务工人员的包机顺利起飞。一个月内先后近2000名当地务工人员，乘坐包机直飞厦门、福州、杭州、义乌、广州、深圳。务工人员坐着飞机去打工是祖祖辈辈都没有过的事，不仅解决了外出务工的交通问题，更解决了社会的安定问题。地方政府在特殊时期的担当、眼光和魄力，先后被中央电视台《新闻联播》、人民日报、新华社等中央媒体连篇累牍报道，为地方赢得荣誉，也赢得发展资源。

大河有水，小河才能满。协调地方政府关系第一层面是想别人想到的，做别人做到的；第二层面是想别人没想到的，做别人没做到的；第三层是想别人没做到的，做别人没想到的；第四层是想别人不敢想的，做别人不敢做的。服务地方经济发展没有最好，只有更好，所以，这条路上，没有做不到的，只有想不到的。

民航业与地方经济发展密不可分，相互促进，在某种程度上已成为地方经济发展的"晴雨表"。民航运输本身是技术密集型和资金密集型产业发展部门，同时作为一种现代化的重要运输方式，其所取得的发展成效直接正面反映了一个地方的经济发展水平。在多数发达省份，民航运输占据了非常大的比重，甚至直接成为当前国民经济发展的重要部门类型，对于地方社会经济的发展而言，起到了极为重要的促进作用。民航运输反映了地方交通运输的发展水平，不但直接满足社会公众出行方面的需求，同时在发展旅游业及促进对外交往方面，也必不可少。

客观地说，地方经济的发展为民航业提供了广阔的作为和空间。

我们积极争取地方政府支持，不断获得发展资源。近年来，每年航线补贴大约超过 1 亿元，对于一个贫困地区来说实属不易。可以说，没有地方政府的支持，就没有机场现在的发展。从主要领导到分管领导，无数次亲自跑航线、要政策、教方法，各部门对机场诉求一路绿灯。定期汇报发展事项，把机场纳入地方总体规划，主动参与地方发展规划和建设。近三年快速发展，旅客吞吐量增速在全国支线机场中名列前茅，因此为机场二期扩建赢得了机遇，特别是候机楼容量设计一再放宽条件，为未来发展赢得了机遇，也奠定了基础。在这个过程中，我个人被增选为政协委员，无上荣光也背负责任。

马克思主义哲学认为，整体是事物全局和发展全过程，部分是事物局部和发展各阶段。整体居于主导地位，整体统帅着部分。部分在事物的存在和发展过程中处于被支配地位，部分服从和服务于整体。整体由部分构成，离开了部分，整体就不存在。部分的功能及其变化会影响整体的功能，关键部分的功能及其变化甚至对整体功能起决定作用。部分是整体中的部分，离开了整体，部分就不成其为部分。整体的功能状态及其变化也会影响到部分。可以说，机场与地方政府是局部与全局的关系，不断树立全局观念，立足整体，统筹全局，实现整体的最优目标，切实重视部分的作用，用局部的发展推动整体的发展。

"着眼全局、突出发展、主动服务、争取支持"是经验总结，也是工作方法，着眼全局是前提，突出发展是根本，主动服务是途径，争取支持是关键。着眼全局才能在处理地方政府关系时做到眼界宽、胸怀广、境界高，才能树立好形象并赢得尊重和支持。突出发展是对地方政府最好的服务，充分体现机场的价值和作用，是处理地方政府关系的基石和根本。只有主动服务才能消除隔阂、取得信任，信任是最好的支持。只有争取支持才能不断服务地方经济社会发展，才能让机场发展获得动力。

Topic33　流程管理

　　清晰明确的指令，是管理的最基本要求。如何让复杂的管理变得简单便捷、便于操作、容易执行，让傻子都能执行出效果，这是我工作当中不断为之努力的问题。于是从流程入手，将繁杂的流程简单化、直观化、可视化。那么，管理流程到底是个什么东东？

　　有一次我开玩笑说，现在给每个人一张面巾纸，如果你用它擦了嘴，那么还可以将就着擦屁股，相反，如果用这张面巾纸先擦了屁股，那么，至少我觉得，很难再去用它擦嘴……此处省略 200 字！这就是流程。管理来自于生活实践，所以管理与生活相通，生活当中所有的流程管理必然适用于管理实践。管理流程不仅在于顶层设计，还在于基层员工的执行。

　　关键的是，只有后台设计的足够复杂，前台执行才能足够简单。所有在前台执行简单的操作，都有复杂的后台设计在支撑。

　　流程管理就是改变企业职能管理机构重叠、中间层次多、流程不闭环等问题，使每个流程可从头至尾由一个职能机构管理，做到机构不重叠、业务不重复，达到缩短流程周期、节约运作资本的作用。流程管理就是消除人浮于事、推诿扯皮、职责不清、执行不力的顽疾，让管理工作者工作简单高效。要持续简化工作方法和步骤流程，确保这个流程可复制和可执行，每个人都能做到。简化流程，减少不必要的环节，只按流程做事减少口头交代。找出每个人在流程中的位置，该向谁汇报应对谁负责。让员工做事有章可循、有的放矢，充分认识需要达到的结果。

实际运行中，我们把所有的流程从文字描述变成流程图。在半页纸的流程图上，让管理要求变得非常直观且一目了然。同时，总体把控一项工作有多少个流程，这一步非常关键。接下来，再把所有的流程图用绿色、黄色和红色标注出来，即为三色流程图。绿色表示一般工作环节，黄色表示比较重要的工作环节，而红色则表示必须高度关注且必须复核的工作环节。相应的，绿色对资质的要求是员工达到上岗要求即可；黄色对资质的要求是必须拿到岗位中级资格证书，且通过部门考核经评估后方可操作；红色则只有达到一定技能职称的员工方可操作。我们从配载平衡入手，明确规定绿色流程拿到上岗证即可，黄色流程必须有配载资质，且在岗位上工作三年以上，红色流程必须达到高级值机员且具备丰富经验才能去做。在此基础上，配载人员要按照工作流程，从准备工作开始，每完成一个流程就用红笔在流程图上画"√"，直到所有环节完成以后，然后进行第二次复核。在二次复核的基础上画"√"，在确定无误的情况下，两个人复核签字才能完成。同时，对执行三色流程图全过程进行录音，以便后期质控和改进。

这还不算完，在航班保障结束以后，5 分钟内将画"√"的流程图拍照发到部门员工所在的微信群，以此学习和交流，并且留底备查。三色流程图用最简单方法规定了什么资质能够上什么岗，每一步操作都用最简单的画"√"方式进行记忆和提示。从效果来看，三色流程图的执行有效进行了提醒，有效杜绝了问题，让员工在简单反复的训练中，技能得到提升并养成习惯。后来，将三色流程图推而广之，在其他所有岗位推广，在灯光站用三色流程图规定了每一个工作的要求和步骤，员工上岗前必须手持流程图，对照操作要求画"√"，稳扎稳打、步步为营，直到最后完成，所有的操作用简单的画"√"做闭环管理和监督执行。

流程要能够帮助组织创造效益，而且易于培训和复制。诚如华为总裁任正非所说："一个新员工，看懂模板，会按模板来做，就已经标准化、职业化了。你三个月就掌握的东西，是前人摸索几十年才摸索出来的，你不必再去摸索。"如果将公司所有的岗位都进行流程优化，那么所创造的企业效率是不可小视的！企业再造之父迈克尔·哈默曾说："对于 21 世纪的企业来说，流程将是关键。优秀的流程就是将使成功的企业与其他竞争者区分开来。"军队有战斗力，就是军队统一划一，任何一个新兵进去都会通过训练磨去身上的棱角，整齐划一，思想统一地执行。

其实，少数人常常被证明是正确的，根本原因在于多数人不认真思考。流程这家伙太需要严谨，太需要思考！

从国内机场看，在靠机作业过程中发生的问题，最关键的因素无非就是操作没有按照流程落实所导致。在培训中讲了很多流程，但是学习培训与现场操作之间依然有很大差距。于是，我们借助航空公司复诵制度这种思路，规定所有靠机作业的车辆必须对照流程图进行复诵。在飞机落地前5分钟，特种车辆驾驶员在规定地点上车，由副驾驶对照流程图大声朗读，副驾驶朗读一步流程，驾驶员复诵一步操作，复诵正确与否要得到副驾的肯定，然后才能进行下一步操作流程，直至全部做完。这种复诵制度一方面起到了监督和提醒作用，另一方面起到了按章操作的要求，双人复核确保安全运行。所有靠机作业实行复诵制度以后，促进彼此之间监督和学习，把繁杂的文字描述变成了流程图，再从流程图变为简单的一句话提醒，一个明确简单清晰的指令通过流程的复诵，在现场得到了很好落实。

无需动脑，便是最好。傻子都能看得懂、做得到的管理，就是最好的管理。我为之不断努力的理想状态就是"傻瓜管理"，如同"傻瓜相机"一样，用最简单的操作成就最精彩的照片。

复诵制度远不限于机坪运行岗位，在使用对讲机过程中，因很多因素干扰，容易导致沟通双方对问题的理解和描述不相一致，特别是塔台与场务的沟通，双方在使用对讲机时必须进行复诵，场务人员在申请进入飞行区相关区域时必须对讲机申请，在得到塔台允许后，场务人员必须对塔台的允许或者不允许进行复诵，通过两次甚至三次的指令描述，以确保信息传递准确无误。复诵制度作为流程管理过程中最简单却最关键的一步，让管理指令变得更加简单明晰、容易操作。

制度的功能是引导动机，而不是用来解决问题，解决问题一定要靠系统优化，必须要首先从流程上改变，而不是一开始从制度上改变。麦当劳招聘的员工几乎都不是高学历人士，可是麦当劳的员工执行力都很强，原因就是麦当劳有一套标准的工作流程，所有的员工只要按流程去做，就能达到工作要求。万科公司新人也能很快掌握工作要求并把工作做好，因为万科有一整套标准的工作流程，对于不知道如何解决的问题，只需打开流程，就很清楚了。

机场运行手册明确规定，必须按照要求定期对相关设施设备进行检查，但在实际中有很大的差距，特别在一些微观环节上，如何监督落实显得更加艰难。结合实际需要，为关键岗位配发执法记录仪，工作全过程用执法记录仪详细记载。场务人员在巡查飞行过程中，是否按照要求进行巡视检查难以落实，于是，在飞行区四个方向分别确定了一个点位，场务人员要佩戴执法记录仪，在确定的四个点位下车进行绕车检查。通过对四周环境的观察，有效落实飞行区管理规定，部门管理者定期调取记录检查并做分析研究，有针对性做好质量控制。

让流程说话，流程是将说转化为做的唯一出路。

提升员工的执行力，单纯靠思想灌输远远不够，只有让员工在标准化、规范化、流程化的环境下工作，在流程科学、合理的环境下按照流程执行，执行力才能保证。只有优秀的制度流程管理，员工才会形成良性的竞争。在一个没有标准流程的组织，优秀的员工也会变成"庸人"。如此，只有标准优秀的流程管理才有能人出现。与其给员工讲一千遍大道理，不如提供一个具体的工作方式。事实上，越是管理规范的组织，员工的执行力越强。如果仔细观察海底捞收拾餐桌会发现，不论油渍多少，第一次擦过后基本一尘不染，三次就能解决问题。也就是说，用一百元钱的毛巾节省了十分钟时间，流程功不可没。

对于管理而言，两点之间最短的距离不一定是一条直线，而是一条障碍最小的曲线。没有障碍的管理最高效。

同样，通信导航人员在检查导航设施过程中，也须佩戴执法记录仪，管理者能够清楚掌握现场操作每一步是否规范，每一个动作是否到位。用执法记录仪记录工作流程，一方面对现场工作进行监督，另一方面将所有的细节都摆在桌面上，让所有操作成为工作交流的手段。通过查阅执法记录仪进行研讨和纠偏，让所有的流程落实，从大到小，从整体到细节，每一个流程都有详细步骤和记录，特别是在细节的管理上，让所有流程都能够看得见、摸得着，如此才是真正的管理。

马克思主义哲学认为，实践是认识的出发点、动力、条件和归宿。认识开始于实践，又在实践的推动下并依赖于实践所提供的条件上升为理性认识。认识必须经过实践检验。因此，流程管理要不断提高顾客满意度和市场竞争能力，并不断提高企业绩效。只有形成简单、高效、无误的流程管理和执行理念，才能确保流程纵向贯彻到底、横向执行到位，简化问题解决的步骤，缩短处理时间，提高工作效率，使员工有责任感和紧迫感，使工作更有效率和执行力。

不要试图教猫咪去唱歌，这样不但没有结果，还会惹猫咪不开心！

Topic34 人力挖潜

面对机场未来发展，我们最为关注的就是人力资源，从现实来看，人力资源整体素质不高、创新能力缺乏、成长步伐缓慢成为主要问题。几年时间过去了，尽管总体素质相对有了一定的提高，但相比企业快速发展需要仍然存在着较大的差距。特别是长期自我封闭的运作模式，以及内部一定程度的"近亲繁殖"，束缚了队伍的创新意识，影响了人力资源整体和综合素质的提高。

鹅和天鹅在它们是蛋的时候就注定不一样。

中小机场的特点使得人力资源总量相对比较丰富，但是人才结构不够合理，显现出比较单一的特征。在专业配置上，机场相关的专业技术人才所占比例较大，但是经营管理、市场营销等经营管理专业人才则相对不足。在素质层次上，一般性人才居多，复合型人才比较缺乏，一定程度上削弱了企业竞争力，特别是伴随企业的快速发展，这一短板越来越凸显。由于中小机场独特的发展方式和专业要求，所需人才的专业技术垄断性较强，但是这些专业技术人才的引进渠道较窄，市场供应不足，一定程度上制约了发展。在发展过程中形成体系庞杂的人员队伍，其整体素质跟不上企业发展和市场竞争需要，队伍素质难以通过正态流动提高。同时，天然形成的岗位竞争不断弱化，在一定程度上助长了员工的工作优越感，缺乏危机意识和忧患意识，"旱涝保收"思想根深蒂固，降低了员工的工作积极性和自我提高的动力，也影响了人力资源整体素质的提高。

随着企业迅速发展和改革深化，中小机场逐步深化新的管理体制，对人事制度实施了重大改革。但是，由于人力资源管理观念滞后，加之原有体制对中小机场运行发展的影响，使得人事制度改革不够彻底。人力资源管理模式还没有真正摆脱传统人事管理的色彩，人力资源管理体系还没有真正发挥有效的资源配置和激励作用。人力资源管理的决策性职能依然相对较弱，更多的是在行使机关职能部门的职责，根据组织要求完成大量事务性工作，难以为经营管理和长远发展提供更多决策支持和参考。人力资源管理体制还不够健全，人力资源规划机制、组织结构调整和岗位分析及评价机制、绩效考核和薪酬福利等动态管理机制、职业发展规划机制等有待进一步建立与完善。

面对人力资源管理的挑战，中小机场必须借助"船小好调头"的优势，做好顶层设计，系统推进，以便适应未来发展需要。

合理配置人力资源，降低人才流失。受中小机场特点的影响，依然存在"裙带关系"，一定程度上给员工造成不公平感，也造成员工流失。由于缺乏人才与岗位之间的合理配置，能岗不匹配的现象依然存在，部分人员在岗位上难以真正发挥自身的才能、实现自身的价值。自我实现需求的步伐缓慢，使得员工对企业满意度和忠诚度有所降低，甚至有的员工选择离开。同时，由于缺乏对人员的合理配置，有些岗位人员紧缺，人均劳动量趋于饱和状态。过高的劳动强度和长时间的疲劳作业使得薪酬待遇方面的水平无法对员工的劳动积极性产生正向激励作用。员工因高强度劳动量导致的疲劳，也会选择其他相对轻松的工作岗位。

着力降低因人员配置不合理所导致的人才流失。我们持续进行科学合理的岗位分析，在理顺业务流程的基础上，合理划分岗位职责，明确工作内容、岗位要求等。建立科学的人力资源需求模型，通过对各岗位劳动生产率的测算和对岗位工作量增长变化趋势的了解，通过人力资源需求模型测算各岗位所需的编制人数，避免员工工作量饱和、疲劳作业的情况。着力建立公开、平等、竞争、择优的用人机制，不断完善公开选拔和竞争上岗的程序与办法，让不适合岗位要求的人员空出岗位，合理、巧妙绕开了一些复杂的人际关系，真正做到知人善任、人尽其才、才尽其用。

努力实现人工成本、安全成本和服务成本之间的平衡。这是中小机场人力资源面临的挑战。作为民航类高风险行业，中小机场的生存和发展是以安全保障为前提的。要生存必须发展，追求经济效益是中小机场的企业目标之一，但是安全保障是追求经济效益、获取利润的前提和基础，可安全保障无法回避的问题就是人员数量的保障。服务是中小机场获取收益、提高旅客满意度、吸引航空公司的手段。服务成本投入的多少必然影响服务产品质量，也会影响中小机场对旅客的吸引力。为了保证安全和服务质量，就必须投入比较多的保障人员，人工成本的提高会影响效益。相反，为了降低人工成本、追求效益，缩减安全和服务保障人员，也势必会影响安全和服务质量，进而影响效益。对此，我们在经营发展过程中，把握安全成本、服务成本和人工成本的平衡关系，不断强化人力资源规划，有效预测安全和服务人员的需求量，避免人员过多造成人工成本提高，也避免人员不够对安全和服务质量的影响。通过有效的人力资源配置，实现安全和服务岗位人岗最大程度的匹配，减少人员总量，避免人员流失，从而降低人工成本。通过有效的人员激励，提高工作积极性和工作效率，在保证安全和服务质量的前提下，降低人工成本。

离开价值的创造，就等于没有人力资源管理。

高度关注中小机场因地理位置所带来的封闭性和垄断性对人力资源管理的影响。受中小机场行业特点和建设要求限制，中小机场一般都会选择建在离市区比较远的位置，通过公路连接机场与市区。这种地理位置特点带来了一定的封闭性和垄断性，势必对人力资源管理产生一定的不利影响，主要体现在：其一，市场信息不对称。机场与市区其他行业和企业的信息交流不够便利，无法及时获知行业先进管理信息，在机场所在区域范围内又具有一定垄断性，容易导致"夜郎自大"，只看到自己的长处，看不到自己的短处。其二，劳动效率低下。由于中小机场远离市区，员工生活区和工作区之间距离较远，往返路途花费一定时间，一定程度上影响了员工正常劳动效率。为了在市区办成一件事情必须在路途上花费较多时间和精力，同样造成员工劳动效率较低的情况。其三，人员调配不灵活。中小机场高低峰波动特点突出，如果机场离市区较近则可以根据航班量变化，随时抽调员工满足航班高峰时段运行需求，又不会因航班低峰造成人员富余，先天条件的限制在一定程度上增加了中小机场的人工成本，弹性工作迫在眉睫。

我们想方设法打破地理位置所造成的封闭性和垄断性，不断减少其对中小机场人力资源管理所造成的影响。深刻认识到自身的不足与缺点，主动走出去，积极与同行业或其他行业沟通交流人力资源管理的先进经验，积极捕捉人才需求、薪酬水平等市场信息，占据人力资源管理的主动性。积极主动与相关工作或业务单位建立网络沟通渠道，借助信息化手段，减少员工路途花费时间和精力，提高劳动效率。积极寻求解决航班高低峰人员需求量变化的方法，注重培养一岗多能型人才，寻找高低峰互补型岗位，并辅以相关的激励机制等，逐步实现高低峰人员的合理调配。

彻底打破平均主义，提升中小机场人力资源管理模式的激励作用。中小机场依然存在着分配机制不够完善、激励性不足的情况，员工报酬与劳动投入没有形成合理的对应关系，部分岗位仍然近似平均分配，这些问题挫伤了人才的积极性，阻碍了人力潜能的发挥。对此，我们打破现有体制，着力提高中小机场人力资源管理模式的激励性。一方面建立公平合理的分配激励机制，建立以岗位工资为主、收入能高能低的基本工资制度，岗位工资标准和员工收入要与机场的效益和员工实际贡献挂钩，以吸引人才并发挥员工的积极性。充分发挥劳动力市场对中小机场工资的基础性调节作用，并根据市场调节形成的社会平均水平和中小机场效益自主决定工资水平。另一方面，合理运用激励机制，通过目标管理、绩效考核、评估与奖惩机制等各种激励措施，调动人才积极性。在提高福利待遇的同时，不断创造各种条件满足人才的精神追求，实施形式多样、内容丰富的精神激励，持续创造良好的发展环境。

社会快速发展，正面是人尽其才，负面是大浪淘沙。中小机场发展中，有些人注定被社会淘汰，如八小时之外不学习的人，对新生事物反应迟钝的人，仅靠个人能力单打独斗的人，内心脆弱容易受伤害的人，技能单一没有特长的人，计较眼前目光短浅的人，情商低下的人，观念落后知识陈旧的人。

马克思主义哲学认为，人是生产力中最活跃、最积极的因素，经济的发展水平和社会的文明程度最终取决于人的精神力量和整体素质。因此，中小机场必须着眼市场竞争和未来发展，加快人力资源结构性改革，持续推动企业整体变革和发展，从而更好为地方经济社会发展服务。

从本质上讲，人力资源管理就是不断降低组织对人的依赖。

Topic35 服务投诉

近年来，随着民航业的快速发展，旅客投诉也在不断增加，特别容易发生在面对旅客的一线岗位，如行李、服务、问讯、安检等，涉及面广，新问题多。

这不嘛，说曹操曹操到，我刚刚就收到了总公司转来的旅客投诉。

事情其实很简单，看完后甚至有点哭笑不得。那天中午，一名旅客在过安检的时候，因为所携带的液体与工作人员发生了口角，旅客携带的化妆品超过了 100 毫升，当安检员告诉他不能携带的时候，旅客问为什么，安检员的回答是，局方明确规定 100 毫升以上不能随身携带，旅客又问为什么自己从北京上海走了很多次都可以携带，为什么其他机场可以带，而这里的机场不能带，安检员回答说，我们执行国家的规定。旅客再问什么原因不能携带，几次三番之后，安检员的回答只有一句话：这是局方的规定，我们只是依规执行，其他的事情不清楚。在整个过程中，面对旅客的质问、疑问，解答更多的就是三个字：不知道，或者说执行局方的规定。这个事情看似简单，其实解决到最后，旅客投诉的并非是规定本身是否清楚，而是工作人员的服务态度，用旅客的描述就是态度冷漠、一脸茫然，没有任何笑容，拿着规定以不变应万变，甚至使用了方言。后来，在调查时，问当事人事情过程的时候，依然是这句：执行没有问题，这就是局方的规定，只是旅客不清楚。就这样，一起旅客投诉在机场发生了，从起初的掌握规定不清楚，到后来与旅客发生口角，一切问题都聚焦在服务的态度上。

当顾客对服务不满意而有所抱怨时，他所期望的无非是服务提供者给予安慰、道歉等方面的补偿。当补偿结果满意时，顾客可能对该服务给予正面评价，一次补救及时，当下次有相同需求时，发生再一次消费的可能性高。反之，顾客在此消费的意愿不但会降低，甚至会将此次不愉快的经历告诉其他人，影响服务企业形象。机场服务中，由于行业特性对服务人员的专业要求，以及旅客对服务的高期望值，员工服务表现对旅客体验尤为重要，服务补救对于机场服务质量尤为重要。

有一次，因为感冒到市区买药，我走进药店向工作人员描述了感冒的症状，问有没有新康泰克。服务员扭头看了一下药架说，没有新康泰克。我说只要能控制打喷嚏、流鼻涕症状就可以，她皱了皱眉头说不清楚。我以为自己没有表达清楚，便再次问她有没有其他等效药，她很不耐烦地冲着我说："你究竟需要什么药？要什么我就给你拿什么！"当我鼓起勇气重复第三遍以后，她表现出很不高兴的样子，好像很努力地压制着火气，从嘴角憋出了三个字："不知道。"其实，在这个过程中，让我最难以接受的不是有没有买上药，或者她不清楚应该吃什么药，而是她态度的冷漠。天哪，那一刻，我感觉被生活调戏了。

在一次全员大会上，我把这件事情原封不动讲给大家。当我走出药店的时候，第一反应是：会不会在机场也有这样冷漠的服务过程？是不是旅客在面对我们的时候，如同我面对药店的工作人员一样，让人不寒而栗。诚然，机场服务质量提升绝不仅仅是组织与 90 名员工之间的抗衡，也是我们与整个地域思想观念和文化的较量。因此，服务提升需要一个漫长过程，也需要做好长期抗战的心理准备。如同在一线城市买衣服，无论试衣调换多少次，服务员都会面带笑容还口口声声买不买没关系；如果在二三线城市，如试衣调换很多次后才买了衣服，服务员一定会很开心，如果不买也会不开心，但绝不会把情绪挂在脸上；如果在四线城市，试了衣服却没有买，那么等待你的一定是冰冷的脸。所以，服务本质上就是一种感受，服务说到底就是一种态度或者说理念。

格罗鲁斯认为，顾客感知服务质量是顾客对服务期望与实际服务绩效之间的比较。他明确界定了顾客感知服务质量基本构成要素：技术质量（即服务的结果）和功能质量（即服务的过程），从而将服务质量与有形产品的质量从本质上区别开来。与技术质量不同的是，功能质量通常会采用主观的方式感知功能。所以，机场服务质量提升，既要有技术质量，即服务保障标准的研究，又要包含功能质量，即旅客满意度的研究。

没有不对的客户，只有不好的服务。

制订系统的服务质量提升方案，明确具体的服务衡量指标，从顶层设计着手改革服务工作，坚持问题导向，把问题解决了就没有问题，特别是从具体的事情做起，从每一个细节抓起。将大型机场的服务案例汇总分析，逐个组织学习研究案例，模拟复盘服务现场，对照自己的服务找差距、定标准，查找补漏。值得一提的是，要求所有工作人员在工作场所必须讲普通话，没有任何借口，这曾经是一个很难解决的问题，反复组织员工练习普通话并形成浓厚氛围，在正式场合还是非正式场合大家都讲普通话，直到后来习惯成了自然。从员工的着装开始改进服务质量，全体员工必须统一着工装，男士必须打领带上岗，女同志必须化淡妆上岗。我经常开玩笑说，如果你化了妆，那么，我一定会在候机楼多看你几眼，因为这是大家对美的欣赏和爱慕。我们带着一线岗位员工走出去，与服务行业如银行、移动、联通等一线岗位主动对标，寻找差距，互通有无。同时，邀请部分旅客吐槽机场服务，在这个过程中发现很多问题，以此完善服务质量体系，逐步改进提高，并结合具体事例，与全体员工分享。

社会发展越来越平民化，机场的服务必须紧随发展潮流和社会需求，才能大有前途。不得不说的是，伴随社会快速发展所导致的旅客结构发生了重大变化，服务投诉的增多在一定程度上也是因为消费心理变化所导致。同样是200元钱，如果是一张火车票，旅客所期盼的服务可能会一般化，"香烟瓜子矿泉水"，旅客觉得很正常，但如果是一张机票，旅客所期盼的服务一定很高，"香烟瓜子矿泉水"一定会被投诉甚至成为媒体头条。本质上，这是社会和旅客对民航业的另一种希望与期待。

我们注重在旅客服务现场面对具体问题进行分享和讲解。有一次，某航空公司因不可抗因素在本场延误三个小时，按照局方规定航空公司不予配餐，但是三个小时过去了，旅客二次登机后在飞机上等待时间已经很久，而且情绪激动。于是，所有管理者来到服务现场，围绕化解旅客意见、是否需要配餐、如何解决问题等头脑风暴发言，有人说局方规定不予配餐，给旅客讲明就可以，有人说再协调航空公司配餐，总之，讨论的核心聚集在配餐费用谁来承担。后来，有人提出了一个参考答案：目前飞机上有 100 名旅客，时间正值中午，也就是午餐时间，按照每位旅客一桶方便面、一个鸡蛋、一根火腿肠总共 6 元钱计算，那么 100 名旅客所花费用共计 600 元钱。那么，600 元能买来什么？第一，以时间换空间，可以安抚旅客焦躁的情绪，有效避免发生旅客投诉。第二，可以换来所有旅客不在候机楼现场的无数次问讯。第三，旅客在机上的用餐期间，所有工作人员可以安心吃过午饭。也就是说，用 600 元钱消除了所有可能问题的出现，提高了服务质量，节省了有效的资源和人力物力。所以，从时间、效率、服务、质量等各个方面说，这 600 元钱物有所值。所以，果断决定配餐，费用由机场方承担。我在现场总结时说，服务就是算大账的过程，就是让旅客感受到恰到好处，正所谓："增之一分则太长，减之一分则太短；著粉则太白，施朱则太赤。"

马克思主义哲学认为，必然性是指事物联系和发展中一定发生的、不可避免的趋势。偶然性是指事物联系和发展中不确定的趋向。必然性和偶然性是对立统一的关系。两者是对立的，它们是事物发展的两种不同趋向，产生的原因以及在事物发展中的地位和作用不同。两者又是统一的，必然性总是通过大量的偶然性表现出来，没有脱离偶然性和纯粹必然性；偶然性是必然性的表现形式和必要补充，偶然性背后隐藏着必然性并受其制约，没有脱离必然性的纯粹偶然性。同时，必然性和偶然性可以在一定条件下互相转化，让必然性成为偶然性，让偶然性成为必然性。

有的人头脑中只有问题，却没有解决问题的方法和路径，所以问题永远存在，这是抱怨者；有的人能够看到问题，且同时思考出解决问题的方法和路径，这是管理者；有的人在问题出来之前就把问题消灭掉了，这是智者；有的人没有问题，却自己创造了一堆问题，这叫庸人自扰。所以，对于服务质量改进和提升，首当其冲的是，管理者必须敢于面对问题，善于解决问题，敏于总结问题。

如此，机场服务质量特性决定了机场必须确保安全性，突出功能性，实现经济性，感受舒适性，确保文明性，以专业的方式为旅客提供便捷、安全、舒适、高效的服务。

最好的服务从来就不是商品，而是完美呈现给旅客解决问题的思路和办法。

Topic36 安全运行

有人形容机场安全与发展的关系说：发展是钱，安全是命，发展固然必不可少，但不能要钱不要命。精辟！特别对于中小机场而言，由于基础投入少、运行风险高、安全隐患大、人力资源缺、发展经营难等客观因素，安全运行更加备受关注。几年来，每一次的安全问题都让人感受什么叫"切肤之痛"，什么叫"安全第一"！所以，我们不断强化安全管理水平，探索安全管控模式，系统提升安全运行，推进机场全面协调可持续发展。

命题错误，答即有错！因此，安全管理必须做正确的事情。

始终抓好制度保障，突出制度的规范性和可行性，充分发挥制度的有效作用。将安全管理建立在制度基础之上，没有制度则安全管理只能停留在"人治"层面，形不成系统性的规范，因此，我们把机场安全制度建设作为加强机场安全管理前提来抓。根据机场发展实际，不断创新管理理念、管理方式和管理手段，在具体工作中坚持依法依规管理，辅之以必要的、适当的安全检查，建立健全了安全生产长效机制，着力抓好基层各部门规章制度和各种手册的修订，对机场安保方案结合运行实际做到了可用、适用和够用。同时，按照符合实际、好用、适用的原则，抓好运行手册、应急预案、消防预案等修订和完善，既坚持高标准，汲取其他机场安全管理先进经验，又从实际出发，从根本上解决安全管理的基础性问题。

建立健全各项管理体系，为安全提供制度保障。安全是机场的生命线，确保持续安全是做好一切工作的前提，一边抓快速发展一边抓安全质量，建立健全科学的理论和完善的体系，重点是加快安全管理体系、航空保安管理体系、质量管理体系等体系建设，按照"怎么做就怎么写、怎么写就怎么用、怎么用就怎么改"的原则，每年组织修订完善，确保体系与实际工作相适用，探索形成了安全管理长效机制。推进风险管理工作，完成风险管理数据库，加强安全信息分析和利用。借助其他机场不安全事件总结经验教训，强化学习分析，按照"别人感冒，我们吃药"的思路，前移安全关口，改进自身安全工作。大力倡导自愿报告制度，发动群众。经过几年努力，逐步实现了安全管理工作从事后到事前、从开放到闭环、从个人到系统、从局部到整体的转变，有效提升了机场安全管理水平。

重视安全投资效益和安全成本，为安全提供资金保障。"再穷不能穷安全"，尽管企业发展依然艰难，但是，我们固定比例的投入雷打不动，建立和完善了安全投入运行机制，特别是利用好民航发展基金，不断寻求地方政府支持，借助局方专项资金政策等，解决了设施设备老旧和隐患突出问题，先后完成了机场供电专线、消防等级提升、围界升级改造、新建站坪扩建等一系列重大项目，购置了客梯车、除冰车、消防车、吹雪车等设施设备，改进了通信导航系统等，各种安全投入每年千万元以上，完善了机场设施，健全了机场功能，为机场正常运行创造了良好条件。同时，完善安全投入分析评估机制，重点分析和研究机场安全运行基本条件，强化安全投入的同时，寻求安全投入与发展之间的平衡。同时，针对机场的四级湿陷性黄土治理，规定飞行区整治费用最低限额，强化水患治理，不断总结规律，采用人工打胶、灰土换填、种草固土等方法，不断消除飞行区隐患。

着力打造高素质员工队伍，有效处理好安全、服务和发展的关系，选派人员特别是管制、通导、气象、配载等岗位骨干参加专业培训，强化业务技能提升，所有人员必须持证上岗。在非核心业务外包后，充实关键岗位人员，着眼未来做好人才储备。举办业务技能竞赛，选拔优秀人才，进行重点培养。同时，不断强化班组建设，将班组建设作为机场安全基础工作来抓，夯实"三基"工作，注重选拔高素质班组长，让他们直接参与部门工作的组织、指挥和管理，把问题发现、解决在一线。加强安全文化建设，用安全文化补充安全管理的不足，借助教育、宣传等手段，渗透诚信、道德、情感、品行等深层次人文因素，提高员工安全修养，改进安全意识和行为。建立正向企业安全文化，鼓励员工主动报告安全信息，提出安全疑问和建议，使关注安全成为员工自觉行为准则，员工自觉遵守安全规章。牢固安全底线思维，在实践中探索了一套适合现阶段机场运行的安全管理思路和方法，更好地服务地方经济社会发展。

狠下决心提升空管安全保障水平。人是安全的核心因素，而管制员便是空管的主体，是空管安全的直接保障。管制员不仅要有良好的心理素质和过硬的专业技术水平，还要有较强的空间想象和思维能力、良好预判能力和决策能力。在空管安全运行中，我们始终抓住管制员业务能力提升这个"牛鼻子"做文章，规范通话用语，提高通话质量，确保管制员正确发出管制指令和机组对指令准确接收理解。不断加强管制员培训与交流，轮流送管制员前往空管岗位锻炼。借助航空公司本场训练有利契机，组织管制员与飞行员面对面对话沟通交流。加强管制规范和技能培训，提高管制员业务技术水平，不间断学习程序管制安全间隔标准，烂熟于心，在面对复杂飞行问题时有据可依、有章可循。加强对管制员复杂飞行冲突和飞行特殊情况的处置培训，严抓"错忘漏"，时刻保持警惕，杜绝麻痹大意，从思想上杜绝只要不发生管制事故，干好干坏一个样的心理，培养建立管制员的职业使命感和责任感。根据企业发展，各种渠道引进管制人员，成熟管制员已从 5 人增至 10 人。同时，切实抓好空管 SMS 体系建设和运行管理工作。

在哪里存在，就在哪里绽放！因此，安全管理还要正确的做事。

根据机场航班量增长情况，扎实做好机场飞行程序的优化和各类设施的增加，在沪兰大通道启用后，多方努力，做好飞行程序调整和优化，确保平稳运行。针对复杂多变的高原气象实际，组织气象班组收集整理分析本场经常出现的恶劣天气，总结天气变化的基本规律，做好各种重要天气的预报，提高预报准确率，及时准确为飞行提供气象保障服务。同时，争取民航安全专项资金，加大空管安全设施设备投入，先后购置投用气象自观系统、报文系统等，在资金极其紧张的情况下，购置通信导航备品备件一应俱全，在民航和通航同时增加的情况下增加塔台和所有导航台监控设备。

坚决杜绝人和动物入侵飞行区情况的发生。组建防跑道侵入领导小组，管制班组与各部门、驻场单位之间建立了防跑道侵入、发现升空物体协调机制，特别是针对人员、车辆进入地面保护区的问题，就工作机制、协调程序、通话用语等明确机制。按照风险管理的要求，定期分析跑道侵入风险，制定相应的措施和程序。有效利用安全信息，分析总结了本机场容易发生跑道侵入事件的时间、地点、场景等情况，并将可能出现的问题以流程图的形式悬挂于工作现场。在围界加装防护网，有效防止小动物进入。按照新的机坪运行规则，增加了相应监控和设备，启用标记牌等警示手段，提示跑道状况。

加强机场净空管理是安全运行的重要环节，特别是发生本场训练鸟击一般不安全事件后，给机场安全运行当头一棒，教训深刻。我们加强了与地方政府的沟通协调，加入地方发展规划委员会，全面掌握当地发展规划和建设项目，由地方政府出面对其进行管控并采取有效措施，消除对飞行安全影响。同时，每季度至少一次进行净空保护条例宣传和周边村寨走访活动，特别是联合地方解决了机场周边的养鸽问题。根据地方文化特点主动对接，提前做好飞行安全保障措施，对可能发生燃放升空物体或释放气球的地方安排专人进行管控。

不断提升机场消防安全保障水平。我们始终认为，仅靠自身力量难以解决机场消防存在的问题，也不符合机场未来发展的需要。机场作为公共基础设施，主要作用是为当地经济和社会发展服务，社会效益和间接经济效益远大于直接经济效益。因此，我们不断转变工作思路，诉求地方政府，与地方消防建立联动机制，借助专业力量强化消防队伍建设，着力强化人员培训。强化全员消防意识教育，加强防火安全教育。主动汇报地方政府，力争将机场消防纳入地方公共基础设施管理范畴，加强机场消防基础设施建设，促进消防安全资源共享，建立完善的机场辖区消防管理系统，使机场消防处于地方政府统一的安全管理之中。

在安全管理中，我们始终坚持"扬弃"，始终认为任何事情都有好的和坏的一面，实践中，不断继承和发扬旧事物内部积极、合理的因素，不断抛弃和否定旧事物内部消极的、丧失必然性的因素，将发扬与抛弃有机统一。当然，永远不要忘了一句话："谁砸了我们的碗，我们就踢了谁的锅！"安全不容讨价还价。

安全管理，就是一场没有终点的修行。

第4章 管理的基本公式

管理的基本公式就是管理成效等于管理方法乘以人心指数。

人是生产力中最活跃最根本的因素，离开了劳动者，生产力就失去内涵。劳动工具需要人去创造和使用，劳动对象需要人去作用，如果离开了人，劳动工具和劳动对象就成了不发生任何作用的废物。解放和发展生产力需要不断提高劳动者的素质，不断提高劳动者的身体素质、科学文化知识、思想道德品质等。任何一项技术革新都是人类智慧创造性的结晶，没有人的创造性，人类社会就不能发展，人的创造性是生产力发展的动力和源泉。因此，没有人的积极性、主动性和创造性，一切管理方法只能是纸上谈兵，离开了人谈管理，注定成为无源之水、无本之木。这就是为什么有人懂得了很多管理方法，却永远管不好一个组织的原因。

管理的对象是人，管理的根本就是管人，这是任何时候都要坚持的基本前提。因此，必须最大限度尊重人的劳动，调动人的积极性，激发人的创造性，将管理方法的完善与加快人的成长紧密结合，二者不可偏废、不可分离。必须注重将管理人心与管理人性相融合，更加注重管理人性。必须毫不放松地抓好班子、带好队伍、凝聚人心，关心和关爱员工，搭建更加广阔的平台，让他们充分施展才华和抱负。必须在加快发展的前提下，将组织目标与个人目标有机结合，让人的发展更加完善，让组织的发展更加持续协调。

Topic37　读书思考

　　很多年了，不管是在求学的路上，还是在工作岗位上，读书学习的习惯从未丢弃。读书学习对我来说不仅是一种习惯，也是一种生活。我很喜欢办公室一幅字画，内容是："清醒时做事，糊涂时读书，大怒时睡觉，独处时思考。"在职场，我的一个爱好就是给大家开书单。

　　走过很多部门，我都会倡导员工读书，因为我坚信，读书越多的人，精神上越不容易被困住，内心世界越自由。在这里，习惯依然未变，特别是这个年轻的团队，迫切需要养成读书的习惯。一次全员大会上，我正式宣布了全员读书的决定，从即日起每个人每年至少读 12 本书，写一本万字以上的学习笔记，并当场宣布了自己的读书目标是每年读 40~50 本书。我的话还没说完，安静的会场一片哗然，我听到了各种声音和疑问："读那么多书啊！""现在读书有必要吗？""这不是为难大家吗？"从那个晚上开始，我多了一项工作职责，每天航班结束后 19:30 到 20:30 陪着员工在会议室里一起"秉烛夜读",我时常开玩笑说这是"陪太子读书","太子们"要知道,读书并不能说明一个人的地位高低,却可以决定人生选择机会的多少。

人是活在一个圈子里,好的圈子带人奋进,坏的圈子只教人懒惰。如果你身边都是只知道逃班、睡觉、得过且过的人,久而久之你也会变得懒惰,却浑然不觉。如果你身边都是努力又奋进的人,那么你也会在这种潜移默化的影响里变得越来越优秀。读书就是读自己、感知自己,就是建立自己的生活圈子。如果业务技能可以陪伴我们到退休的那一天,那么,读书则陪伴我们到死亡那一刻。

开始的时候,大家对集中学习很不适应,短短的一个小时,真的如坐针毡,有一种分分秒秒都坐不住的煎熬,有人说上这个"晚自习"比上班还难受。但是,这种集中阅读的良好氛围让大家又回到了久违的学生时代。难熬归难熬,好的习惯必须养成,需要持之以恒的坚持,雷打不动的"晚自习"最终还是坚持了下来。年终的时候,我们组织了全体员工参加的读书分享会,既是畅谈读书心得,也是交流学习经验。有人说:"我总觉得读书是一件很艰难的事,现在跨过了内心的一道坎,有种很享受的感觉。"有人说:"原以为大学毕业后走入职场再也不用读书了,现在才知道读书刚刚开始……"现场的分享远远超出了我的预期,读书种类繁多,涉及领域广泛,感悟社会颇深,还有我曾经认为晦涩难懂的哲学书,员工却讲出了另一番风味。

有人说,就算读了那么多的书,懂了那么多的大道理,却依旧过不好这一生。其实,读书并不一定带来现实的利益和好处。读书是为了避免被烦琐生活打磨得麻木不仁，为了成为一个有温度懂情趣会思考的人，为了改变气质并放大人生的格局。当然，读书有格局，阅读才能超越琐碎和平庸，抵达某种理性与灵性相结合的境界。读书的格局至少包括知识的广度、独特的识见、高度的创造能力。读书虽然辛苦，但这是通往未来的路。如果现在吃不了读书的苦，将来就会遇到比读书苦百倍的事。

坚持"晚自习"读书不间断，举办读书分享会年年有，读书的小奖励也从不缺席，每半年都要评选读书先进个人，有一次奖励的 kindle 让员工爱不释手，即使颁发一个小奖章，也要大张旗鼓，直到后来大家以被奖励为荣。当然，如果有人没有读够 12 本书，年底的全员会上要主动"亮相"，按照每本书 10 元标准，自觉发个歉意的红包到员工微信群，让大家娱乐一把，现场氛围和谐美好！除了读书，这几年，坚持送书也成了机场的传统，逢节日、员工生日会等活动，都会挑选精美的书籍送到员工的手里，让读书的氛围愈加浓厚。"送书吗？"一度成了大家的口头禅。

我经常开玩笑说，如果不读书，你就看不懂中央二台经济频道的节目，你会以为他们是说着中国话的外国人。也有人说，一个人读过很多书，但是后来往往大部分都忘记了，这样的阅读究竟有没有意义？其实，当我们还是个孩子的时候，吃过很多食物，现在已经记不起来吃过什么了。但可以肯定的是，它们中的一部分已经长成我们的骨头和血肉。同样的道理，一个人认真读过的书其实早已融进他的灵魂，沉淀成智慧和情感，只要一个触动点，就会喷薄而出。

读书过程中，被问到最多的问题是："我应该读什么书？"我的回答就三个字："不知道！"如同一个陌生人站在我的面前问我："我应该吃什么才能最好！"只有你吃遍了所有的酸甜苦辣，很多年后才能知道自己最适合吃什么。读书也是如此，只有读变了所有的书籍，才能知道自己缺什么、读什么、爱什么。但是，有个最简单的方法就是选择出版社，选书不选出版社的统称为山炮，大炮的炮。人民文学出版社的强项是非"名著"类外国文学，商务印书馆在学术类书籍方面拥有强大实力，中华书局绝对是出版古籍的老大，作家出版社出版的共和国文学那是相当给力，广西师范大学出版社是业界的先锋，长江文艺出版社在国内文学方面表现出色，湖南文艺出版社和江苏文艺出版社上升趋势凶猛，三联书店的书都是明显的小资风格，中信出版社经济管理类书特别是引进图书的翻译质量非常不错，机械工业出版社的教材读者普遍反映不错等等，选择出版社让员工，读书不再盲目。必须说明一点，管理者必须研读历史和哲学，以史为鉴让人提升"智力"，而哲学思考则让人增长"慧力"！

读书就能解决问题，此言差矣！读书不是答案，读书只是找到答案的钥匙。吃了牛肉不会自然变成人的肌肉，从牛肉到肌肉必须经过长期锻炼，读书更是如此，只有经历实践磨炼的读书，才变得更有意义。

我们不断倡导解决实际问题，特别在学习过程中，安排各部门做课题研究，解决实际存在的问题。机场特种车辆班组负责货物装卸工作，在长期的实际工作中发现了一个很棘手的问题：波音 B737 机型客机货舱打开的时候，机腹下的甚高频天线暴露无遗。员工在装卸货物时，一不小心就回触碰到甚高频天线，对飞机的安全是致命的。经过多次尝试，人工焊接制作了传送带翻板，传送带车对接飞机货舱门后随手将翻板 180 度翻转伸入飞机货舱，填补了货舱与传送带车之间的空隙，有效杜绝了货物的掉落，有效避免了装卸货物过程中触碰甚高频天线的风险，这一创新成果获得了奖励。

优秀的人跟普通的人都在学习，但是优秀的人跟普通的人的区别是什么？普通的人把学习当作一种手段，当作谋生的过程，当作自己能够解决衣食住行问题的必然过程。而优秀的人则把学习当作一种乐趣，在学习当中不断完善自己的人生。就像工作和爱好一样，如果能把工作当爱好，结局必定是幸福的。

马克思主义哲学认为，人的认识具有局限性，认识过程具有反复性和无限性。认识的全过程是实践、认识、再实践、再认识，循环往复以至无穷，这是认识从简单到复杂、从低级到高级无限发展的全过程。人的认识不断反复，其一，是主体对客观事物的认识受到客观事物本身的发展过程及其表现程度的限制。其二，主体对客观事物的认识还受历史条件和科技水平的限制，人类的认识只有在不断打破限制的基础上才能得到发展。其三，主体对客观事物的认识还要受到主体本身的限制。读书便是提高认识的过程。

有一种庸俗的说法，读万卷书不如行万里路，行万里路不如阅人无数，阅人无数不如为人指路。事实上，你能够在生活中见到的人，他同样局限在这个时代，存在着同样的偏见。

当下是一个看颜值的时代，天生丽质到哪儿都成为一种优势，然而，美貌只占短暂时光的便宜，气质方能久远打动人，随着岁月的流逝而历久弥新。气质绝不是五官上的玲珑剔透，而源自一个人内在的修养和才华。曾国藩曾说过："人之气质，由于天生，本难改变，惟读书则可变化气质。"

实际上，只有你平日留一些心，不难发现，那些来来往往形形色色的人，可以从他们的谈吐，或者周身散发的气质，基本可以判断出谁才是"腹有诗书气自华"。这个世界最可怕的就是，那些颜值远高于我们的人，比我们更加勤奋努力的读书。

马云说过一句话：我最讨厌那些天天抱怨自己的工作，但是还不辞职的人。其实，职场有很多人对自己的工作不满意，但是为什么不换工作？这个社会现在想要去要饭是很困难的一件事，因为拿不到牌照。

这个时代抛弃一个人，连声招呼都不会打。读书则会让一个人保持学习的习惯，具备将知识变成成长动力和养分的能力。只有把知识内化成自己的血和肉，才能获得更加丰盈的人生。一位年轻员工谈到读书的感受时说，原来父母一直认为他是个长不大的孩子，总觉得委屈。几年读书让他对很多问题有了新的看法和思考，在父母眼中他突然长大了，父母眼中的孩子对社会、对人生、对世界的认知发生了变化，学会了处理身边的事情，看待问题有了独立的思考方法。机场员工坚持读书好几年，从当初要求读书到不得不读书，再到喜欢读书，这个过程很煎熬，但是收获满满。读书学习不再是任务，而是工作生活的一部分，读书已然成为一种习惯。

读书就是读懂自己，如果长时间沉浸在舒适区里，即便曾经是一只战斗力极强的青蛙，在温水里煮久了，也会慢慢死去。只有经历了生活的苦，才知道原来读书是最轻松的。生活的苦，是一种消耗，而读书的苦，是一种收获。

Topic38 成为自己

几年前，我曾经写过一篇文章《因为自卑，所以勤奋》，我生来自卑但从未放弃过努力改变。四年时间里，从理论到实践，再从实践到理论的反复过程，如果说自己有一点成长，那就是变得更加自信。从自卑到自信，再从自信到自己，是一个管理者的成长状态和必然过程，而比这一切更重要的是：应该而且必须成为自己。

起步于勤学好思。从一个部门领导到负责一个机场的运行与管理，这里不仅有安全运行、经营管理、地方关系、规划建设，还有抓班子、带队伍、谋未来、强党建等等，对内对外、对上对下的关系处理是全能比赛的过程，我就这样上了赛场。发奋地学习、不断地总结、静心地探索，也不断地积累和分析，把所有经历的管理事件总结成案例，反复推敲整理。如果说什么是我最怕或者最焦虑的，那就是我们的决策是否正确，是否有远见，是否符合企业和员工的利益。高标准、严要求一直是我的管理风格，任何事情都力求做得完美，即使一个文字也不能有任何瑕疵，一次小会议也不容迟到，一件普通衬衣也不能皱皱巴巴。曾经因为严格管理引来大家不适，甚至出现抱怨的声音，曾经怀疑自己的管理是否妥当，只有我清楚这是因为自卑。无数次与航空公司谈判，每一次站在门口的时候都非常紧张，原因就是没有自信。小机场、小体量，个人缺乏能力和水平，谈判中就显得很胆怯甚至小心翼翼。内心一直有个问题，别人会不会瞧不起或者别人到底怎么看？说的事情是否恰当，做的事情是否准确？不知道。很多次公开场合讲话非常紧张，声音都会颤抖。

总是很在意别人的评价，太顾及他人的看法，外界完美的评价会让我兴奋地睡不着觉。总是按照别人的意见生活，没有自己的独立思考，总是为外在的事务忙碌，唯独没有自己的内心生活。在协调地方政府关系中，安排计划被数次驳回，于是从外围入手直到圆满解决。学习的不仅是经济、管理、哲学、历史，还包括政治、金融和医学等，外派工作时间内每个周末至少有一天静下心读书学习，把不懂的问题列出来一个一个解决，又把解决问题的过程和思路写下来，用结果验证。每一件事情从事前的研究决策到事中的监督指导直至结果的验证，反复总结工作方法。我从来不倡导工作高于一切，工作只是生活的一部分，但任何时候都保持了勤学善思的习惯。

人活在世上，最重要的就是活出自己的特色和滋味。人生是否有意义，衡量的标准不是外在的成功，而是自己对人生意义的独特领悟和坚守，从而使自我闪现出个性的光华。

成长于融会贯通。在体系和理论逐渐成熟的基础上，逐步学会了融会贯通，核心就是如何解决问题，用结果评价过程。从主业发展着手，改革供给侧和需求侧，做好双侧发力，不断开辟新航线，提升客座率，从一条航线、两条航线到两条快线，直至联通三大经济区，逐步完善航线网络布局，提升航线运营品质，事实证明当初的路子是对的。通航业务的发展是从当初赚钱过日子的想法开始，坚持了民航与通航两条腿走路，通航的繁荣带来了经济收入，也锻炼了队伍。在管理当中不断强化工作执行，从思想解放到提升标准，不断加快工作节奏，在实际工作中逐步学会了处理问题。通过不断调整岗位和不同岗位锻炼，管理的理念得到了落实。与地方政府的关系，从起初的害怕、担心到后来的融洽，直到现在高度默契，机场的诉求得到充分的表达和满足，地方政府的要求在这个地方开花结果，彼此之间的信任让我们走得更远。

因为机场运行管理，我进入了一个全新的、陌生的领域，所有工作必须统筹兼顾，在这个过程中遇到的困难不计其数，但对我而言首先是面对的勇气。融会贯通的过程也是自己与外部融合，不断考验自我的过程。作为管理者的我，越来越感觉到孤独。面对问题，我们不再是从理论到理论的空对空，而是从理论到实践，甚至抛开理论寻找解决问题答案的过程。抓住国家脱贫攻坚的机遇，推进机场改扩建，正是借助快速发展，二期扩建获得了很多资源。这几年，获得了社会各方面的掌声、鲜花和认可，但在这个过程中，我们没有沉浸在自满中，而是埋头总结了一套自己的运营管理方法和思路与体系，没有什么比解决难题更能激励人。每一个经历都是一次进步或者前行。如果这个阶段用一个词来形容，那就是我们变得更加自信，信心源自过去的成绩和对未来的预判。自信我们的决策是正确的，自信我们的付出是值得的，自信我们对未来的判断是正确的。尽管这条路走得依然漫长，但是我们确信选择的方向一定正确。

怎样才能成为自己？我给不出一个答案，因为不存在一个适用于一切人的答案。我只能说，最重要的是每个人都要真切地意识到"自我"的宝贵，有了这个觉悟，他就会自己寻找属于自己的答案。每个人的生命只有一次，都是一个独一无二、不可重复的存在。正像卢梭所说，上帝把你造出来后，就把那个属于你的特定模子打碎了。

回归在形成风格。经历了淬炼的过程，对于管理，我不再是拿起书本找理论，遇到问题想理论，解决问题等理论，而是在解决问题的过程中不断形成和完善自己的管理理念、管理手段和工作方法，特别是思维能力和思维水平。如何让事情变得更加简单、如何让工作更加轻松、如何让每个人的发展更加有未来，这是我一直在探索的工作方法。一个优秀的管理者，业务能力只是他的一部分，更多的是他的人格魅力，没有魅力的管理者是没有前途的。我们针对这支年轻的队伍制定了系统的队伍建设办法，针对年轻的管理班子制定具体的管用的措施，不断营造"一切为了成长"的氛围，让大家感受到工作的激情和乐趣。除了工作，我很多时候在讲生活的品质，手把手教会大家如何成为一个优秀的管理者。

如果要说最大的受益者，那便是我自己通过问题的解决形成总结了如何抓管理、谋发展、带队伍的一整套思路。现在回想，不再是想理论怎么样，而是以理论为基础，探索适合企业发展要求的管理模式。这几年，做了很多自己想做但没有机会做，有机会做但没有做成的事情，不断抛弃了一些不适用的理论和风格，在扬弃的过程中形成了自己的管理风格，把很多问题变得越来越简单易操作。现在回想，这几年收获和变化最大的，莫过于从曾经的自卑入场，经历了自信，直到最后成为自己，成为一个自己认可且适合企业发展要求的管理者。我在慢慢学着长大，也在这个过程中收获满满。

马克思主义哲学认为，实践、认识、再实践、再认识，这种形式，循环往复以至无穷，而实践和认识的每一循环的内容，都较之前达到了高一级的程度，这是认识和实践统一的动态过程。随着这一过程的推移，包括实践对象和条件在内的客观世界不断地得到改造，包括人的认识能力在内的主观世界也不断地得到改造，从而认识和实践本身也不断向前发展。因此，管理者的成长必须经历这个过程。

人在为谁而活？其实，作为一个优秀的管理者首先应该为自己而活，只有为自己而活，才能够为组织的发展而活。一个管理者在管理实践中必然会遇到各种各样的问题、困难和挫折，甚至不断的打击，用什么来应对？一定是强大的内心，拥有强大内心的管理者一定很清楚为谁而活。这让我想起了杨绛先生的百岁感言："我们曾如此渴望命运的波澜，到最后才发现，人生最曼妙的风景，竟是内心的淡定和从容。我们曾如此期盼外界的认可，到最后才知道，世界是自己的，与他人毫无关系。"如果你生来就是一根刺，那就努力成为优秀的刺，如果因为羡慕花而磨掉了刺，那你终究也成不了花，只是一根很难看的刺。

有句话叫花若盛开蝴蝶自来，那如果蝴蝶不来呢？花儿照样开，因为它根本不在乎蝴蝶来不来，它在乎的是自己开不开。但是，生活中的我们总是在乎蝴蝶，在乎的是蝴蝶在哪儿，怎么还不来，如果蝴蝶不来花儿该干啥？所以，自己不痛苦谁痛苦，但是，看看花儿却活出了它本质生命的状态，为自己而盛开！

每一个职场的人所有的付出和努力，看似在为组织付出，其实每个人都是这个过程的最大受益者，所有的努力都是因为自己的需要，所有的付出都会让自己变得更加自信，变得更像自己。永远不要说为了组织付出，我们只是为自己而活。只有经历了很多艰难困苦，才能懂得什么叫为自己而活，什么叫值得付出。其实，管理的境界分为四层，第一层是员工因为管理者的职位而服从；第二层是员工因为管理者的能力而服从；第三层是员工因为管理者的培养而服从，感恩于管理者的尊重、培养和付出；第四层是员工因为管理者的魅力和风格而拥戴。一般管理者做到第三层已属难得，第四层需要管理者拥有深厚的领导修养。因此，管理者必须经历勤学思考、融会贯通、形成风格三个阶段，努力成为自己欣赏的自己，随后成为适应时代发展和组织发展要求的管理者。

救世主就在每个人的心中。如果我作为一个管理者，经历了淬炼还有点收获，那便是：生活已经把我变成了疯子。这里，没有蹚不过的流沙河，也没有翻不过的火焰山！如果一定要形容这几年管理实践的历练，我觉得应该是"自卑、自信、自己"的"三自"状态，终于有一天，我活得像极了自己。

Topic39 保护员工

管理的目的是效率，而效率的核心是员工，员工才是生产力。经济社会将单位定义为工薪阶层上班的地方，或者说人们获得自身生存需要、为养家糊口参与社会劳动的特定场所。这个特定场所最注重的是效率和成绩，而这个场所里的人最看重的不是宏观上的理性，而是微观上的感性。所以，优秀的管理者要能抓住员工的心，关心关爱员工才是万丈高楼的平地。

唯有栽好梧桐树，方能引得凤凰来。

经营企业就是经营人心，关爱员工必须创造归属感。由于班制调整和行业特殊性，员工值班期间要在机场过夜，总有人遇上传统节日或者生日这种盼望与家人团圆的日子却要在岗位上度过，同样为人父母、为人子女，谁不想在特殊的日子给家人多一些陪伴。我也在同样的日子里孤独过，期望被关心过，于是，员工集体生日会就诞生了。我们每季度组织员工集体过生日，即使在职工餐厅，吃饭、唱 K、切蛋糕，形式多样，应有尽有，大家玩得不亦乐乎。我会为寿星们亲自送上蛋糕，亲自煮一碗长寿面，送到他们面前并送上祝福。一碗长寿面、一个拥抱，让他们知道企业永远在乎他们，让他们感受到存在的价值。同样，每一个传统节日都会集体聚餐，元宵节的汤圆会出其不意地出现在工作现场，妇女节为女职工送花或礼物，端午节包粽子，中秋吃月饼，除夕包饺子，集体聚餐的时候还能抽个红包，尽管只有 5 元、10 元，但是融洽的氛围弥漫在每个人心里。传统节日的食物一样都不能少，习俗一项也不差，每个节日的氛围都相当浓厚，员工的幸福指数越来越高，归属感也是越来越强。

员工管理是一门艺术，需要管理者不断改进。给员工分配的工作要适合他们的工作能力和工作量，人岗匹配是配置员工追求的目标，为了实现人适其岗，需要对员工和岗位进行分析。每个人的能力和性格不同，每个岗位的要求和环境也不同，只有事先分析、合理匹配，才能充分发挥人才的作用，才能保证工作顺利完成。同时，在管理与被管理的关系中，强调合作态度。管理者在管理过程中，就如同自己被管理一样，学会换位思考，在相互尊重的氛围中坦诚合作。管理者的一个重要任务是评价下属，根据工作任务、工作能力和工作表现给予公正评价，让员工感受到自己对组织的贡献、认识到在工作中的得失，评价的时候"多赞扬、少责备"。

我常说，企业的发展不是靠哪个领导，不是靠哪个个人，靠的是全体员工的辛苦付出和努力。这不是假话，不是空话，是我的心里话。有一次夜航结束后，刚好碰到一个员工吃夜宵，其实不过一桶方便面加火腿肠，才知道夜宵一直是这个标准。我问他什么好吃，在场的员工起哄说自助小火锅不错。"你们说了算，就这么愉快地决定了！"随后，自助小火锅成了夜宵的主力，小火锅的故事成了一段美谈。雨雪天的时候，我会把食堂的饭菜送到现场员工手里，一个员工对我说："您能记得我们没吃饭，还能亲自送来，我们很感动。"我想，那天的话应该没有半点恭维。饥饿时的一个馒头，比吃饱后的鲍鱼龙虾要强上百倍。管理者发自内心的真诚关怀，才是对员工最大的鼓励。曾经组织员工外出拓展训练，以灵活新颖的方式增强了员工的团队意识，大家眼前一亮，很喜欢这种寓教于乐的形式。有几次，因为员工子女上学困难，我无数次主动协调地方政府予以解决，心中欣慰甚多。其实，管理者做的每一件事情，员工都看在眼里、记在心里。

我更加迫切地解决员工的需要，因为我也是一名员工，深感被关心的温暖和力量。从员工的实际出发，察实情、办实事、见实效。冬季寒冷，立即更换加装暖气，消防队的宿舍从裹着棉被睡觉到三九天开着窗户透气；当地的冬天非常寒冷，于是配发御寒衣、防寒帽、棉鞋和手套，不让任何一个员工在冰天雪地里受冷是我们的承诺；夏天炎热，那就安装空调；员工饮水不便，随处放置饮水机；冬天航后无法泡脚，很快安装热水器，凉了脚就会凉了心；航班时刻跨度大，常年备足夜宵……现在回头看，当目光所及之处的问题一扫而光时，员工的积极性和主动性就会不断显现，因为人的所有行为都是以对现实的知觉而非现实本身为基础。只有这些远不够，我们不断提高员工的工作能力，趋向于从组织内部选拔人才。为员工提供广泛的培训，由专门的部门负责规划和组织。培训不仅包括基本技能，更涉及高层的管理培训，以帮助员工成长。明晰组织结构，让员工清楚自己的岗位在组织中的位置和作用，任何时候都熟知晋升途径。每年员工晋级考试都是组织的重大事项，集中培训、倒班复习、传授经验等等，只为每一个员工的发展更快更稳。

员工被关爱状态，就是资本；员工不被关爱状态，则是成本！

员工对组织的贡献受到诸多因素的影响，如工作态度、工作经验、教育水平、外部环境等，虽然有些因素不可控，但最主要的因素是员工的个人表现。其中一个原则是员工的收入必须根据工作表现确定。员工过去的表现是否得到认可，直接影响到未来的工作结果。论功行赏不但可以让员工知道哪些行为该发扬哪些行为该避免，还能激励员工重复和加强那些有利于组织发展的行为。同时，不断改善工作环境和安全条件。适宜的工作环境，不但可以提高工作效率，还能调节员工心理。根据生理需要设计工作环境，可以加快速度、节省体力、缓解疲劳。根据心理需要设计工作环境，可以创造愉悦、轻松、积极、有活力的工作氛围，切实对工作环境进行人性化改造。

做员工思想上的领路人是组织的职责所在，也是最高层次关心。必须全面、准确、及时地把握员工心理动态、思想状况和行为趋势，坚持做好员工思想动态摸排，使员工能认清形势任务，理顺思想情绪，化解各类矛盾。这时候，员工思想动态分析会就显得极为重要，但是如何开好思想动态分析会，使它达到预期效果呢？我们的选择是"休闲星期四"，每个星期四的下午，在职工书屋备上水果饮料，与员工围坐在一起看看电影聊聊天，交流谈心，偶尔一两句的玩笑话让现场气氛格外活跃，这个时候没有管理者与被管理者，更多的是兄弟姐妹一般的融洽，员工的困惑和焦虑会逐渐显现，解决问题便不在话下。

如何让员工主动思考问题，于是，解放思想大讨论随即应运而生。结合工作重点和员工队伍出现的问题开展讨论,要求每个员工撰写发言材料,并将发言材料传阅,以这样的方式引导他们独立思考和总结经验。我深信,教会员工思考比帮助他们一次次解决问题要重要。员工思想动态分析会和解放思想大讨论着实发挥了效用,员工慢慢学会了独立思考和自我调节,正如有人说的突然找到了解决问题的方向。他们对未来的憧憬、对未来的规划,以及不断的成长令人欣慰,他们已经懂得了不再把情绪带到工作中,而且对未来开始有了清晰的规划和目标。

马克思主义哲学认为,人民群众是人类历史的创造者,人民群众创造的社会物质财富,是社会得以存在和发展的物质基础。这一创造作用同生产力是社会发展的最终决定力量在逻辑上具有一致性。人民群众是社会精神财富的创造者,其社会实践活动是科学、文化、艺术的唯一源泉,劳动群众为人们从事精神文化活动提供了一切物质手段和物质条件,知识分子在精神财富的创造过程中起着极其重要的作用。人民群众是社会变革的决定力量,既是社会革命的决定力量,又是社会改革的决定力量。正如毛泽东所指出的:"人民,只有人民,才是创造世界历史的动力。"员工就是企业的人民群众,他们是推动企业发展的最终力量。

一个不爱员工的管理者,等不到爱员工结出的果。如果指望一个惩罚制度出来就可以万事无忧,那一定是管理的最大悲哀。如果管理到了只能用惩罚去达到目标的时候,只能说这事不好玩了。这样的管理会很累,今天罚这个,明天罚那个,团队怨声载道,死气沉沉,惶恐不安,整体效率必然受到极大影响。本质上说,管理的高明在于恩威并重,而且侧重于"恩",对管理者而言,要用人性化的、柔性的、感动式的方式管理员工,一句话,就是懂得如何爱员工。

越来越觉得，企业的发展就是对员工最大的保护，个人的成长就是对自己最大的保护，只有组织发展了才能呵护员工不被淘汰，只有个人强大了才能呵护自己不被伤害。如此，保护员工就是保护生产力，发展员工就是发展生产力。

Topic40 在事上练

有一次，我应邀参加全国高校 MBA 管理沟通课程研讨会。会上，主持人问我如何化解学院派与实战派之间的鸿沟。我说，学院派侧重于理论研究，更多是在假设前提下，基于某种理论模型，对某一个问题的判断与推论，无论如何讲解和研究，都可以称之为好或者不好。但是对于实战派而言，每一个决策、判断和决定都意味着成本和付出，都可能给组织带来很大的影响甚至是致命的影响，这就是学院派和实战派之间最大的差别。我开玩笑说，就像生孩子这件事情，学院派认为具备成人条件、生育能力、经济条件，结婚后，在这四个条件共同作用下，一个人就可以生孩子。然而，对于实战派来说，没有老婆，一定而且必须生个孩子。

我的答案是：事上练！

你只有像一个管理者那样去做，你才能够像一个管理者那样去想。很多人都觉得最重要的是要规划清楚，首先要想清楚想去哪儿，你是谁，你想成为一个什么样的人。其实，这样做非常危险，因为当你总要先想清楚自己要成为一个什么样的人的时候，你就已经被自己现在所处的状态局限，你现在所能够想到的那个状态就是你此刻认知水平的巅峰，而你此刻认知水平的巅峰，很有可能会局限住你整个人生发展的方向和节奏。正如有人问，练习开锁最重要的是什么？我的回答是，一定要把钥匙插进锁子里。

"即便机场很小，也要井井有条，不仅要有样子，还要体现状态。"对于机场的形象建设，这是我们确定下来的基本原则。其实，在这里，种树远比养孩子难度更大，但是我们连续多年种树已经成为传统。当时基本属于没有钱、没有树、没有人的"三无"情况，于是，按照"一次设计、分步实施"的思路，聘请了专业绿化机构制订了机场三到五年绿化方案，充分论证了可行性、可操作性和预期结果，随后将方案上报地方政府，特别是恳请将机场绿化方案纳入地方总体规划一并实施，因为机场的属地性质决定了机场的窗口形象一定为地方经济发展服务，所以绿化机场就是美化当地的对外形象。说起来容易做起来难，话说这个过程可谓一波三折。

在这一思路的主导下，地方政府责成相关部门按照既定方案实施机场绿化，特别抢抓机遇借助机场快速干线的开工建设，从施工现场移栽上千棵生长期10年以上的松树，无论高度、形状、种类都堪称完美。曾经"即使不能成为城市公园，也要成为大学校园"的梦想变成了现实。同时，在场区以外种植大量苗木，为随之而来的机场扩建做好储备。几年的努力，直到如今没有地方可以栽树为止。后来，我们在场区的很多地方摆放了长条椅，让员工闲暇时纳凉。在一次会上，我告诉大家："如果老百姓能在晚饭后想起这里的绿色，如果能在机场的林荫小道上走一走，那便是我们最大的欣慰！"值得一提的是，在地方政府的协调下，多年来困扰机场的绿化用水问题解决了，从附近水库接入机场且无偿使用。

陆澄问王阳明："静守时感觉不错，但遇到事情就感觉不同。为何会如此？"王阳明回答说："这是因为你只知道在静守中存养，却不去努力下克制私欲的功夫。这样一来，遇到事情就会动摇。"王阳明说："人必须在事情上磨炼自己，这样才能站得稳，达到'无论静守还是做事，都能够保持内心的安定'的境界。"所谓"事上练"，说的就是人们要想真正取得进步，就需要通过做事提升自己，在行动中思考，才能够理论联系实际，才能得到真正想要的。

如果知道的只是听别人说的，这是远远不够的，因为这不是自己践行得来的，所以理解得不透，感悟也不够深。只有真正践行，才能够知道，到底是属于什么情况，才会有真切的感受。而如果只是践行，不去极致践行的话，也很难有质的提升。王阳明在书院讲学说了那么多大道理，为什么到了最后才顿悟到了致良知的终极理论，源于他在庐陵做县令时的"事上练"，在平定宁王叛乱时的"事上练"，在赣南剿匪时的"事上练"，强大的心学是在理论联系实际的反复实践和总结中淬取出来的。

中小机场限于规模的原因，机关人数少、兼职多、事情杂、效率低，伴随企业的快速发展，机关职能的发挥越来越跟不上，特别是人员时间冲突、精力分散、职能不够等。于是，按照"小机关，大基层"的原则，我们刀下见菜改革机关，逐步取消机关人员兼职，厘清机关与基层部门的职责，明晰事权划分，把机关的参谋助手和督导落实作用发挥到位。同时，取消机关分层管理，推行扁平化，将机关业务横向模块化、纵向体系化。

公开选拔机关工作人员，采取试用制方式最终确定。先后两年时间，将机关全部专职化，明确机关人员培养方式和发展方向，从曾经完成具体工作到如今发挥智囊作用，不算是脱胎换骨，也算是天翻地覆。

这世上的事，从来没有随随便便就能成功的，都必须经历淬炼。功不唐捐，人的成长是一个滴水穿石的过程，没有哪一滴水就能够穿石，同样，也没有那一滴水是白白浪费掉的。当然，如果只做过程的事可以被原谅，就培养了不注重有价值成果的习惯；如果过程到位便获得奖励，员工就不会为成果负责任。

在机关改革之初，我们担心的劳动效率、人员编制、角色转变、业务能力等问题，现在回头再看已经不成问题。如此看来，无论组织还是个人，特别是管理者都有"事上练"的机会，只是很多人都错过了，或者面对困难时退缩了。当面对不义之财时，就要在"事上练"不受诱惑的心；当面对一份责任时，就要在"事上练"担当的心；当面对压力时，就要在"事上练"勇往直前的心；当面对艰难困境时，就要在"事上练"克服恐惧的心。

马克思主义哲学认为，人类的全部实践是检验真理的唯一标准。人的认识没有超出主观思想范围，不能确认自身是否与客观实际相符合，客观事物存在于人的意识之外，不能充当检验真理的标准。实践是人们改造世界的客观物质活动，它使人们的主观观念可以在现实中得到印证，是否符合客观实在，使它成为检验真理标准的主要依据。人们只有在改造客观世界的实践活动中，才能把主观认识同客观现实紧密结合起来并加以对照。同时，把从实践中得来的认识加以整理再去指导实践，如果达到了预期的效果，认识变为现实，就证明这种认识是真理，否则就不是真理。

缩头缩脑左顾右盼的管理会让人产生几分鄙视，至少我是这么认为的。

谈到员工思想工作，很多人想到的是说教说教再说教，其实我很反感这种方式，思想工作对于员工而言，不是你说了什么，而是员工感受到了什么。基于此，我们除了采取定期召开员工思想分析会、面对面谈话谈心、重大事件后了解等方式外，特别把思想工作做到现场和一线。每年冬天除冰雪任务异常繁重，特车和场务员工因此很难按时吃饭，有时候甚至饿着肚子除冰雪。于是，公司决定由当日值班领导亲自安排，综合办公室负责除冰雪期间所有人的早餐。同样是一个鸡蛋、一个馒头、一碗稀饭，送到跑道上就是管理，放在餐厅里就是官僚，员工的感受截然不同。思想政治工作可以在会场，也可以在工作现场。有人说这是做样子，但是，如果每个管理者都能做样子，而且把样子一直做下去，那么，这个样子也很好看。

生活中人分为三种：第一种是懒惰的人，不管是思想还是行动都很懒惰，不愿意付出。第二种是看似勤奋，实则懒惰的人，假装很努力的样子，光知不行的人是身体上的懒惰，光行不知是思想上的懒惰，生活中第二种人占了大部分。第三种既懂得学习，又愿意躬身实践，在不断磨砺的同时，勤于反思和总结，总能找到不足，并能总结出自己的途径和方法，在反复改进中不断学习，不断实践，然后不断进步，可以称之为精英，也是真正的生活高手！

没有谁不会遇到各种各样的问题，也没有谁会永远一帆风顺。生命从不会因为谁的难过就止步不前。唯一要做的是，不活在虚妄的过去，不为曾经做太多假设，所有的纠结没有任何意义。如果事与愿违，也许是另有安排。如同有些丢失可能是为珍爱之物的到来腾出位置，有些匍匐可能是高高跃起前的热身。每个人要做的，就是相信自己，相信时间，相信经历的风雨最终都会照亮人生的路。最好的发生，永远在当下，永远在每一件事情上。

我始终坚信，人的能力都是锻炼出来的，而不是从娘胎里带来的。如果你觉得别人比自己更勇敢，只是因为他锻炼得更多、更刻苦。你喝咖啡的时候别人在写作，你睡懒觉的时候别人在晨练，你刷手机的时候别人在解题，每一刻都有差别，每一年都有差距。每个人来到这个世界上，就是要和世界发生感应，而感应的唯一方法就是做事。天下任何真理都不是说出来的，而是做出来的。

只有在事上磨炼，遇事才能方寸不乱，自己才是最安全的。

Topic41 高效决策

决策是指决定的策略或办法,出自《韩非子·孤愤》:"智者决策于愚人,贤士程行于不肖,则贤智之士羞而人主之论悖矣。"在管理实践中,我们常常将决策称为"拍板"。实际上,作出一个正确的、全面的决策,并非像字面上那么轻松简单。高效决策的根本在于是否能保证决策在原则和框架下获得设计与推动,因此,我们把高效决策体现在每一次会议中,让每一次决策都能围绕组织发展目标并快速落地,以此确保组织成功。

管理就是决策。因此,管理者必须学会高效决策。

安全会议决策安全事项,把控安全运行。每天 8:00 雷打不动召开交接班会议,由两个层级的管理者坐在一起面对面交接工作,交班的管理者通报前一天安全运行存在的问题和需要协调的事项,以及当日主要工作安排,接班的管理者对相关的问题进行询问,将所有事项特别是存在的问题沟通清楚,凡是会议上没有提出质疑的均视为认可,如果工作中出现差错则须由接班的管理者负责，交接班必须体现"日清日结"和"过期不候"的原则。交接班大约需要一刻钟，将前一天的问题讲明白，把第二天的重点搞清楚。再由公司领导讲评一天工作，明确当日工作任务，提醒和强调重要工作环节。"散会不追踪，开会一场空。"在每日讲评会后，机关部门负责在当日发布会议纪要，通报相关要求和重要安排。每周一早上，召开全体管理人员会议，会议通报上周所有工作督办和落实情况，对于未完成的事项，相关部门要作出原因说明，并限定完成工作时限，两次被通报则面临处罚和部门班子绩效扣分。基层各部门要汇报上周工作存在的主要问题以及本周工作安排，由公司领导根据分工逐项点评，特别对存在问题要进行事件描述、原因分析、制定措施、限期整改，坚持闭环管理直至问题解决。每月一次全员参加的安全运行分析会，会议前先宣布会议纪律，对于迟到者作出处罚，对于会议上不按流程进行的提醒，对于发言跑题的提醒，对于开小会私下讨论的提醒。会议重点讲评上月安全运行工作，分析安全运行形势和趋势，特别对存在的问题进行原因分析，制定改进措施，对相关责任人和责任部门作出严肃处理。动员千遍不如问责一遍，每天每周每月安全会议突出了解决问题、改进工作的主线。

高效决策要求管理者既要将确定的思想、目标和方针与不断变化的现实准确结合，又要把组织内部固定资源和条件与组织外部条件相结合，灵活有效达到目标。不能只看到某个部门和层次的具体工作，更要顾及组织整体，能够统揽全局。既要找到细节的原因，又要看清楚主次和轻重缓急，掌握节奏。同时，要有明确的制度规范和准确的方法，又要有灵活创新的管理视角。

如果一只老鼠恰好碰到了出口而遇见光明，这决不是决策，最多只是幸运。

员工思想分析会是管理的重要载体，是理顺员工思想、化解管理矛盾的有效手段，是关系员工有没有工作状态的关键因素。除日常工作交流外，会议形式必不可少，每季度召开员工思想分析会，这个会议相对轻松，有时在会议室，有时在党员活动室，有时就在工作现场员工休息区，参会人员甚至可以不带记录本。会议的形式大致分为两种，第一种是集中进行思想动态研讨分析，会前广泛征集员工意见建议，会议进行专项解答，然后在场员工代表发言。不谈好的，只谈问题。什么问题都可以说，可以代表一部分，也可以代表个人，也可以代表普遍现象。总之，大家可以畅所欲言，由参会最高管理者逐个解答相关问题。开会的目的就是解决问题，会议如果没有达成结果，将是对员工时间的浪费。会后由机关部门负责，对会议提出的问题进行整理，并明确责任事项、责任人、整改限期等，迅速公布并接受员工的监督。对员工提出的问题百分百回复，并明确回复的时限和质量，在下季度会议召开之前，以民意测评的形式对问题解答情况进行评价，看看员工对问题的解决满意还是不满意。如果不满意，还需反复解决。第二种形式是个别谈话，一般来说谈话要覆盖 70% 以上的员工，面对面、一对一谈话了解问题，掌握员工思想状况和存在的问题，以及员工的诉求，然后将所有问题汇总，以支部书记会议形式将问题向所在支部反馈，对存在普遍性的问题限期整改并反馈给员工，让问题整改不过夜，让整改效果接受评论。对于会议管理，特别设定了时间，准时开始、准时结束，对每个议程确定大致时间限制。如果一个议题一定要有结论，则事先通知与会人员，让他们有思想准备。

　　高效决策要求管理者应该提出更高的要求对决策加以定位，既要解决目前的问题，也要做到尽快解决。把决策对象视为一个系统，以系统整体目标的优化为准，协调系统中各子系统的相互关系，使系统完整、平衡。同时，决策方案必须做到高准确度地指向目标，准确度越高，效果越好。

　　一般来说，管理经验交流会按季度召开，除管理人员外还邀请部分员工列席，会议主要由全体管理者做经验分享，好的经验分享不仅取决于管理者做了哪些，还取决于管理者思考总结了哪些，是管理在实践基础上的系统梳理。总结分析一个季度以来管理实践中的经验，通俗地说就是如何面对问题，如何分析问题，如何解决问题，如何建立长效机制。正确的决策来自众人的智慧，我们始终坚持问题导向和目标导向，管理经验必须从实际出发，杜绝空对空谈理论，必须从具体问题入手谈如何解决问题。一个基层部门做了航班标准化运行的经验分享。作为中小机场，航班保障时间相对宽松，即使这样，航班标准化运行从航班落地到起飞，将每一个工作节点详细记录，根据各节点时间进行分析，哪一个环节制约或者占用了多少保障资源，在这个基础上采取改进措施逐步提高。按照空客 A320 机型保障要求一个小时必须完成，实际上现在最快仅仅用 35 分钟全部保障完毕。航班标准化运行思路作为管理经验被推广到了各个部门，全面分析各环节作业占有资源与产出结果之间是否为正向关系，以此进行调整和优化。建立了会议事后追踪程序，会议每项决议都有跟踪、稽核检查，对于意外可及时发现适时调整，确保各项会议决议都能完成。同时，必须认真撰写管理经验交流会发言材料，会后由机关部门负责修订并装订成册。按照每季度各部门解决的重大问题分册整理，按照年度装订，以此作为管理经验成果发布，并将成果用于工作交流和现场运行问题的解决备案，并推而广之。

如果一个管理者是活尸，那么，他带的团队充其量是一群僵尸。

高效决策对于管理者而言只有两只眼睛还不够，必须要有第三只眼睛。要用一只眼睛盯住内部管理，最大限度地调动员工积极性；另一只眼睛盯住市场变化，策划创新行为；第三只眼睛盯住国家宏观调控政策，以便抓住机遇，超前发展。没有超前的意识和敏锐的直觉，难以作出高效决策。

党委会和总经理办公会是最高决策机构。我们坚持按照制度办事，属于"三重一大"事项全部由党委会研究决策，按照党委会和总经理办公会议题确定、决策规则进行会前沟通，严格按照原则进行决议，对决议的事项，每半年进行一次反馈和评估。以会议纪要的形式对重大决策项目进行公布，让员工知道组织在决策什么，在关注什么，在期盼什么。会议必须形成记录，并当场宣读确认。没有确认的结论，可以另外再讨论，达成决议并确认的结论，马上进入执行程序。同时，永远不开没有准备的会议，没有准备的会议等于一场集体谋杀。必须把会议材料提前发给与会人员，使与会人员做好准备，避免进了会议室才开始思考。在会议之前明确会议议程，让参会人员了解目的、时间、内容，以便准备相关资料和安排好工作。每一项讨论必须控制时间，不能泛泛而谈。每次会议都会形成决议，各项决议有具体负责人和完成期限，以最高的效率推进，确保高效决策符合组织快速发展要求。

当然，我始终坚持高效的会议越短越好，毕竟，组织必须要给静静坐着的员工发薪水。

马克思主义哲学认为，尊重客观规律和发挥主观能动性辩证统一，尊重客观规律是发挥主观能动性的前提和基础，只有尊重客观规律，才能更好地发挥人的主观能动性。人们对客观规律认识愈深刻、全面，主观能动性愈能充分地发挥。发挥人的主观能动性是认识、掌握和利用客观规律的必要条件，因为客观规律是隐藏在事物内部的。要正确地认识必须通过实践，依靠主观能动性的发挥，利用客观规律改造世界。尊重客观规律和发挥人的主观能动性是相辅相成、辩证统一的，既要尊重客观规律，又要发挥人的主观能动性，把坚持唯物论和辩证法有机统一起来。因此，面对激烈的市场，高效决策既要尊重规律，又要主动出击。

管理实践中没有"尽善尽美"的高效决策，人们总要为之付出代价。对相互矛盾的目标、相互矛盾的观点和相互矛盾的重点，管理者要进行平衡。最佳的高效决策只能是近似合理的，而且总是带有某种风险的。

Topic42 人心人性

我刚到任的时候，航班比较少，夜航结束早，除了岗位必须值守人员，其他员工都可以下班回家，有天晚上突然召集值班人员开会，等了很久还是有人到不了会场，后来我才知道，航班结束后总有个别人偷偷溜回家或者去市区烧烤一番，过把瘾再回来。客观地说，大家自由时间确实较多，加之年轻员工比例很大，浮躁的心总是漂泊不定。所以，这个时候出现了一种现象，个别人总是在不经意间自觉或者不自觉地翘班，撕开了这方面管理的口子，导致了不少员工"勇于并善于"翘班。

为了这个事情，我们在各种场合强调了好多次，提出了明确近乎严厉的要求，甚至处理过个别员工，但是收效甚微，无论怎么做工作，问题都得不到根本性解决。甚至有一次，我眼看着一个干部开车离开了机场，过了一会儿，我打电话问他在什么地方，他说在候机楼，我说我也马上到候机楼，你在什么位置，他在电话里支支吾吾半天，说不好意思，刚离开机场。我说正准备去市区办事，我的前方好像就是你的车啊，电话那头传来了不好意思的笑声。就这样一个简单的事情，我反复研究解决的办法。

人们常说，打蛇打七寸，管理也必须管在七寸上！

翘班的七寸到底在哪里？后来我们想了一个办法：但凡需要请假的人员，除了给分管领导履行请假手续外，必须在离开机场前，在全员微信群里通报信息，什么时候离开、什么时候返回、什么事由请假。很快，翘班的问题没有了，请假的人次变少了。究其原因，是把人们内心最深处的"面子"堂而皇之地摆在了桌面上，生死无关，面子为大，这还了得！当一个人请假离开机场的时候，他所面对的监督人不再是组织或者管理者，而是所有的员工，特别是同一个部门的员工，众目睽睽之下，大家都会不好意思。后来，有人把这个请假办法戏称为"微信群里的裸奔"，大概意思是没有什么能够隐瞒的，也没有什么能逃脱全体员工的双眼，从管理的制度要求到员工的自觉监督，这是一次触及人性的尝试。

管理就是管人性，许多人认为制度摆在那里，一切按制度办事，人的积极性就能调动起来，员工怎么想并不重要。其实，制度只是起到预防性的作用，是强制性的，并不能让人心甘情愿地工作甚至付出更多。同样是加班，跟着自己欣赏喜欢的管理者一身轻松，跟着自己厌恶的管理者满是抱怨。提高员工的积极，关键要满足不同员工的人性需求。正如任正非所说，管理说到底就是管人性，一部华为的发展史，就是一部人性管理的历史。经常听到一种说法叫作无欲则刚，其实这个说法违背人性，无欲者很难做到所谓刚强和有力量。很大程度上，激发人性是企业、组织、社会进步的一种动力。对人性的激发和控制，构成了人类任何组织的管理史。一家企业管理的成与败、好与坏，背后所展示的逻辑，都是人性的逻辑。

管理有两个基本前提：一是人是自私的，二是人是懒惰的，所有的管理措施都是在有效解决这两个基本问题，或者说在这两个问题之上的推进。

无独有偶，还有一件事情同样的有趣。曾经，有人貌似几分神秘地给我讲，关于某些事情、某些人的某些秘密，特别是"历史上"发生了哪些事情，他们等等如何……这些看似是对工作的建议或者意见，其实不然，几乎经不起推敲，也没有任何参考的价值！于是，我们在党委会和全员大会上宣布了一条明确的规定，那就是任何人、任何时候，可以任何形式就企业发展的任何问题进行沟通，但有一个基本的要求，如果反映工作或者人员的问题，那么请给我一点时间，我会把所有的班子成员请到一起来听，然后我们研究如何解决，如果只是想偷偷告诉我一个人某个事情，或者干部员工之间所谓的"内幕"，那么非常抱歉，这个事情我不单独接受。既然是需要解决的问题，都可以摆在面上说，如果要"私聊"，难免有私心或者不为人知的隐情。尽管这种方法以偏概全，但是在特殊阶段杜绝了很多小道消息。为确保沟通顺畅，我们确定了每月员工思想分析会，或集体座谈，或单独面对，公司领导定期受理员工意见等等，把反映问题与小道消息完全割裂。

把放心的人放在不放心的岗位上，就是最有效的人性管理。

人性大致可以分为五个层面：一是物质的诉求，每个人都有最基础层面对物质的诉求，员工加入企业，最直接、最朴素的诉求就是财富的自由度。企业必须给员工提供相对充足的物质满足，如果连续三个月发不出工资，那些口口声声为企业奉献的员工，大概是最先离开的。二是安全的诉求，这是人类与生俱来的一种本能需求，人的一生多数都处于一种不安全状态，机场员工也大抵如此，大家必须抱团取暖，共同面对充满了风险、未知和不确定的未来。三是成长的诉求，越是智力高的人，野心的张力越强大，当拥有的权力与自己的欲望、雄心、野心相称的时候，自然愿意在这样一个平台发挥才能和智慧。因此，组织需要张扬每个人的雄心，同时又要遏制过度的野心。四是成就的诉求，也就是被组织和社会认可、被大众认可的欲望等等。当然最重要的，就是组织要能给员工希望，让员工跟着组织有奔头。五是使命的诉求，只有极少数人是拥有超我意识的使命主义者。

马克思主义哲学认为，原因和结果的联系是事物或现象之间引起和被引起的联系。引起一定现象的是原因，由原因引起的现象是结果。原因和结果之间的关系是既对立又统一的。一方面，原因和结果是对立的，在具体的因果联系中，原因就是原因，结果就是结果，二者不能混淆和颠倒。这是原因和结果区别的确定性。另一方面，原因和结果又是统一的，原因和结果是相互依存的，原因和结果在一定条件下相互转化，原因和结果又是相互作用的。因此，只有找出某一事物或现象产生的原因，才能认识其本质和规律，提出解决问题的有效方法。

因为人性，所以管理。如果一个人不敢做坏事，是因为怕管理者，这个组织是人治；如果一个人不能做坏事，是因为没有机会，这个组织是心治。因此，人治就是管理者厉害，法制就是机制制度厉害，心治就是文化厉害。这里的文化，必然涵盖对人性的理解。

类似的事情还有很多，到底是什么原因推动了问题的解决？我认为核心就是人心与人性的问题。看似很多的现象，背后都是人性在起作用。比如说，微信的报备，恰恰因为大家顾及面子，而这种面子就是人性的外化表现。再说反映问题，本来是很好的事情，但是掺杂了很多的私心，一旦要求广而告之的时候，内心的小九九无处可藏，也是人性的触碰。

人性没有善恶之分，只是每个人的内心深处都有一颗萌动的种子，从他来到世间的那一刻便存在着。如果被善良的力量激活，就会成为一个善良的人；如果被邪恶的力量诱发，就会成为一个邪恶的人。所以，人性是中性的，就像早上应该起来，可是不太想起来；今天应该认真工作，可是有一点懒惰不想工作；觉得这个东西不该拿，可是又有一点儿想拿。人不是绝对没有一丝欲望，这个深沟大壑里的邪气因风荡或被云催，"略有摇动感发之意，一丝半缕误而泄出者"，它就偶然透露出来。

不必用结果来证明当初选择正确与否，正如怀疑苹果里有虫子，当削掉苹果的时候，结果已经变得没有意义了。

管理者要学会洞察人性，更要引导人的善良苗壮成长。让人有受益感，就是使人有一种占小便宜的感觉，以此满足人的自私心理，这是人性中最为原始的需求，在管理中屡试不爽。让人有饥饿感，也就是对某个事物产生渴望并给予一定的满足，管理必须能够抓住人的饥饿感。让人有恐惧感，这是人们逃避痛苦的直接动力。恐惧被开除，所以努力工作；恐惧被责骂，所以要做好；恐惧一事无成，所以要有紧迫感。能够在管理中让人产生恐惧感，会让管理效果大大增强。当然，这里的恐惧感不是让人害怕工作，也不是害怕管理者，而是让他对自己的现状有清晰的认知，让他清楚现状与理想之间的差距以及没有达成结果的后果，从而自动自发地增强动力，拼命工作。让人有尊重感，它是人性中的一种高级需要。同时，还有自豪感，它有时会自动促发，但更多时候，需要别人的刺激才会让自己感觉到自豪。管理者如果能够成为那个促发别人自豪感的人，就一定能走进别人的内心，也能直击人性。

一只花瓶有多坚固只有打碎那一刻才会知道，人性也犹如花瓶，经不起任何的考验和试探。"世界上有两件东西不能直视，一是太阳，二是人心。在人性面前，人们总是渺小的存在。"如此看来，人性是两个不同的气场交错着的东西，并非单纯的好或者坏。但是作为管理者，必须启发人性的阳光，使之发扬光大。

管理，就是管人性。

Topic43　自我成长

　　至今我依然记得很清楚，那是一个周五的下午，我正坐在办公室，突然接到上级组织的电话，说有一封举报信反映我的问题，其实就是一封告状信。听到"举报信"这三个字，我当时就懵了！在我的脑海里，这样的事一辈子跟我也不会有任何关系，从小受到严格的家庭教育，从未想过这些事情会出现在我的生活或者工作中。那一刻，我不知道该怎么办，一下子觉得天塌了，我的世界凝固了，坐在沙发上不知所措。

　　想到这几年我只身一人来到这个地方，抛家舍业，日夜兼程，把所有的青春和汗水献给了这份事业，我想不明白到底是什么原因，竟然有这样一封举报信。那个下午我把自己关起来，坐在宿舍的床边看着太阳落山，看着月亮升得老高，第一个念头是打退堂鼓，哥们儿不想干了，一点也不想在这个地方待了，觉得很委屈。坐到快天亮的时候，眼泪终究止不住流了下来。

太阳依旧东升西落，海水终会潮起潮落，心里再苦再累，也只能自己咽下。有人说，真正能够带领你走出黑暗，能够给你带来改变的，一定是你的自信光明，也就是你自己内心有一个向好的精神，你自己有拯救自己的那种责任感、动力和能力，你才可能借助外界力量去疗伤，而且让自己变得更加勇敢和坚强。

第二天很早的时候，我换好衣服去晨练，走在飞行区的巡场路上接到了女儿的电话，电话那头开心的笑声问早，我能感受到她对我这个很久才能匆匆见一面的父亲的期盼和思念，还有一点抱怨和无奈的忧伤。突然，再也忍不住泪流满面，如同一个玻璃碗被狠狠摔在了地上，瞬间成了一堆玻璃渣子，无法用一个词形容那一刻心情的沮丧达到了冰点。一面是自己的委屈和不公，一面是女儿的欢声和笑语，冰火两重天之间是我撕裂的心。

女儿上幼儿园的时候我第一次外派工作，清晰记得她稚嫩的小手拼命抓住我的衣角，撕心裂肺地哭着喊爸爸别走，到如今出落成一米七的初中生，只是多了些理解、理智以及对于父亲日渐遥远和模糊的记忆。至今依然在外漂泊，想到外派这么多年，自己对家庭没有任何付出，何谈一个称职的父亲。称职，这是一个多么遥远的词汇！我把所有的精力都放在了这份事业上，我视它为毕生的追求和价值所在，没有一天懈怠过、荒废过，而且这几年也作出了如此成绩，但是，我得到的却是这样一个结果。站在飞行区，我望着慢慢升起的太阳，不知道前行还是后退，强烈的孤独感扑面而来。就是在这种情况下，在这样的状态下，一边接受组织调查，一边思考我该何去何从，进还是退，这是个问题。努力回想这些年的工作历程，思考我怎么办，思考我怎么了，思考我为什么。我也站在一个旁观者的立场去想这个问题。

在那一个月多时间里，我读了很多很多书，反反复复剖析自己的问题，也洗耳恭听好友的劝解。后来与一位长辈促膝相谈，突然在那个晚上有所顿悟，我觉得这封举报信是写给我的，也是写给这个岗位管理者的，是反映问题，也是有所期盼。特别在一位长者的指引下，我们不断还原事件的过程，逐渐认识到事情的更深一层。

马克思主义哲学认为，内因是事物发展变化的内部原因，即内部矛盾；外因是事物发展变化的外部原因，即外部矛盾，是一事物和他事物之间的外在联系和相互作用。内因和外因既相区别又相联系，辩证统一。无内因，则无外因；无外因，亦无所谓内因。它们在一定条件下还可以互相转化。任何事物的产生、发展和灭亡，总是内因和外因共同作用的结果。内因是根本原因，外因位列其次。外因是变化的条件，内因是变化的根据，外因通过内因起作用。否认事物的内部矛盾，把事物发展变化的原因完全归结为外因，会陷入"外因论"。只讲内因不讲外因，也是片面的。

选择就像一场赌局，不走到最后，谁也不知道结局。在那个夜深人静的晚上，我斜靠着办公室窗户望着无尽的苍穹，突然觉得，这也许就是干部员工对一个管理者的期望，只是他们的表达方式显得激进了一些。我不断拷问自己，谁能拯救我的世界，不是朋友，不是同事，而是我自己，一个管理者的自救。我作为一个管理者，必须要有自我救助的能力，我不断确信这封信不仅是写给我的，也是对这个职务管理者的一种希望，今天我走到了这个岗位上，就必须有能力、有魄力、有毅力、有胸怀去面对和处理这样的问题。为什么曾经没有，其实很重要的一个原因是我没有在这个岗位上，也许这个事情一直存在，只是我从未经手过。此时此刻，当所有的好与坏蜂拥而至的时候，我必须学会坦然面对和承受。

没有谁的人生是永远一帆风顺的。生活不会偏袒任何一个人，该你吃的苦一分都不会少。在这个世界上，没有谁会永远陪着我们，永远不会离开我们的只有那个坚强勇敢的自己。我每天都要问自己，在事业上有没有带着脑子去好好工作，在人际关系上有没有言而无信，有没有努力做到要理解对方，然后在修养方面能不能让自己不断地变得更好。因此，混日子挣钱一去不复返，要是没点本事，你就永远只能够挣一点边角料的钱。所以当你能够沉浸在职场而成为一个专家的时候，才能够改变自己的命运。

其实，一个人最大的困难不是出现了挑战，而是不敢面对挑战。

那个晚上一身轻松，感觉自己像跨过了一个曾经难以逾越的鸿沟，翻过了一座曾经不敢奢望的陡壁悬崖一样。突然之间我没了眼泪，也没有了委屈，我想到更多的是这几年的不足，依然有改进的地方，而所谓的冤枉瞬间灰飞烟灭，最后的那滴眼泪也哽了回去。一个月之后，在组织全面调查核实举报的问题后，召开全员大会澄清了这件事情，定性为诬告。回想一个月前接到举报信的时候，我想，如果有一天要面向全员、面向所有干部的时候，我一定要讲自己这些年来的委屈，讲我这些年来的付出，讲我这些年来的成绩……但一个月之后，我觉得没有什么可讲的。一个管理者，既能够欣然接受所有的鲜花和掌声，也能够笑脸相迎所有的委屈和不公，是责任也是考验。在全员大会上，我说，尽管这是一次诬告，但从这个事件当中反映出了我个人的一些问题，比如说工作目标是对的，但选择的方式方法和途径有些问题，迫切发展的心情是对的，但是工作的方式方法依然值得推敲，想带着干部员工更好地发展是对的，但是日常沟通还是有所欠缺，等等。关于诬告的事情就此画上句号，大家在一个锅里吃饭，难免磕磕碰碰，只是从现在开始，希望大家一起为了更好的未来而努力。经过了这个事情，我自己获得了更多的认知和提高，认识到了自己的问题，也收获了更多的勇敢，所以这一切都已经成为过去，所有的过往就当是我们人生中的一次插曲、一次擦肩而过。最后，我站起来给现场的管理者和员工深深地鞠躬，对自己作为一个管理者在这几年当中没有达到大家的期望表示歉意。

总有人说我独立坚强不屈服，却不知这坚强背后的无助与孤独。没有人生来就能独当一面，多的是夜半时分被窝里止不住的眼泪，一个七尺男儿的眼泪。我深感，如果一个人真的足够强大，别人就没法左右自己。所有的伤痛不会平白无故地发生，也不会平白无故地消失，这个伤痛去哪儿，答案是潜意识。如果你比别人强一点，别人就会嫉妒你，但是，如果你比别人强许多，别人就会仰慕你。当我们只有 1 米的时候，一定会仰视 5 米，但是有一天，我们成为 10 米的时候，5 米也就不再高耸。当一个人足够强大的时候，无需任何方式证明自己强大。所以，勇敢的管理者关键在于自己的成长和强大。

在一次全员大会上，我用买衣服的例子做了个比较，在一线城市，无论你怎么试衣服都没有问题，即便不买也没有关系，工作人员态度自始至终是发自内心的周到和热情。到了二、三线城市，如果你试了很多次但最终没有购买，工作人员可能会心里不舒服，但不会说任何不愿意的话。但是在四线城市，在你还没有提出试衣服的时候，工作人员很可能会抢先说：

"你买不买，不买就别试！"态度差别本质上是理念的不同。所以，思维的层次不同决定了一个人能走多远。

如果一个人不自信的时候要学会假装自信，装着自信最起码代表着自己喜欢自信，慢慢地假装自信就是一个人修炼的方向！没有人敢说自己达到了孔子的境界，已经做到了什么没关系，装着总比不装强，至少心中还有敬畏，如果连敬畏都没有了，到最后即使得到了再多，却依然不会觉得喜悦快乐。

这个事情就这样过去了。从当初不敢相信到后来的完全接受，从当初觉得委屈，到最后的释然。几年过去了，当初觉着天塌了，迈不过去了，现在回想，它只不过是我职场的一个插曲而已。只有自己成长和内心足够强大，才能自如应对很多问题。在管理的道路上，只有自己能够拯救自己，这大概是一个管理者自我提高所必须经历的阵痛。一个管理者必然要面对很多难事、大事、委屈的事、不公的事，所有的可能都会存在，都会冲着这个岗位而来。任何一个岗位上的管理者都应该有接受这份挫折、磨难、坎坷的心理准备。所以，管理者必须不断经历这样一些事情，才能够成长得更加勇敢。只有经历过这样一些事情，才能让一个管理者成熟、成功，在自我沉淀中拥有一颗勇敢的心。

当一个人坚强地熬过了这所有的苦，才会发现往后再多的磨难都不再算什么。回首时，那些自己原以为跨不过的坎坷沟壑，那些原以为熬不过的痛苦眼泪，都早已成了过去。

终有一天，我们会因为曾经的不懈努力和坎坷经历而欣慰。在我看来，这就是一个管理者的自我成长。

Topic44 文化建设

文化就词的释意来说，文是"记录，表达和评述"，化是"分析、理解和包容"。文化的特点是有历史、有内容、有故事。所以，一个企业的文化历来代表了其人文底蕴和发展潜力。

思想的高度决定行动的高度，文化的高度决定企业的高度。

机场最受社会关注的莫过于候机楼等公共区域，我们邀请当地的书法名家、绘画名家、诗作家、词作家等，结合当地自然环境、人文环境和候机楼设计风格、色彩调性等，在现场挥毫泼墨，书法和绘画内容均来自当地历史人物、历史事件、民间传说、诗词名句等。邀请当地书法名家，书写当地历史文化，塑造机场文化特性，是我们文化建设的一大特点。在所有候机楼的空白地方，布置了各种字画，让候机楼钢筋混凝土之上有了更多灵动的色彩。尽管水平有限、规格有限，但内在文化精神无限。如同自己亲生的孩子一般，尽管不是天生丽质，但是浓厚的感情胜过一切。在候机楼，经常能看到旅客在逗留期间驻足欣赏字画，一方面欣赏书法艺术，另一方面感受当地的历史文化，时常还能收到来自旅客的意见建议。我们始终坚持做自己，用唯美的诗词、厚重的历史、传统的书法，结合现代化的机场建筑，融历史与现代元素于一体，使得文化建设在这里赋予了新的生命意义。一幅字画平淡无奇，一段历史尘封已久，一个机场不过如此，而当三者结合，表现的却是另一种风格，这就是我们文化建设的独到。我常说，函数很简单，论佛性也没那么复杂，如果有人能写一篇文章论佛性的函数表达式，那么，这篇文章一定很有意义。

文化建设是现代企业管理的方式和手段，对于促进企业健康发展具有不可替代的重要作用。所有成功的企业必须有非常强烈的文化，用这个文化把所有人凝聚在一起。上百年的企业，不知道有多少东西都变化了，唯独它的文化百年不变。文化就是企业精神，企业精神就是企业灵魂，而这个灵魂如果是永远不衰、永远常青的，企业就永远存在。

在所有办公区域巧妙部署了企业文化和历史发展。企业文化不过是一张纸，但是它的精髓需要随时落地，更要让员工能看得着摸得到。所以，我们邀请了当地书法名家与员工一起书写企业文化，将他们的作品悬挂于办公区域，把曾经印在纸上的铅字用古朴的书法形式表现出来，更重要的是出自员工之手。其他办公区域企业文化建设随时随地以更加新颖的形式吸引员工观看，而不再是死记硬背的感觉。我们用众多照片和图片来装饰办公区域，以历史发展为主线，每一层楼做一个主题，每个主题都用不同的历史事件照片展现，让所有人欣赏历史、铭记历史，鼓舞发展。悬挂于会议室背景墙的八条屏气宇轩昂，楼道两边悬挂的照片如一条轻柔的丝带垂落在美女纤细的腰间。办公区域文化建设让员工在紧张的工作期间感受到了生活化的轻松。特别选用了员工的工作照悬挂于宿舍区域，抬头就能看得见自己，始终让员工感受到组织在乎每一个人的付出，在乎发展的成就，它不仅是过去，也是未来发展的力量源泉。

我们总是对生活勃然大怒，然后转身骂向自己的孩子，究其根本在于文化。文化促使人们改变原来只从个人角度出发的价值观念，潜意识地产生一种强烈的向心力，达到自觉关心企业、承担企业责任的目标。文化可以促进职工队伍素质的提高，树立企业形象，提高对外服务质量，提高企业的声誉和信誉。文化是组织在长期生产经营中形成的管理思想和管理方式，开展文化建设是组织深化改革、加快发展、改善服务的迫切需要。

在相对封闭的办公和生活区域里，由基层各部门负责，与员工一起设计办公环境和照片墙。在这个区域里，员工可以自己做主自由发挥，有的部门将休息区域由原来的白色改为淡黄色或者淡绿色或者其他形式，反正只要大家觉得开心满意，这个颜色就是由大家来确定。在整体环境上，管理者带着员工一起做照相墙，所有照片都是员工与家人的合影。在任何一个部门的照片墙上都没有组织的管理者。我常说，员工和家人照片挂在墙上是用来看的，而放上管理者的照片是用来骂的。这里，每一张照片都不是随随便便简简单单挑选出来的，在这面照片墙上，有每个人的记忆和割舍不掉的情怀，恰恰是这个照片墙将工作与生活融合得非常好。好几年过去了，甚至有些照片已经发黄模糊，但是常常能看见，在工作闲暇员工站在照片墙边久久不肯离去。因为，每一个照片的背后都有一段历史，都有很多感慨，也许是曾经逝去的青春，也许是对未来充满的向往。

文化不仅反映在企业的价值观中，也反映在全体员工的行为习惯中，成为建立现代企业管理体制必不可少的重要因素。文化使员工从潜意识里感受到企业的利益就是自己的利益，企业的利益高于一切，从而实现企业和员工事业的相互发展，促使企业不断成长和发展，使员工产生强烈的归属感，从而实现个人价值，并为企业创造价值。

如果一个人没有名字该如何承受灵魂，这是一件很难为情的事情。于是，在整个场区完成绿化和美化之后，我们把场区分成了若干个小区域，并根据树木特点和整体色彩等，给每一个小区域起名，在每个小区域栽上奇形怪状的石头，用有不同的字体和颜色，将该区域的名字刻在石头上面，比如种满桃树的地方名叫桃花岛，集中种植杏树的地方名为杏花林，从历代书法名家字帖中集字然后篆刻，一树一石一雕刻，填补了自然环境，也提升了人文环境，真正将文化元素渗透于场区的角角落落。尽管只有为数不多的贵宾厅，但是如何去标记文化并非简单的事情，曾经有很多的设想，企业冠名吧有点太俗气，数字表示吧有点像监狱，如何才能有亲近感。我们绕开了商业符号，避免了刻板的格调，从《诗经》中摘取了很多优雅的名字，然后以投票的形式让大家选择，于是贵宾厅被冠以蜀黍厅、子衿厅、鹿鸣厅等。由于当地气候相对较冷，在色彩上选用了古铜色的暖色调，以红桃木作为背景板，采用小篆，显得厚重又不失灵活。经常会遇到旅客站在贵宾厅门口问什么字体、什么寓意，为什么他们都不认识等等。我说这就是文化，这就是我们机场的文化，它不是从什么地方照抄照搬来的，属于我们自己的创造。

文化是企业管理现代化的发展趋势，是企业改革向深层次发展、增强企业活力的内在要求。它使企业经营指导思想适应时代的变革而不断更新，研究企业所面临的新情况，探索深化改革的新思想、新途径。有助于企业形成改革的共识，调动人的积极性和充分挖掘人的潜力。有利于管理者尊重人、关心人、培养人。

我们的努力体现在所有细节上，让文化润物细无声浸透机场。新的安保标准出台以后，由于到达厅隔断高度达不到要求，需要在隔断顶端加装护栏，但是加装后的铝合金护栏显得无比冰冷。如何让这个 80 公分高、20 米长的隔断既满足功能要求，又体现文化修养。反复讨论后，对铝合金表面进行敷膜处理，然后选用淡蓝色底纹，印上白色的祥云作为图案。每一个来到机场的旅客都要走过这道门，所以我们起名"走过幸福门"，依然选用弯弯曲曲的小篆字体，在整体的淡蓝色祥云图案基础上，写着"走过幸福门"五个字，给人一种轻松愉悦的感觉。在到达口接站的旅客抬眼就能看到这五个字。经常看到接站后旅客还会手指着这五个字给客人看，感觉像中了彩票一样，满脸的喜悦之情。现在，任何一个公共区包括场区都充满了文化的元素，让灵魂悦动起来。

经营好的企业赚钱，管理好的企业健康，文化好的企业快乐！

马克思主义哲学认为，内容是指构成事物一切要素的总和，形式是指把内容诸要素统一起来的表现方式。内容与形式是对立的统一，内容和形式是现实事物的内在要素和结构方式的两个不同方面，两者是对立的。同时，内容和形式又是相互依存的。任何内容都具有某种形式，离开了形式，内容就不能存在；任何形式都是一定内容的形式，离开了内容就没有形式。内容和形式又是相互作用的，内容决定形式，形式对内容有重大的反作用。

因此，在观察处理问题时，要注意事物的内容，也要注意形式对内容有反作用，从而把充实的内容和恰当的形式结合起来。因此，必须创新文化建设形式，持续建设优秀文化，努力实现企业发展目标，提高员工向心力和凝聚力，使企业发展与员工成长共存共生。

作为一个管理者，不断将自己的文化包括自信灌输给组织的每个人，非常重要！

用当地方言说，你还不相信狼是麻的！

Topic45 聆听基层

总结和分享工作经验是我们一直坚持的管理方法，每季度都要举办管理经验交流会，与会人员畅所欲言，取长补短。这一次，全体管理人员和员工代表一起回顾机场四年来的改革、发展和变化，感慨颇多，甚至激动不已。原打算整理一篇简要发言以作记忆，却发现最美不过基层管理者和员工的真实声音。

没有完美的个人，只有完美的团队。

参加工作八年时间，我见证和参与了企业的发展，也在企业这个平台实现着自我成长和价值追求，更深切地感受到企业发展的艰辛不易和谋求发展的不屈不挠。几年来，积极践行着为企业谋发展的宗旨，主业发展和总体收入都在以两位数的速度增长，我们的工作、生活、精神面貌在企业发展的前提下有了质的飞跃。场区绿化好了，绿树成荫，晚饭过后，周边老百姓来机场散步，就和到了公园一样。同时，个人收入提高了，利用年休假可以和家人走出去看看外面的世界。在这里，我们找到了尊严。曾经，办公楼前的停车场空空荡荡，现在很多员工的车只能停到航站楼前的停车场了，这直接反映了员工收入提高带来的生活品质的提升。

机场的社会认可度在不断提升。几年前从市区搭乘出租车，要说去机场，出租车司机都不清楚在哪里，从来没去过机场不知道该收多少钱，出租车司机眼里满是疑惑和好奇。现在机场开通了公交车专线，方便了出行，听说是机场的员工，别人都会多看你几眼，因为机场在当地人心目中的地位提升了，真正体会到了什么叫"水涨船高"。工作状态提升了。以前每天一个航班，航班下午5点前结束，锁门去市区吃饭的临时组团，现在每天很早准时到岗打卡、点名、岗前酒精测试、进入岗位工作，直到航后晚讲评会，365天如一日有条不紊。

组织应该借助于任何一个机会，不断表达对员工付出的尊重。现在满眼看去，员工精神状态饱满，很有干劲，行动力强，积极性高，说工作就好好工作，说问题就想着去改，没有推诿扯皮，都是从好的方面出发，即使挨了处理也是先找自己的原因，这个背后是长久以来既严管又厚爱的付出。公司推行的"九不准"规范到行为和说话，打造了作风优良的队伍。厚爱涉及方方面面，如果员工生病了，部门没有及时探望，企业想得比部门仔细，记得很清楚，督促尽快看望。三伏天配发了姜枣茶，让员工注重养生，夏天航班容易延误，立即买夜宵配发到各岗位。回想一路走过的历程，可谓艰难坎坷、举步维艰，但是，依然蹚出了一条不服输的奋进之路。有时候想一想，能参与和见证机场的发展，不是每个人都有这样的福分。

团队的学习氛围明显提升，原来员工取证考证通过率达不到50%，现在员工普遍感受到能力不足所带来的束缚，没有更多督导和要求，员工自己抽时间学习补课，自学意识不断增强，岗位资质考试通过率达到90%甚至100%。从原来的被迫学习到现在的主动学习，状态转变很快。管理力度不断加大，管理标准提升，管理措施实在，管理深入每个环节，每个人都心中有数。曾经，大家考虑更多的是自己的事、部门的利益，只要完成本职工作，其他事项事不关己、高高挂起。经过企业大踏步发展，员工清醒地认识到只有企业发展了自己的利益才能保证，大家的思想和精力也转到关心企业发展上来。

如果说这几年最大的改变，那就是员工思想观念的转变。如果一个人真的只为了赚钱的话，就没有必要在这里上班，随便找个什么职业都能赚到比这里更多的钱。但是，为什么非要来上班呢？我越来越觉得是价值追求，没有人能够靠组织的工资来发财，而一定是通过这里的历练让自己增值，让自己在这个地方因为工作而变得越来越贵，这样才是真正的发财，现在大家把这个关系想明白了，所以知道更加重视和努力工作。

大家为了完成每月的售票任务，在朋友圈推送特价票信息成为每日必修课，有的自己制作名片给旅客发放，有的给自己私家车贴宣传标语，每个人都是想方设法地为自己创造客户，完成工作任务。员工责任心明显增强了，只要是自己分内的任务，都要抽时间完成，工作遇到困难也不推脱，不管是自己想办法还是寻求帮助，都会解决问题完成任务。同事之间的关系及部门凝聚力增强了，以前员工有事请假，因部门人员少，员工之间换班是件难事，现在只要听说有事，就会有人主动请缨。与地方政府的关系越来越顺畅，机场的影响力越来越大，协调解决问题的效率不断提高，地方政府每年给机场的各种补贴数不胜数，解决难题不在话下。

几年前企业的业务量小，一个人基本可以身兼服务、出纳、会计和规划多个岗位，现在仅负责主业经营这一块工作，说实话就要脱层皮。现在的压力确实很大，企业发展这么快，对干部的能力要求更高，反应要快，要出结果，结果必须有质量。每次开干部会前，大家的感觉就是怕，不是以前的怕被批评怕挨骂或是怕扣工资，而是怕工作不到位，影响工作的推进。这就反映出干部对待工作态度的转变确实是潜移默化的。如果工作出了问题，每次都是领导班子首先自我反省，常说一句话：问题出在前三排，根子还在主席台，当官不为民做主，不如回家卖红薯。领导班子能够这样自我批评，作为身处事中的我们，如果再没有自我警醒的态度和如履薄冰的状态，真就应该卷铺盖走人，退位让贤了。

记得锅炉、保洁等非核心业务外包招标时，一口气报名10多家单位，经过精挑细选，确定了宁夏的一家，因为中标价格远低于公司的测算价格，后来和他们负责人聊天，说他们就是看好机场的发展，亏本也要拿下这个项目，要做精品做标杆。还有，候机楼广告项目，对方想一次签五年，逐年增加租金。但是我们最多签两年，因为我们要冲五十万，到时候那个报价是绝对太低了。机场主业的发展形势这么好，就是发力点把握得特别准，华夏航空两条线改为了定补，全年算下来补贴总额不升反降，但座位数翻番。这个事前后基本耗了一年时间，过程很曲折。当时为一两万元补贴谈不拢，闹得有些尴尬，后来，我们大半夜敲开分管市长的房间，汇报机场的想法和建议。最后双方各让一步，夏航季两条航线尘埃落定。

地方经济的发展为机场的发展注入了巨大的活力，在脱贫攻坚的大背景下，2020 年航空公司开通了西安、广州这条航线，在地方政府补贴大盘不增加的情况下，很多事情都在积极推进。每次全员会上，都要向全员通报这些重要工作的推进情况，就是想让大家知道，机场主业有这样的成绩，不是靠敲锣打鼓轻轻松松实现的，是在当地政府领导的亲力亲为和上级组织不遗余力的支持下实现的。始终把工作任务放在大局中考虑，突出工作的重要性，切实体现出任务的品位和意义，激发员工的工作激情。虽然过程很艰难，但是只要结果好，其他的都不重要，干部员工在这个过程中，懂得了自我成长，懂得了珍惜，懂得了付出。

一直说"保护员工就是保护生产力"，每个季度都要组织员工生日会、买礼品，节日期间组织在岗员工煮火锅，妇女节要买鲜花慰问女职工，运动会要组织的有趣，午餐要供应水果，每周要讨论餐厅供应的菜品，遇有航班延误夜间要将食品饮料送到员工手上，对员工反映的问题都是特事特办。记得 2019 年元宵节，我们提前煮好元宵，按照每人一小份盛到餐盒装箱，由领导带队，亲手送到当天上班的每位员工手里。虽然这些工作琐碎耗时，但大家的每一声谢谢，都是对我们莫大的表扬。同时，员工自身所具有的条件，使得自己能够在工作环境中不断释放经验和知识，同时也不断学习新的技能和知识，这样不断的交流和学习，让大家更加适应工作环境，从而创造出更好的业绩。

大力推行绩效考核，彻底打破大锅饭的平均主义，用差距产生动力。在这个充满改革精神的企业里，管理者善于倾听那些与顾客最接近的员工的意见，然后授权他们去干。针对主业营销力量过于薄弱的问题，我们将部分航段售票指标落实到绩效考核中，借助时刻搭配，宣传枢纽机场中转产品，每个部门每位员工每月均有销售任务，效果立竿见影。华夏航空两条线过站旅客以前每班120人左右，现在基本下降到90人左右，银川方向每班由以前的20人左右，达到现在50人左右，进出港旅客大幅增加，航班座位利用率不断提高。2020年，主推红色教育与航空产品的有效融合，特别是与宁夏六盘山干部学院建立合作机制，只要有外地学习班就主动联系党校，而且多家单位已经成行。

企业发展得快发展得好，落实到员工就是个人的成长和薪酬的增加。我和爱人都是机场员工，彼此知道对方每天忙什么，为啥不按时回家，工资拿多少，彼此没有秘密可言。当然，俩人的工资一起存一起花，每月拿到手接近15000元。孩子快3岁了，得益于父母的健康，一直帮我们照看孩子，生活的压力缓解了很多，双方老人也特别支持我们的工作，现在就想着干好工作，多拿工资，多攒钱，培养好孩子，不求学习多好，但求孩子能够快乐成长，为孩子营造宽松的空间。

如果你想知道一万米什么样，就必须走到八千米的位置，站在二千米的位置永远不会知道一万米的样子。因此，管理的魅力在于你永远不知道下一秒会给自己带来什么样的精彩。唯有行动起来，才可以看到更多美好的可能。

Topic46 面子孙子

那年 8 月，机场迎来了史上第一架过夜运力，让当地老百姓真正实现了"早出晚归"的梦想。我至今还记得，当航班平稳落在跑道的时候，内心的激动和成就无法描述，这是曾经想做但没有做成的事，如今把梦想变成了现实，其中的艰辛只有我自己知道。

协调航空公司加密当地至西安的航线航班，成为那一年我的主要任务之一。我曾两次与航空公司洽谈开通航线的事，却都碰了一鼻子灰，电话联系数次，被告知的理由都是老总行程安排满了，没有多余时间与我见面。看着停滞不前的进度，我下定决心买了一张机票飞往上海做"长期战斗"。在航空公司的办公楼，门口的保安和门禁成为第一个"拦路虎"。眼见着进不了大楼，便给老总秘书打了电话。直到现在，我仍清楚地记得电话里秘书声音里露出的那份惊讶。没有预约，只能等候，我索性盘腿坐在大厅的地板上，一边等待负责人回来，一边处理工作。当时办公楼里人来人往，不少看过来的眼神都带着好奇。

农民的儿子，最大的长处就是特别能吃苦，特别能忍耐。

交流的时间很短，我能介绍的也很有限，但无论如何彼此算是朋友了，便决定过段时间继续来"攻关"。因为每次预约都很难约到，所以后面的见面都是"厚着脸皮"直接拜访。去的次数多了，对方终于有点松动，说可以试试。我不记得那段时间在上海停留了多久，唯一记得有一次下飞机，转身看到机翼上航空公司的标志，随手拍照发了朋友圈，无限感慨地写了一句话："何时飞入萧关城。"后来听说航空公司负责人在西安参加公益活动，在地方政府的积极协调下，通过各种渠道邀请他实地考察，详细介绍了当地交通和民航发展情况。长期的坚持终于有了结果，航空公司同意在机场放一架过夜运力加密西安航班。我在想，当地飞西安每天两班，作为排名全国第七的西安咸阳机场，四通八达的航线网络必然成为最好的中转选择。

按照三圈理论的说法，舒适圈形容人生活在一个无形的圈子里，在圈内都是熟悉的环境，与认识的人相处，做自己会做的事，所以感到很轻松、很自在。但是，踏出这个圈子界限的时候，就马上会面对不熟悉的变化与挑战，因而感到不舒适，很自然地想要退回到舒适圈。学习圈是人们较少接触或者未曾涉足的领域，对于新的事物，可以有更多的机会挑战自我，锻炼自我，能学到的东西也就很多，有时候会有轻度不适应的感觉，但是克服了就好了。恐慌圈是圈里的人会感到严重的忧虑和恐惧，有点承受不住压力，超过自己的能力，所以处在恐慌圈中必须学习。在恐慌区，通常最大的问题就是行动力丧失，因为能力和资源不足以支撑目标而导致压力过高。但是，行动是解决一切问题的基础，没有行动就没有一切。

闽宁协作发展 20 年依然没有直飞航班，空中通道不畅通成了我永远的心病。下定决心要开通航线，打通两地空中通道，这是那一年我们给地方政府的承诺。发函、谈判、考察，能想到的办法都想了，能用到的措施都用了，事情迟迟没有进展。无数次协调航空公司，几乎每次谈判都喝得烂醉，第二天早上醒来问自己这是在哪里，坐在床上努力回忆，原来是为协调航线航班而来。拿起手机给办公室主任发了一条信息：午饭帮我准备点小米粥。来往无数次，每次无果而归。那段时间，每次看到航空公司标识，我的脑海中都会涌出一种思念：什么时候我们的机场也能有他们的航班降落。在当地政府的推动下，借助闽宁协作有利时机，我们带上函件一口气找到了福建省政府分管领导，拿到省政府领导签批的关于开通福州航线航班的批示。那一夜，我把自己灌醉倒在了星光璀璨的厦门海滩上，告诉酒店前台明天不要叫醒，我要睡到自然醒。那一年夏秋航季航班因为西安机场时刻紧张没有开通，随后的冬春航季航线正式开通，当地的十月底已经很冷了，凛冽的寒风吹过，站在机坪上看着航班平稳落地，面对记者的镜头我忍不住落下了眼泪，这眼泪饱含了艰辛，也饱含了幸福。

我在想，磨难到底是什么，让人欢喜让人忧。

新航线开通后，因为机型保障需要提升消防等级，购买消防车数百万的资金让我一筹莫展，我们不断向地方政府报告，请求拨付资金支持，但是没有预算谁也没办法。航线最终谈判时间越来越近，航空公司要求的消防等级问题成了最后的障碍，想尽各种办法依然不能达标，便再次请求当地政府支持。在那个煎熬等待的日子里，每次手机铃声响起，我都会以为是地方政府的来电。我记得很清楚，那个大雪纷飞的傍晚，天色低沉，地方政府通知我紧急开会商讨消防等级提升问题，下楼开车飞奔，在赶往政府的路上接到通知原则同意拨付资金，不用来了。接完电话内心无比兴奋，我打开车门站在路边长长地出了一口气，抬头看漫天的雪花晶莹剔透，昏暗的路灯慢慢亮起，我想不起那一天在冰天雪地里步行了有多远，但是从未感觉到那么轻盈。

只是，这段路，走得太艰难！

什么事难，都没有开发市场难！说起航线开辟和市场开拓，有人说毕竟还有个面子的事情，呵呵，我想说，一直以来我说的都是孙子的事情。其实，一个人受到的最大伤害，不是别人插在我们身上的刀，而是我们自己经常拔出来看一看，然后再插回去，这种反复的自我伤害，才是最大的痛苦。所以，每个人必须向前看，而不是活在过去的伤害之中。

穷则思，思则变，变则通。作为中小机场，发展通航最好的出路就是吸引航空公司来本场训练。借助机场有利条件，我们不断开拓本场训练业务，无数次前往航空公司就机场的保障环境、设施设备、飞行程序、后勤保障等进行推介，我们的诚意最终打动了对方同意来考察或者飞行，再行确定是否作为训练基地。当晚，我们一行三人回到酒店收拾行李准备打道回府。但是，第二天一早，事情逆转而下，我们接到航空公的电话称出了一点状况，本场训练属于通航还是民航界定不一致，由于本场属于高原机场，按照局方关于航空公司本场训练规定，新学员不能在高原机场做本场训练。我按下内心的焦急，四处打电话疏通。不巧的是，费尽周折联系到一个有影响力的专家，却在美国休假。不管三七二十一必须解决问题。接通电话的时候，我能感受到对方还在熟睡的深夜。我在白天，他在黑夜，电话连线无数次得到的回复是，凡是不载客就应归属通航运行标准。于是，我拿着这份依据找到航空公司，拉着负责人和局方人员一起继续谈。从早到晚来回十几次，直到下班的时候，航空公司终于同意决定前来考察，但仅限于成熟的机长或飞行员训练，不考虑新学员。无论如何，事情有了进展，放松了心情，才意识到这一天茶不思饭不想。谁说的四川火锅好吃，为何我一直没有记忆。

人生在世如长河入海，决定胜负的往往不是一关一隘的得失和一时一地的亏盈，而是百川聚来的泓沛。一个人的福气不是天注定，而是要靠自己一点一滴养成。厚道虽然不是一条快车道，但却是一条方向最正的大道，回报虽没有那么快，但绝对不会缺席。今天，你给别人修过桥，待有一天，别人会来帮你铺更宽的路。

就这样，我们不断引进航空公司来本场训练，但是每一次都是从"难题"开始，我如同一个学生，唯有不断解题才能如期前行，不知道碰了多少鼻子的灰，甚至感觉掉到了灰堆里，压抑地无法呼吸。有几次，躺在酒店的床上，眼泪不知不觉流了下来，男儿有泪不轻弹，为何我却如此这般脆弱。我不断问自己为了什么，但是找不到一个退缩的理由，我的命里注定没有四平八稳、按部就班。由于对方是大型航空公司，态度一直很强硬，一会儿说机场太远，一会儿又说地处高原。后来，在其他航空公司专业人员的"助攻"下，业内有影响力的大型航空公司同意来本场训练。但一听说需要协调当地空军，便又打起了退堂鼓。在现场，我拍着胸脯说这事交给我。当日下午，我马不停蹄飞到空军办公室协调空域问题，就是凭着三寸不烂之舌和对这份事业的无限诚意与热情，从机场发展到脱贫攻坚，从百姓需求到企业发展，我们的真心打动了军方，被军方的人形容为"你这样的拼命三郎不多见"。军方豪爽的答应让事情迎刃而解，甚至连训练空域的不少问题都一并解决，为后续通航业务发展打下了良好的基础。如今，对于那些无数次去过的城市，内心存有着一种本能的惧怕，在那里有我的磨难与挫折，有我艰辛与煎熬的每个细节，所幸最后有个好的结果，想想便可以慰藉。

这个世上什么事都可能发生，唯独不会发生不劳而获的事。

马克思主义哲学认为，价值观是人们对社会实践活动和万事万物进行价值评价与判断时所采取的哲学观点和社会观点，它反映了人们对某种事物有无价值和价值大小的认识和态度。价值观不仅影响人们对事物的认识和评价，也影响人们改造世界的活动。价值观是支撑人类生活的精神支柱，它决定着人类行为的取向，决定着人们以什么样的心态和旨意去开创新的生活，对于人类的生活具有根本性的指引意义。因此，每个管理者都必须有高层次价值追求。

有人问我为何如此拼命，我的回答是因为初心。对一个管理者而言，在没有制度要求、没有规定安排、没有机制约束的地方，恰恰是体现初心的地方。无论任职几年，我终将至死与这里往来，这片黄土地之于我，是职场所在，也是初心所在，更是价值所在。

Topic47 管理仪式

当年，联想教父柳传志在年度大会上举办授旗仪式。当着全体员工代表的面，在庄严的主席台上，柳传志手握一杆大旗交给杨元庆，说："元庆，以后企业的发展就交给你了。"台上的杨元庆感觉到了神圣使命，台下的员工代表也感觉到了身上的责任。我无数次把这个故事讲给所有的管理者，其实，仪式感是人们表达内心情感最直接的方式。

管理，需要仪式感，正如生活需要仪式感一样，不可或缺。

每个季度都会举办员工生日会，我会亲自给员工戴上生日帽，唱一首生日歌，与所有的人一起切下蛋糕，而且给每个寿星准备一份生日礼物，在上面写上精心准备的祝福语，签上我的名字，亲手交给他们。有人曾经在生日会上落泪，似乎好多年都没有这样过生日了，能在这样一个大家庭见证成长，觉得无比幸福。在我看来，就是把普通的日子特殊化，强化记忆，形成标记，清楚界限。让所有人知道，这一天对自己来说不一样。正如张爱玲所说："生活需要仪式感，仪式感能唤起我们对内心的自我尊重，也让我们更好地、更认真地去过属于我们生命里的每一天。"

对于机场这样一个组织来说，女同志所占比例较大，每一个女神节，我们都要为女神们准备一束耀眼的鲜花，我和班子成员一道把鲜花送到岗位上，非常隆重地送到每一位女同志的手里，祝她们节日快乐，感谢她们所有的付出。现场的一位女同事手捧鲜花伴有几分羞涩，很不好意思地说这一辈子还是第一次收到鲜花，自己都不知道该怎么去接。仪式感会让人觉得那一天、那一刻很特殊，自己也很特殊。想起《小王子》里的一句话："仪式感就是使某一天与其他日子不同，使某一时刻与其他时刻不同。"

每一个重要的节日，我们都不会错过。春节的时候，我们组织所有人员聚集在餐厅，或者包饺子，或者吃火锅，让节日的值班时光不再孤独和思念，有人戏说，吃火锅成为我们的传统，"一言不合就吃火锅"。冬至的时候，我们聚集在一起，煮上热腾腾的饺子，在这样一个中国的传统节日，重中国的传统并领悟先人的智慧，冬至到底意味着什么？为什么要遵循天人合一？这从节气变化上如何顺应自然？这一天，有一个主题演讲叫《冬至，说出你的感动》，大家围坐在一起，一边畅谈企业的发展变化，述说几年来取得的成绩和个人的进步，一边回顾着中国的传统文化和古人的智慧，其乐融融，让人不忍离去。

管理大多数时候都是平淡无奇的，鸡毛蒜皮、柴米油盐的琐碎，家庭和单位两点一线的重复。管理的仪式感与矫情无关，也不是繁文缛节、摆花架子，而是一种庄重、踏实的做事态度与方法，是对组织的热爱，对发展的敏感及对生活未来的向往。所有的仪式，归根结底是增加员工的自我认同以及对组织的认同，留住优秀的员工。每一个重要的日子我们都不会错过，把平淡的日子过成与众不同的样子，一直是我的追求。

其实，年终工作会并没有想象中的那么刻板与沉重，我们评选一年当中所有值得表扬的优秀员工，只要有进步就会受表彰，每个奖项只授予一人，所有奖项都独一无二，且根据员工进步实际来命名，比如最佳进步奖、最佳风采奖、最佳形象奖、最佳业务奖等等。在年终工作会上，针对每一个获奖者播放两分钟视频，展示他们在这一年当中的进步与付出。有人看到视频后感慨地说：看出了大片的感觉，这真的就是我自己，尽管如此普通却天下无双。也有人感慨：每天都在身边，今天才知道，原来你是如此平凡却又如此优秀。一个仪式，一个短片，一个奖杯，让所有的人潸然泪下，也让所有的人更加了解身边的英雄。这一桩桩一件件的节点活动，像小珠子一样串起来，直到串成组织行为。每个节点的非比寻常，让机场成为一个有温度的家庭，让员工生活在有温度的文化氛围中，更能促进企业发展。

心理学家威廉·詹姆斯发现人的意识、行为和感觉之间的关系，意识可以控制行为，但意识却不能直接控制感觉，行为却可以改变感觉。也就是说，可以用意识控制行为，再用行为表达感觉。最终，可以实现用意识间接控制感觉。职业装代表一个人对工作的尊重和对职场的认真态度，一个人穿的衣服可以左右自己的思维，职业装能让自己表现得更职业，这是一种强大的心理暗示。斯金纳说人的行为是可以"设计"的——需要做的是设置好"触发器"，一个人多次这么做，触发器和行为之间就有了一个强烈的连接，以后一旦遇到触发器就会自然这么做，根本不用费力说服自己。

我们的员工相对年轻，特别是有一部分还没有成家，所以在那年的夏天，我们邀请部分员工的父母来到机场，通报了机场的发展变化，参观了机场工作流程，看了子女的工作环境，大家作为机场人的家属而自豪。有的员工入职几年考不过职业技能鉴定，在年初的全员大会上，我与所有参加考试的员工签下了军令状，就这样一个简单的仪式，让所有人的见证和和督促成了他考试的力量。于是在当年的考试中，那些曾经两三年考不过的员工一次性全部通过考试。伴随机场快速发展，旅客吞吐量从 10 万人次跨越 20 万人次到 30 万人次，直到提前半年启动冲击 50 万人次的目标，我们在 1 月 1 号举行了"开门红"仪式，所有的员工系上红围巾，踏上红地毯，陪着旅客走过厚厚的大红门。这个仪式一经媒体报道就引起了轰动，员工在这场仪式中感受到了神圣的力量。有人说，走红地毯像极了谈恋爱，内心神圣如同当年爱情的宣言。"我是一个机场人"，这是身份的象征，也是力量的暗示，那就是引以为豪、内心坚定。每一个节点都有相应的仪式，而且全员参与，一个也不能少。

仪式感存在于职场的每一天，就是那些平凡的小事，带给人们的小确幸。这些仪式让人职场精彩，也让人终生难忘。它们看似平淡普通，但很重要，能点燃工作的激情，为职场加油。仪式感会让人记住每一个与众不同，也会从此刻起变得与以往不同。它用一种可感可触的方式，让平淡无奇的管理日常，因为有一点不一样而充满期待、兴奋、敬畏、思考。其实，每个早上醒来一切都还一样，只是需要一个好开始，一个可以正大光明和过去决裂、一个似乎可以逼着自己做些改变的时刻。

有一次，一个在机场工作好几年的员工离职，本以为简简单单一封辞职信就离开了。后来，我们组织部门员工举行了离职送别仪式，大家畅谈了对他的印象，畅谈了这几年工作当中很多有趣的事情和值得留恋的生活，部门领导充分肯定了他对组织所做的贡献等等，很特别的是，为他送上了离职礼物，还有大家的签名和祝福语。他说，我以为离职会灰头土脸，会无人问津，没想到离职成了最难忘的事情。其实，离职仪式一方面是感谢员工的付出，另一方面是给所有人一种力量，那就是企业看重每一个人的付出，在乎每一个人的成长与进步。这满满的仪式感，让离职员工感恩感动，"善待前员工"让在职员工感受到了信任与安全。

马克思主义哲学认为，内容是事物一切内在要素的总和，形式是这些内在要素的结构和组织方式。内容和形式是辩证的统一，任何事物既有其内容，也有其形式，不存在无内容的形式，也没有无形式的内容，内容决定形式，形式服从内容，并随内容的变化而变化。形式对内容又有反作用，形式适合内容，就促进内容的发展，形式不适合内容，则阻碍内容的发展。因此，管理实践中，必须运用好两者的关系，既要注重内容的充实，又要注重形式的创新，用更好的形式表现内容，从而更好地服务于管理目标。

每年夏季送凉爽，我们会把饮料、西瓜送到现场员工手里，而不是放在某个地方让员工去拿。送蛋糕到现场去，在最忙碌的时候陪着大家一起品尝。每个春节之前，都会去探望困难员工家庭，虽然只有几百元钱，但是在单位给了员工和上门探望截然两回事。有一次，我去探望一个员工，其双亲均患有癌症，这次探望不仅让员工感动，也让我自己深受教育，病床上的老人拉着我的手泪流满面，我想他感动的不是这几百元钱，而是组织的一份关心，让他感觉到了生活的尊严。

　　仪式感会让人用庄重而认真的态度对待职场里的每一天。很多时候，员工需要用仪式给自己做下标记，记录值得尊重、铭刻的事件，让自己从这些看似微不足道的仪式中，重获掌控自己情绪的激励。仪式感就是职场的兴奋剂，它看起来微不足道，却像灯塔照亮人生。仪式感能让每一天与其他的日子不同，让每一时刻与其他时刻不同。漫漫职场，一个有创意又温暖的仪式，能唤醒员工对工作的尊重与敬畏，让职场不再平淡无味，也充满温馨和愉悦。

　　管理，需要仪式，更需要创意的仪式感。

Topic48　告别演说

2016 年 10 月，我过完 39 岁生日来到了这里，这片黄土地之于我是如此熟悉，也是如此陌生。相隔二十年，我再次回到了这里，一切都发生了翻天覆地的变化。曾经是一个懵懂的少年从这里走出去，如今已是些许油腻的中年人又回到了原点。在我最好的年华里，跟大家相濡以沫，共同度过了四年的时光。在这之前，我一再告诉自己，克制情绪不要流泪，希望这最后的承诺能够兑现。

在这里，有我们奋斗的青春，有我们付出的心血，有我们拼搏的泪水，也有无数的争论。苦恼过，激情过，平静过。我曾经设想过很多离开这里的场景，但即使此刻坐在这里，也感觉不到真的要离开了。此时此刻的心情是从未有过的复杂和纠缠，无法用一个词语来表达，一方面终于可以结束外派工作，回归成为一个正常人，从此以后没有孤独的摧残，从此不用在黑夜里坐等天明。一方面是无限的感慨和不舍，此刻我是机场人，再来已然成为旅客，我们一起没日没夜拼搏了四年，这里的一草一木都是故事，这里的每一个人都是一场诉说，这里所有的所有都与情感有关，都与每一个成长有关。因为付出，所以不舍。

这四年充满了挑战、惊险、坎坷和不平凡，想起无数次跑航线的艰难日子，想起躺在宿舍独自流泪的日子，想起攻克难题不要命的日子，有无助，有孤独，也有为了理想的不服输。对于我来说，经历了自卑，走过了自信，最终成为了自己。带着这支平均年龄只有30岁的年轻队伍，在企业快速发展的过程中，不断成长、成熟、成才，今天所有这一切都应该感激我们共同度过的美好而难忘的时光，感激生命给了我们这样一个机会，感谢组织给了我们这样一个平台，让我经历了一个机场的运行与管理，经历了我所有想做但没有机会做的事情，想做但没有做成的事情。从理论到实践，再从实践到理论的不断完善，感谢所有人对我四年工作的支持，也忍受了我的坏脾气。同样感谢在我最孤独、最无助的日子里给我很多温暖，在我最脆弱、最艰难的时候给了我很多勇气的人。今天，就要离开这片土地，回想起一起经历的四年时光，我想再说一声感谢，感谢这块黄土地带给我生命的延续。

如果一定要总结四年的经历，我想用一个词——不遗憾。

第一，主动对接地方经济社会发展需求，在上级组织的支持下，我们始终坚持以航空市场为主战场，持续用力、久久为功，加快主业发展，不断完善航线网络布局，旅客吞吐量连续大跨步增长，主业发展突破了我们曾经设想的"三年爬坡"，远远超出了预期。主业的发展，让机场在行业内有了一定话语权。按照通航与民航两条腿走路的原则，我们始终坚持了发展是硬道理的信念，不断引进通航企业在这里扎根发芽，不仅带来了收入，更是让我们这支队伍始终没有闲下来，没有虚度青春。如果说在我任上有一点作为的话，最欣慰莫过于没有错过这支队伍的成长。在大家最能成长的年华，我们坚持了高标准、严要求，落实精细化管理要求，不断提升基础管理水平，提升企业发展品质，让每个人都有所收获。尽管有很多的欠账和不足，还有很多的遗憾和发展的空间，但是对我来说，已经百分百努力过、付出过，丝毫没有保留地给了这个组织和这支队伍。所以，不遗余力加快发展，做到了，不遗憾。

第二，我们带领着这支年轻的队伍，在四年的时间里，马不停蹄、夜不能寐，向着一个又一个目标一路狂奔，不存任何私心杂念。我和班子一道，带着这支将近百人的队伍，在每个 365 天里从不停歇，践行了一个管理者的职责，也写下了一个管理者的良心。此刻，我摸着自己的良心说，问心无愧。带领这支队伍从解放思想入手，不断从工作标准上突破，持续改变思维方式、提升思维能力，着力改变思想状态和生活状态，以及个人对未来的理想与追求。这支队伍我们始终紧紧攥在手里面，一刻不敢放手、不能放手，也不忍放手。在一个又一个具体的实践中，手把手教会大家如何去想，如何去做，如何行稳并且致远，如何勇敢面对未来。不断充实的新生力量充分感受了这个组织的积极氛围，让他们的职场变得更有意义。我常说，在这四年里我一直很焦虑，原因在于大家成长的节奏和步伐太慢，但是只有我心里清楚，这支队伍的成长是快速的，状态是良好的，大家对未来充满了期许和希望。我们勠力同心，改变了工作状态、生活状态以及精神状态，这便是我最大的慰藉。如果说我作为一个管理者，在这个地方为官一任起到了一点作用的话，那就是让这支队伍有所启发、有所收获、有所成长。我只是一根火柴，比不了打火机的 20 次或者 30 次，但是我把自己的全部给了大家和这块黄土地。作为一个管理者，对照我的职责和使命，这场大考中达到了及格线，所以，不遗憾。

第三，机场作为基础性公共设施，在服务地方经济社会发展，特别是当地脱贫攻坚过程中，围绕中心、服务大局，发挥了机场应有的作用。服务经济社会发展服务的宗旨，一刻也没有偏离过。这 4 年，我们不断搭建、完善空中通道，坚持挖一口深井把空中的路修好，让这里的百姓走得出、进得来，低廉的票价让广大百姓享受到社会发展的实惠，让民众的生活品质不断提升。我穷过，所以深知对改变命运的渴望。正是机场的快速发展，加速了当地经济社会发展的节奏，架起的空中通道，让这里与世界紧紧相连。有时候我在想，这个行业在从事着一件伟大的事业，我们所有的抱负都在这里得以充分的展示，让我们在一个更高的平台上为社会发展服务，不是所有人都能有的机遇。机场作为基础性设施，越来越发挥着不可替代的作用，有时候想一想我们内心是幸福的。在这里，如果有人可以到地方政府领导的办公室去喝一杯茶、聊聊天，然后抬起屁股走人，那么机场一定算一个。当然，我也很清楚，这样的位置、这样的荣誉并非是给我个人，而是这个平台。我就像驮了一尊佛的驴子，今天我将放下佛身成为一只驴子。从此以后，我将一如既往做一个勤奋、严谨、低调的驴子。回想这四年，我们为地方经济发展作出了一点点成绩，尽管与大家的期许和希望还有很大距离，但是，我已经很努力了，努力过了，便不遗憾。

第四，作为集团在当地的派出机构，在某种程度上，我们的所思所想、所作所为都代表集团，代表了集团企业文化在这一方土地上落地生根。我们执行了集团的企业文化，提升管理，加快发展，树立了不一样的形象与口碑。尽管还有很大的差距，但我们落实集团的要求是严格的，执行集团的决策是果断的，与集团的前行步伐是一致的。在这个过程中，没有任何个人的利益，没有任何个人的私心杂念，有人称之为一方诸侯，我说不过一方猪狗罢了。这四年里，始终夹着尾巴做人，始终贯穿落实集团的要求不打折扣，让集团化的管理在这里点燃了火焰，得到了印证，结出了果实，让地方对集团化管理更加认可、更有信心。地方政府对集团的发展、集团的管理、集团的文化都给予了很高的评价和赞誉。因为有为所以有位，我们老老实实做事，让集团化管理在这一方土地上盛开得更加绚烂。我们做到了，所以不遗憾。

此刻，我唯一遗憾的就是和大家在一起的时光即将结束，这是我的心里话。人和人之间的相处，总是有某种缘分的存在，如果没有我从这里走出去，我们今天就不会相遇在这里。如果不是职责和使命，我们也不会在这里相逢。如果不是心与心的相吸，我们也不会在这里共事。与大家的相处就要画上句号了，这些日子里，我总是莫名的伤感，这里有太多的故事和牵挂，有辛酸、有泪水，也有欢声、有笑语。但是，因为这 4 年的时间，我们此生永远成了朋友，在我的心里更是把大家当作弟弟妹妹，如果可能，希望我可以有一个机会再续前缘。

马克思主义哲学认为，人与社会是统一不可分割的，社会是由人组成的，人也不能脱离社会。社会总体价值增长，一方面有赖于每一个社会成员的价值创造，另一方面，社会生产的根本价值目标在于创造社会财富。

人的价值就在于为人类社会作出贡献。所以，希望我们每个人都成为对社会有用的人，被社会和他人所需要，这是每个人的价值所在。

　　按照组织的安排，今天我就要离开这里了。我想再做一次烦人的唐僧，把最后几句话留给所有留下的同志。其一，要坚持学习。任何时候都不能放弃学习，任何时候困惑了、迷路了，一定要在学习上找答案，没有什么事情是学习解决不了的，这是我们一辈子的事情。学习让我们更加清楚自己是谁，如何立足于这个社会，始终牢记三个问题：成为一个什么样的人，过什么样的生活，以什么样的状态存在于社会之中。一刻也不要放松学习、读书、思考，如果有兴趣，一定把所想所思写下来，积少可以成多，也会不枉生命走一遭。其二，要保持勤奋。由于经济发展和地域限制，以及外在环境约束，我们需要更多的付出和勤奋，唯独勤奋能让我们走得更远，走得更快。也许别人付出 5 分就可以走到 1000 米，而我们需要付出 10 分才能走到 500 米，这就是差别，任何时候都要记在心间。承认存在差别，也要充满信心，唯有勤奋能够让我们有更多的选择，唯有勤奋让我们更加昂扬向上。无论职场还是生活都会遇到很多坎坷，而唯有勤奋，能让我们平安跨过。其三，要充满欲望。始终保持生命的活力，始终保持对未来发展的不满。没有欲望的人是没有动力的，任何时候都要尝试突破自己，不满足于现状，不满足于已有的成绩，不在所谓的功劳簿上睡大觉。这世上没有白费的努力，也没有碰巧的成功。一切都在我们的掌控之中，命运只有自己能够掌握。做个堂堂正正的人，内心永远充满阳光，永远心怀感恩。其四，要恪守成长。一个人的成功需要多种因素的组合，比如能力、素养、机遇等等，不是每一个准备好的人都能成功，但是有一件事情是所有人都可以做到的，那就是成长。人的一生是不断成长的过程，成长永远比成功更重要。生命就像一场体育比赛，现在是我们最能超越别人的时候，所以埋头苦干是最好的成长。未来到底有什么样的精彩，不是现在的我们所能企及的，只有不断的成长和前行，才能知道未来路上如何色彩斑斓。这些感受是一个管理者的肤浅总结，也是一个兄长的深情告白，留给所有人，你我共勉。希望我们人生的路上有更多的相遇，希望我们人到老年的时候，回想曾经在一起的日子，是一种幸福的滋味，告诉自己没有遗憾。

愿我们出走半生，归来仍是少年。我有酒，只期待你的故事！

所有付出都值得

几年前，在写完《管理就是沟通》的时候，我曾经把书稿摔在地上，狠狠地踩了几脚，因为每一次写作的过程太累了，真的！我也发誓从此以后再也不写书了。但是，写作这东西也会上瘾，也会高潮，也会时不时变成抵挡不住的诱惑，让人心中痒痒！我从来没有著书立说那么高尚的境界，所以，所有的付出都是自找的没趣，做"无用功"大概在这几年里变得越来越多。

前两本书出版后，我经常被问到两个问题：其一，你认为书中哪一篇文章最精彩？答曰，两本书的名家序言写得最好。其二，在哪里能看到你的书？答曰，垃圾桶旁边的概率应该最大。既然如此垃圾，为什么还要写作？原因其实很简单，我怕忘记了年轻，便想着阶段性总结自己的生活，留给自己一个念想，证明自己努力过，顺便和亲朋好友志同道合者做个分享。这几本书确实不怎么好看，但我最看重"亲生"，毕竟，谁也不能保证生一个最漂亮的孩子。

努力了，付出了，就一定有收获吗？不一定。努力的意义在于为喜欢的事、喜欢的人争取过，不管最后的结果如何，至少在将来的岁月回忆起来时，可以少一点遗憾，也可以用来吹牛。我的写作都是在别人喝酒睡觉的时候完成的，我却从不后悔错过了喝酒睡觉。还好，现实没有磨掉我的棱角，于是我学会了一个人做完所有的事，更喜欢独来独往，在努力的过程中遇到的所有委屈都是自己扛着。只是有一天，听到别人一句"你怎么了"，泪水突然就忍不住了。

说实话，我的努力只是因为害怕，害怕面对未来不知所措，所以趁着还不算太老多做点准备。天有不测风云，生活总有变故，才让我更加努力，始终如履薄冰。曾经害怕努力没有结果，如今看就是在否定自己，所以保持努力的同时，清醒地活着同样重要。每个人都有属于自己的存在和价值，变成更好的自己才是努力的全部意义。虽然努力不一定都会有回报，但是，想要得到回报，就必须付出别人数倍的努力。否则，多年以后还是原来的那个自己，除了变得苍老，生活涛声依旧。努力的意义可能不在于一定会成功，但它一定可以带给我们成长的自信和欢喜。

一个人变得成熟的表现，应该是对大多数事情不再追求任何具体的目的，不再功利。为自我完善而付出的努力，本身就是一件有意义的事情。内心丰盈了，思想丰满了，对于许多事情，也就不再惧怕了。我信命，但不服命运的安排，这世上没有立竿见影的努力，但岁月从不会辜负每一次付出，时间用在哪里，玫瑰就在哪里。无论现在经历了什么，都不用怀疑付出的意义，将来的自己一定会感谢现在拼命的自己！所有的付出都会随着岁月的流逝变得越来越有价值，唯独，希望有一天变老的时候，我还可以是个精致的老头，依然能和今天一样，有一点自由的精神，有一点独立的思考。

在本书的写作过程中，得到了同事、同学、好友的鼎力支持和帮助，有的甚至不辞辛劳亲自上手撰写了部分内容，有你们真好，让我知道温暖从未走远。本想一一列举名字，无奈被大家一致嫌弃，因为书的质量不高而不愿被报上大名。同时，出版社和编辑做了大量卓有成效的工作，在此一并谢过。

如果你能听得见，我想大声说，回望走过的路，所有付出都值得！